20,–

D1723926

Zensurspiele

Simone Barck | Siegfried Lokatis

Zensurspiele

Heimliche Literaturgeschichten aus der DDR

mit weiteren Beiträgen von
Günter Agde, Josie McLellan, Gerald Noack,
Igor J. Poliansky, Hedwig Richter
und Michael Westdickenberg

mitteldeutscher verlag

Gedruckt mit freundlicher Unterstützung der Bundesstiftung zur Aufarbeitung der SED-Diktatur

Umschlagsfoto: © Helfried Strauß.
Seite 283: Im Juni 1992 zur Makulatur anstehende Bücher aus der Produktion von Ostverlagen und Bibliotheken. Foto: © Rolf Lüer. Abdruck mit freundlicher Genehmigung von Martin Weskott.

Alle Beiträge wurden im Rahmen der Kolumnenreihe „Zensurspiele" in den Jahren 2003 bis 2007 in der „Berliner Zeitung" abgedruckt. Einige Texte, die sich auf Bücher aus dem Verlag Volk & Welt beziehen, sind in leicht abgewandelter Form bereits in dem Band „Fenster zur Welt" erschienen, der 2003 im Berliner Ch. Links Verlag erschienen ist.

Bibliografische Information der Deutschen Nationalbibliothek

Die Deutsche Nationalbibliothek verzeichnet diese Publikation in der Deutschen Nationalbibliografie; detaillierte bibliografische Daten sind im Internet über http://dnb.d-nb.de abrufbar.

2008
© mdv Mitteldeutscher Verlag GmbH, Halle (Saale)
www.mitteldeutscherverlag.de

ISBN 978-3-89812-539-0

Printed in the EU

L

553 e 20,-

Zen

DER VERLAG
(Name und Anschrift)

beantragt beim Ministerrat der Deutschen Demokratischen Republik, Ministerium für Kultur,
HV Verlage und Buchhandel, 108 Berlin, die Erteilung der Druckgenehmigung für

EINZELOBJEKT Nr.   ZUM PRODUKTIONSPLAN 197 2007   SACHGRUPPE[1])

Autor: Simone Barck, Siegfried Lokatis
(Name, Ort)

Herausgeber: mdv Mitteldeutscher Verlag GmbH
(Name, Ort)

Illustrator: Claudia Panzner
(Name, Ort)

Titel: Zensurspiele – Heimliche Literaturgeschichte aus der DDR

(Bei Übersetzungen sind außerdem Originaltitel, Verlag, Ort und Erscheinungsjahr anzugeben)

Übersetzung aus dem   –   Übersetzer: –   Vertragsabschluß: –
(Ursprache)   (Name, Ort)

Das Objekt erscheint in der Schriftenreihe:

1. Auflage erschien: –   Letzte Auflage erschien: –   Bisherige Auflagenhöhe: –

Die wievielte Auflage wird beantragt? 1   Beantragte Auflagenhöhe? 2000   Exportanteil: –

Satzbeginn: IV. Quartal 07 Druckbeginn: I. Quartal 08 Auslieferungsbeginn: II. Quartal 08

Umfang des Werkes 296   Seiten = 18,5   Bogen à 16 Seiten

Format (in cm oder TGL): 13x20   Einband: Geb.   Papierbedarf: s. Seite 4

Verkaufspreis: Wird Subvention beantragt:

Valutabedarf (mit Währungsangabe): –

Stellungnahme des Verlages zum Objekt. (Bitte Seiten 2 und 3 zu benutzen.) [2]) [3])

HL. Eing.: –	Druck-Nr.: 420/01/2008	Ms.: –
An HL.: –	Ms. an Lektor: –	Ms. an Lektor: Sabine Franke
Auslandsabt.: –	Honorar: –	Honorar: –
Lektoratsgeb.: –	DG. erteilt: Roman Pliske	Abgeschl.: –
Bemerkungen: Keine Einwände. Einverstanden!		

Dieser bumrandete Teil ist nicht auszufüllen!   Vordruck P3

Gestaltung unter Verwendung eines Druckgenehmigungsantragsformulars aus DDR-Zeiten.

Marxistischer Muskel

„Satiren, die der Zensor versteht, werden mit Recht verboten", lautete ein Aphorismus, den der Eulenspiegel Verlag in seine Anthologie „Das Tier lacht nicht" einzuschmuggeln versuchte. Die zuständige Zensorin Carola Gärtner-Scholle, dienstälteste Gutachterin der „Hauptverwaltung Verlage und Buchhandel" im Ministerium für Kultur der DDR, schüttelte empört ihr Haupt: So nicht! Sie begründete die Streichung des Zitats von Karl Kraus mit einem schlagenden Argument: „Er hatte es mit einem Zensor zu tun, den unsere Leser nicht mehr zu fürchten brauchen."

Was es mit dieser Feststellung auf sich hatte, werden die Leser unserer tragikomischen Zensurgeschichten selbst beurteilen können. Sie bieten eine Art Geheim-Geschichte des einstigen „Leselandes" in Variationen. Da es laut Verfassung keine Zensur geben durfte, bezeichneten die real-sozialistischen Wortschöpfungen „Begutachtung" und „Druckgenehmigungsverfahren" den aufwendigen und komplexen Vorgang, als dessen Ergebnis Bücher an die Öffentlichkeit gelangten oder eben auch nicht.

In der DDR gab es seit 1963 eine literaturpolitische Superbehörde, deren Einflussbereich von den Antiquariaten bis zum Zoll reichte, die den Buchhandel anleiten und sich mit den stets überforderten Druckereien herumschlagen musste: die „Hauptverwaltung Verlage und Buchhandel" im Ministerium für Kultur. Wie bei ihren Vorläufern, dem „Kulturellen Beirat" von 1946 und dem „Amt für Literatur und Verlagswesen" von 1951, stellte die „Begutachtungsfunktion" nur einen, allerdings einen höchst brisanten Ausschnitt ihrer Arbeit dar. Der ideelle und materielle Aufwand, der hier um das gedruckte Wort getrieben wurde, war immens. Davon zeugen gigantische Archivbestände, da fast alle im „Leseland" erschienenen Bücher in dicken Druckgenehmigungs-Akten dokumentiert wurden. Trotzdem kam es immer wieder zu grotesken „ideologischen Pannen". So war es möglich, dass in einem anatomischen Wörterbuch zur Freude der Medizinstudenten der Pomuskel als „glutäus marxismus" bezeichnet wurde. Doch erweist sich Zensur in den Akten in der Regel nicht als eindimensionaler diktatorischer Vorgang von oben nach unten, sondern als ein dynamisches Kräftespiel mit wechselnden Teilnehmern aus allen Bereichen der Gesellschaft: Hier wird ein Drucker aktiv, da ein Bezirksfunktionär vom Kulturbund.

Unsere Auswahl sieht ab von den publikumswirksamen Sensationen der Nachwendezeit und bevorzugt die weniger erforschten Gefilde. Im Mittelpunkt stehen deshalb nicht unbedingt Stephan Hermlin oder Peter Huchel, sondern „Ham, das Krokodil" und „Hubert, das Flusspferd", nicht Günter Kunert und Rainer Kunze, sondern die „Begutachtung" von Kalendern und Krimis. Auf diese Weise ergibt sich ein kulturgeschichtlicher Streifzug durch die Buchproduktion der DDR, der vom Import tschechischer Kinderbücher bis zum „Wörterbuch der Sexuologie" reicht. Wir bewundern einen Romane schreibenden Zensor und beklagen das Scheitern einer expressionistischen Anthologie. Hier und da kann sich beim Leser ein Wiedererkennungseffekt einstellen. Für andere dürfte sich ein neuer Kontinent eröffnen, der Aufschluss über die literarische Sozialisation „der Ostdeutschen" gibt.

Die einzelnen Geschichten zeigen die Mechanismen einer Zensur, deren Rahmenbedingungen und Verfahren sich im Lauf von 40 Jahren veränderten. Im Zickzackspiel der politisch-ideologischen Kurswechsel erweiterten sich langfristig die Toleranz-Grenzen ganz beträchtlich. So erinnerte das Verlagsprogramm von Volk & Welt der 70er-Jahre mit Frischs „Stiller", Joyces „Ulysses", Musils „Mann ohne Eigenschaften" und den Memoiren von Ilja Ehrenburg nicht zufällig an den Verbotsindex der frühen 60er-Jahre: denn engagierte Lektoren, Gutachter und Verleger setzten ihren Ehrgeiz daran, die Grenzen des Erlaubten Zug um Zug zu erweitern.

Doch alle Bemühungen, die Zensur selbst außer Kraft zu setzen, scheiterten bis 1989 am Widerstand der Herrschenden. Und so blieb die öffentliche Forderung von Christoph Hein auf dem DDR-Schriftstellerkongress vom November 1987 unerfüllt: die Zensur als „überlebt, nutzlos, paradox, menschenfeindlich, volksfeindlich, ungesetzlich und strafbar" abzuschaffen.

Simone Barck/Siegfried Lokatis

Volkserzieher

Kleinbilddia der Deutschen Werbe- und Anzeigengesellschaft (DEWAG), entstanden vermutlich in den 50er- oder 60er-Jahren. Sammlung Michael Westdickenberg.

Literarisches Quintett

Das Schicksal eines Manuskripts im Druckgenehmigungsverfahren hing weitgehend davon ab, an welchen Gutachter es geriet. Wer die Druckgenehmigungsakten der 50er- und frühen 60er-Jahre von A bis Z durcharbeitet, wird meist auf dieselben Namen stoßen: Christfried Coler, Paul Friedländer, Arno Hausmann, Erich Schreier und Carola Gärtner-Scholle. Kaum jemand kennt diese Namen; die Anonymität ihrer gefürchteten Außengutachter war ein Arbeitsprinzip der Hauptverwaltung. Und doch prägten, ja züchteten sie als deren geheime Fürsten die frühe DDR-Literatur, jeder einzelne von ihnen auf diskrete Weise kaum weniger einflussreich als etwa ein Johannes R. Becher oder der Deutsche Schriftstellerverband.

Allein Paul Friedländer („Der Autor kann vom Leser nicht verlangen, ihm in seine Gedankenwirrnis zu folgen ...") entschied Monat für Monat über das Schicksal von 14 Manuskripten. Seine Stellungnahmen waren selten länger als drei Seiten, aber die Abschussquote konnte sich sehen lassen. Im Frühjahr 1958 befanden sich darunter beispielsweise so prominente Opfer wie Rolf Schneider, der Nobelpreisträger Rabindranath Tagore, Victor Klemperer, Voltaire und der Roman „Ich, Claudius Kaiser und Gott". Die vielen Giftmorde der römischen Kaiserzeit drängten dem Leser „falsche Verallgemeinerungen auf". Mit Arno Hausmann („Meines Erachtens ist es eine Papierverschwendung, so etwas heute zu drucken ...") war auch nicht zu spaßen. Sein Urteil war knapp – manchmal brauchte er nicht einmal eine Seite –, messerscharf und entschieden. Erzgebirgs-Romane verspottete er als „Nullpunktliteratur" und Heinrich Böll strich er zwei Erzählungen. Er verhinderte Pratolini und dass für Koeppen Valuta geopfert wurden. Seine Spezialität war jedoch der „pazifistische" Tucholsky, dem er diverse Streichungen und Nachbemerkungen verordnen ließ.

Den toleranten Gegenpol bildete Christfried Coler. Der Ziehvater des historischen Romans in der DDR litt auffällig unter

Selbstzweifeln. Er entschuldigte sich nach einer Ablehnung beim Verlag und wünschte sich „bis zu einem gewissen Grade auch in den Augen des Verfassers zu legitimieren". Einen Verriss begann er mit den Worten: „Lektoren oder Gutachter sind im Allgemeinen nicht beliebt. Sie stehen bei den Autoren meist in dem Verdacht, alles besser wissen zu wollen – auch wenn sie nur helfen wollen."

Erich Schreier („Die Wirrheit der Geschehnisse der damaligen Zeit legitimieren keinen Autor der heutigen Zeit, dieselben noch verwirrender für das Geschichtsbild episch zu verarbeiten ...") war der dienstälteste Zensor der Partei: 1959 empörte er sich, dass in die „Nachgelassene Lyrik" Erich Weinerts eine Versstrophe hineingeschmuggelt war, die er 1923 (!) verboten hatte. Eine wandelnde Enzyklopädie, beurteilte Schreier Gedichte, B. Traven, KZ-Literatur und die Satiren Sostschenkos: „Die vorliegende Auswahl ist keineswegs zu billigen", nörgelte er über den „Verborgten Ehemann" des Letzteren. Er mache „sich zum Sprachrohr fast ausschließlich mehr oder weniger obskuranter Negativismen, die, satirisch auffrisiert, meistens an krampfiger Verzerrung leiden. Von den Skizzen müssen 21 als negativ, 13 neutral, 6 positiv, 1 als feindlich bezeichnet werden. 2 liegen in der Schwebe zwischen neutral und sehr flach". Die anderen Gutachter der Hauptverwaltung benutzten die Schreibmaschine, doch Schreiers Stellungnahmen erkennt man auf den ersten Blick an der gestochenen und schwungvollen Handschrift: Der ehemalige Bildhauer stützte seine im KZ zerfolterten Arme mit einer Schlinge.

„Soll denn aber nicht jeder Autor in der DDR nach seiner Fasson schreiben dürfen?! Durchaus, sofern er uns etwas zu sagen hat", fand Carola Gärtner-Scholle, wenn sie jemanden an der „Überführung in die Literatur" hinderte. Sie rückte mit den Jahren in die Position einer respektvoll bespöttelten Ur-Wala ein, der die Manuskripte wie zu einem Orakel per Kurier in die Wohnung gebracht wurden. Einmal erklärt sie ein Buch, das niemand unbezahlt durchackern würde, zum „probaten Schlafmittel". Bei guter Laune verfasste sie sprühende kleine Kunstwerke. Und über Stanislaw Lems „Tagebuch aus dem Weltraum" geriet sie ins Schwärmen: „Ich denke, Lenin würde denkbar große Auflagen empfohlen haben."

Siegfried Lokatis

Die Zensorin

Sie hießen Mara, Meta oder Lucie und waren respektiert oder gar gefürchtet. Ihre Arbeit verrichteten sie keinesfalls schlechter als die Männer – sondern höchst verantwortungsbewusst, Wort für Wort abwägend, die taktischen Implikationen beachtend. Aber vielleicht auf eine andere, spezifisch weibliche, womöglich doch irgendwie charmantere Art? Über die Frage, ob es eine besondere Art des „weiblichen Schreibens" gibt, ist einige Tinte vergossen worden. Doch wie steht es um die Zensorin?

Diese Frage wurde nie untersucht. Von der feministischen Traditionspflege wurde eine der wichtigsten Erscheinungsformen von Frauenpower sträflich vernachlässigt. Immerhin pflegte Jürgen Kuczynski, ein wahrer Virtuose in diesen Dingen, seiner Zensorin Blumensträuße zu schenken. Geht es um die Zensur der DDR, ist zumeist von deren Herren, von Bruno Haid oder Klaus Höpcke die Rede, nicht von deren Chefinnen im ZK, von Lucie Pflug und Ursula Rackwitz. Luise Kraushaar, die bis 1958 die Belletristik-Zensur im Amt für Literatur aufbaute, wurde in die wissenschaftliche Literatur als „ein gewisser Herr Kraushaar" eingeführt. Ihrer Nachfolgerin Anneliese Kocialek hingegen warf Stephan Hermlin sogar einmal vor, sie betrachte Bücher wie eine „Art von komplizierten Strümpfen".

Jedenfalls dürfte der Einfluss „der Zensorin" auf die Stilentwicklung auch der schreibenden Männerwelt kaum geringer zu veranschlagen sein als etwa der einer Christa Wolf. Wie hätte sich eine kritische Gegenwartsliteratur in der DDR ohne die schützende Hand der für sie zuständigen Christine Horn entwickelt? Karlheinz Selle, von 1951 bis 1989 an leitender Stelle im Amt dabei, schätzt, dass die Mehrzahl seiner redigierenden Kader weiblichen Geschlechts war. Und keineswegs nur der Kinderbuchbereich, ihre angestammte Domäne, war ihnen untertan. Wie die Historiker an Frau Bartz, so erinnern sich die Philosophen an Frau Buhr, die Theologen an Frau Marquardt als strenge Herrinnen von wissenschaftlicher Kompetenz – wenn sie sie überhaupt je zu Gesicht bekamen.

Ein wahrer Schrecken der schreibenden Männerwelt war allerdings Carola Gärtner-Scholle, die dienstälteste Gutachterin der Hauptverwaltung, die wegen ihres überschäumenden Temperaments keine verantwortliche Position bekleidete, sondern als eine Art Geheimrätin für Literatur im Verborgenen waltete. Bestaunen wir ihren privaten Kirchenkampf mit den „Kutten" des „klugen St. Benno": „Ostkirche? Das ist wohl bei uns? Müssen wir uns solche Frechheiten gefallen lassen von den Schwarzröcken? Ein einziges Geseiche", urteilte sie über ein katholisches Hausbuch, wie es angesichts „der geistigen Stagnation der Kirche" wohl noch einige Zeit Brauchware bleibe: „Sofern man nichts dawider tut." Wie litt sie, wenn eine tolerante Linie angesagt war und ihr die Hände gebunden waren: „Diese Lektüre hat mir eine starke Migräne verursacht. Es ist furchtbar, dass eine Marxistin-Leninistin in die Situation kommt, dazu ja sagen zu müssen, auf welche Weise wehrlose junge Geschöpfe hier wie durch einen Fleischwolf gedreht werden, um sie völlig der Priesterherrschaft zu unterwerfen."

Dem Eulenspiegel Verlag versagte sie die „Haarsträubende Busenpille" („Mit Verlaub, das ist noch kein Buch!") und einen tschechischen Karikaturenband „Knigge für Damen", in dem die Jagd der Frau auf den Mann variiert würde, als frauenfeindliche Geschmacklosigkeiten: „Wie stimmt das zur sozialistischen Moral? Gar nicht." Die „scheußlichen, von Fett und Busen überquollenen Verkörperungen der holden Weiblichkeit", ließen einen „beim Wort Frau geradezu nach Natron verlangen". Der Band sei „berechnet für übersättigte Amoral. Der Mann, das von der ehewütigen Matrone gejagte Wild, hudelt also hündisch vor Hürchen. No."

Aus einem Eulenspiegel-Almanach „Das Tier lacht nicht" strich sie ein Zitat von Karl Kraus: „Satire, die der Zensor versteht, wird mit Recht verboten." Ihre Begründung lautete: „Er hatte es mit einem Zensor zu tun, den unsere Leser nicht mehr zu fürchten brauchen." Stimmt, sie hatten eine Zensorin.

Siegfried Lokatis

Pfui!

Der Journalist Paul Distelbarth, führender Frankreich-Experte und Herausgeber der „Heilbronner Stimme", war im Mai 1953, kurz nach Stalins Tod, mit einer deutsch-deutschen Delegation von Moskau nach Stalingrad und Swerdlowsk gereist, hatte den Wolga-Don-Kanal und einen „Kolchos" besichtigt. Sein Reisebericht erschien bei Rowohlt, und dessen „teils staunender, teils bewundernder Unterton" löste in der Bundesrepublik eine Welle der Empörung aus. Nein, Distelbarth war kein Kommunist, doch er berichtete vom sowjetischen Friedenswillen und verspottete die in Westdeutschland „herrschende Meinung, als ob ganz Russland eine Art Konzentrationslager sei, wo ein gepeinigtes Volk unter der Aufsicht von Schergen seine Zwangsarbeit" verrichte.

Distelbarths ostdeutscher Reisegefährte, Günter Wirth, damals kulturpolitischer Sekretär des CDU-Hauptvorstands, setzte sich nachdrücklich dafür ein, dass das Buch auch in der DDR erschien, womit ein dreijähriger Diskussionsprozess einsetzte. Zunächst wanderte das Rowohlt-Bändchen durch drei Verlage. Der Verlag der Nation winkte ab, Volk & Welt empfahl es nach sieben Monaten Bedenkzeit, falls der Autor bereit sei, elf beanstandete Stellen zu ändern. Schließlich reichte der Union-Verlag das Buch im April 1955 zur Druckgenehmigung ein. Man fand im Amt für Literatur, der „bürgerliche" Autor vertrete „manchesmal eigenartige Ansichten über die Partei", doch dafür käme er an die breiten Schichten des Volkes mit einer „durch westliche Hetze immer wieder genährten Abneigung gegen die Verhältnisse in der Sowjetunion" heran, die selbst in der DDR „noch immer der antibolschewistischen Propaganda ausgeliefert" seien. Nach vier Monaten erhielt der Verlag den Distelbarth-Text „zur Überarbeitung" zurück, und diesmal waren 26 Stellen zu verbessern. Akkordlöhne, Geheimpolizei und Trunksucht verschwanden aus dem Text. Die „gedrückte, unsichere Stimmung in Ost-Berlin" war verbessert und die Prostitution ausgerottet.

Obwohl der Union-Verlag versprochen habe, „die Änderungen zu erreichen, ohne das Amt für Literatur zu erwähnen",

scheute man dort den öffentlichen Eklat. Die Änderungen seien einfach zu umfangreich: „Dies würde ein willkommener Anlass sein für die Westpresse zu behaupten, dass selbst Distelbarth der Zensur in der DDR unterliegt bzw. umgefallen sei und sich habe kaufen lassen." Zudem trat jetzt die prinzipienfeste Gutachterin Carola Gärtner-Scholle auf den Plan und entdeckte in Distelbarths „Schmöckerei" nicht weniger als 117 „negative und dubiöse Stellen". Besonders ärgerte sie, dass der Autor die Zensur als mittelalterliches Relikt bezeichnet hatte. Sie schrieb ein großes „Pfui" über den „Schänder des Andenkens und des Werkes eines unserer Größten", womit sie Stalin meinte. Nur über seine Leiche werde dieses Buch erscheinen, verkündete daraufhin der für Zensurfragen zuständige Abteilungsleiter im Zentralkomitee der SED.

Um Distelbarths Buch zu retten, zog Günter Wirth jetzt alle Register. Er besorgte positive Stellungnahmen der DSF, setzte den Ausschuss für deutsche Einheit, den CDU-Chef Otto Nuschke und Johannes R. Becher in Bewegung. Schließlich meldete sich der Autor zu Wort und drohte mit dem Boykott des ostdeutschen Schriftstellerkongresses: „Die Ironie liegt darin, dass ich fast der einzige unabhängige westdeutsche Journalist bin, der wieder und wieder für ein Verständnis mit der DDR eingetreten ist und sich dadurch den Vorwurf zugezogen hat, ein ‚Agent der Sowjets' zu sein. Ich enthalte mich jeden Kommentars, möchte Ihnen aber zu erwägen geben, ob es angesichts dieses besonders krassen Falles weiterhin möglich sein wird, die These von der Freiheit des schriftstellerischen Schaffens in der DDR zu vertreten. Sie werden begreifen, dass dieser Vorfall, der mich im Übrigen unberührt lässt, mir eine gewisse Zurückhaltung auferlegt." Die Druckgenehmigung wurde während der Tauwetterphase im Juni 1956 ausgestellt, das Buch nur für den CDU-internen Vertrieb zugelassen. Wer vergleichen will, welche „Stellen" verändert wurden, findet das Buch in großen Bibliotheken unter dem Titel „Russland. Bericht einer Reise".

Siegfried Lokatis

Bücherwürmer

„Die ganze gesamtdeutsche Arbeit für die Katze." Der Leiter der Zensurbehörde war empört. Ein Manuskript wie die „Spielbankaffäre" Hans von Oettingens für die Druckgenehmigung einzureichen, empfand er als „starkes Stück". Die negative „Gipfelleistung" beweise endgültig, dass der Verlag der Nation keinen kritischen Maßstab bei westdeutschen Autoren anlege, die „nur irgendwie fortschrittlich bzw. west-kritisch" aufträten.

Der Verlagschef Günther Hofé hatte eine ganze Reihe in den fünfziger Jahren prominenter westdeutscher Unterhaltungsschriftsteller wie Dinah Nelken, Tami Oelfken und den PEN-Präsidenten Johannes Tralow in seinem Hause versammelt. Nun, so prahlte der Verlag, sollte Hans von Oettingens „Spielbankaffäre" die Bandenkämpfe von Chipsfälschern schildern, die dem „Sog des Geldes verfallen" und von der „Dschungelmoral des Kapitalismus angefressen" waren. Offenbar ließ die angestrebte „erzieherisch abschreckende" Wirkung wegen der „mit reißerischem Geschick eingebauten Liebesgeschichte" zu wünschen übrig. Das Gutachten der Zensurbehörde taxierte das Manuskript als „in seinem sozialen Gehalt dekadent, in seinem innersten Wesen nihilistisch" und als „das geschmeichelte Selbstporträt des Sumpfes": „Der Held sagt einige Male von sich und seiner Geliebten: ‚In uns beiden sitzt der Wurm.' Das ist richtig. Es ist derselbe Wurm, der im ganzen Roman sitzt und keine gesunde ideologische Konzeption aufkommen lässt. Ein Abdruck bei uns ist unmöglich."

Der Verleger Günther Hofé war mit allen Wassern gewaschen. Im Amt für Literatur erinnerte man sich noch mit Grauen daran, wie Hofé mit Hilfe eines guten Wodkas einen sowjetischen Besatzungsoffizier dazu angestiftet hatte, durch eine eingefügte Null sein Papierkontingent von 50 auf 500 Tonnen zu verzehnfachen. Später, nachdem er in der Bundesrepublik als Spion verhaftet worden war, avancierte er zum Nationalhelden des DDR-Buchhandels und Bestsellerautor („Roter Schnee").

Bei von Oettingen sah er „seine Hauptaufgabe darin, möglichen Widerstand des Amtes für Literatur und Verlagswesen durch List und das Auftrumpfen mit der Defa und einer ‚weltweiten kulturellen Offensive' außer Gefecht zu setzen". Hofé verwies darauf, dass der Roman gerade als erster Breitwandfarbfilm der DDR in Kooperation mit Schweden verfilmt werde und winkte mit einer Lizenzvergabe des Buches nach Skandinavien. Unter diesen Umständen entdeckte auch die Zensurbehörde „eine tragbare ideelle Konzeption".

Zu den profilbestimmenden Spezialitäten des Verlags der Nation gehörte die sogenannte Wandlungsliteratur, deren Helden aus der Kriegserfahrung den Weg zum Sozialismus zu finden pflegten. Der Verlag war Eigentum der 1949 gegründeten Blockpartei NDPD, die als Auffangbecken für ehemalige Nazis und Wehrmachtsoffiziere fungieren sollte. Auch Hans von Oettingen lieferte unter dem Titel „Bitte sterben zu dürfen" 1958 ein entsprechendes Probestück. Doch „statt vom Fronterlebnis ausgehend die gesellschaftliche Sinngebung aufzubauen", so tadelte ein Zensor, verharre der Autor „in der naturalistischen Fixierung der Erlebnisse". Von Oettingen habe die „rüden Ausdrücke" der Landsersprache einzufangen versucht und sie „nackt wiedergegeben, ohne literarische Überhöhung". Die Überarbeitung ergab

„ein verändertes ideologisches Gesamtbild". Die „erheblich ver-
stärkte fortschrittliche gesellschaftliche Aussage" erfolgte zwar in
„offen dozierender Weise" und die „weltanschaulichen Dispute"
drohten das Ganze zu „überwuchern", doch die Entwicklung
des inzwischen in die DDR übergesiedelten Schriftstellers sei
unverkennbar, lobte der Verlag.

1961 gelangen von Oettingen einige im Auftrag des MfS
verfilmte Agentengeschichten, die geeignet schienen, „noch be-
stehende Zweifel" an den „Sicherheitsmaßnahmen vom 13. August" zu zerstreuen „und unsere Bürger von der Notwendigkeit
dieser Aktion zu überzeugen". Sie machten dem jungen Leser
begreiflich, „eine wie unromantische und dreckige Sache es ist,
als Agent für die Amis zu arbeiten". Nur die Rolle des BND
sei verzeichnet. Zwar gebe es „in der Gehlen-Organisation mit
Sicherheit nicht wenige ehemalige Gestapo-Leute, die sich gegen
die amerikanische Bevormundung auflehnten", in der Regel
seien sie jedoch „dem amerikanischen Geheimdienst hündisch
ergeben".

Siegfried Lokatis

Gedämpfter Tenor

„Dieses Buch ist eine Waffe!", schwärmte der Lektor des Verlags
der Nation über den Roman „Wenn die Gestirne wechseln".
Leider ging der Schuss der Waffe nach hinten los. Das für 1958
geplante Buch von Vilmos Korn führte zum Hinauswurf dieses
NDPD-Funktionärs aus der Volkskammer und zur Freistellung
eines noch weit produktiveren Schriftstellers, des für den Verlag
verantwortlichen NDPD-Kulturfunktionärs Franz Fühmann.

Korn hatte in dem Buch, einer Frucht des Tauwetters von
1956, zwischen „hochherzigen, menschlichen, vertrauenden"
und „hartherzigen, engstirnigen, misstrauischen" Kommunisten
unterschieden und es hellsichtig als „die einzige Möglichkeit,
den Siegeszug des Kommunismus aufzuhalten" bezeichnet, jene

Verhärteten an die Macht zu bringen: „Wenn man sich aber an die Macht gewöhnte? ... dann begannen die Augen- und Ohrenfehler, die mit jeder Machtausübung verbunden waren, wie Krebs zu wuchern." Diese Stelle wurde vom NDPD-Vorstand als „Aufruf zum Pogrom gegen die SED" gewertet und bot Anlass, den Verlag der Nation einmal gründlich zu überprüfen.

„24 Gutachter aus den Reihen der leitenden Parteimitglieder" machten sich im Sommer 1958 an die Durchsicht der Verlagsproduktion. Sie mussten feststellen, dass die Zensurbehörde ihrem Verlag nicht weniger als 13 Ersterscheinungen aus dem laufenden Themenplan gestrichen hatte, wodurch für die NDPD ein Schaden von 685 000 Mark entstanden war. Allein 28 258,20 Mark Verlust ausgebucht hatte man wegen eines gesamtdeutschen Olympiabuches über Melbourne, in dem die „sportlichen Leistungen Westdeutschlands" ungebührlich hervorgehoben und nur zehn DDR-Sportler vorgekommen waren, aber 20 Westdeutsche. Ein Deutschland-Bildband hatte „die Schönheit unserer Heimat in Ost und West" gezeigt und dadurch „die tiefe Sehnsucht entfacht, all das Kostbare selbst zu schauen, selbst aufzunehmen". Ein „rückwärts gerichteter" Kalender mit elf Schlössern und Kirchen hatte bis auf ein HO-Schild am Bäckerladen „die großartige Entwicklung in unserer Republik" ignoriert, ein Hiddensee-Bildband gar die Zugehörigkeit der Insel zur DDR verschwiegen und mehr Grabsteine als Menschen gezeigt.

Dabei hatte sich das Lektorat durchaus Mühe gegeben und durch wiederholte Überarbeitung ideologisch schwacher Manuskripte, wie die Untersuchungskommission beklagte, „die Objekte ökonomisch stark belastet".

Einem Autor wurde empfohlen, seinen Helden Bertone nicht in britische, sondern in sowjetische Kriegsgefangenschaft geraten zu lassen. Religiöse Akzente wurden entfernt, zum Beispiel der Satz „In einem Ahornbaum haben sich die Vögel versammelt und preisen ihren Schöpfer": „Der religiöse Tenor wird gedämpft und durch Streichungen auf ein Minimum an Bedeutung beschränkt. Bertone wird nach den schweren persönlichen Verlusten (Pflegeeltern und Geliebte) zur Auflehnung gegen Gott geführt ..."

Ein Manuskript des westdeutschen Autors Konrad Winkler beschäftigte das Lektorat drei Jahre lang. „Ideologisch und literarisch ungenügend", wurde es „auf Kosten des Verlages von einem anderen Autor zunächst umgearbeitet. Diese Neubearbeitung erkannte Winkler jedoch größtenteils nicht an, sondern verlangte Zurückversetzung in den ursprünglichen Stand. In einer nochmaligen Überarbeitung im Lektorat wurde bei harten Auseinandersetzungen mit dem eigenwilligen Autor schließlich die veröffentlichte Form gefunden, wie sie der korrespondierende Lektor für eben noch vertretbar hielt ... Die ‚Auseinandersetzungen' mit Winkler hatten aber nichts anderes zum Ergebnis, als daß dieser nach Fertigstellung der Satzfahnen 168 Änderungsvorschläge einbrachte, die ... die Bearbeitung zum Teil auch in ideologischer Hinsicht wieder aufhcbcn sollten." Schließlich schrieb der Autor zufrieden an den Verleger: „Es war gewiß nicht leicht, zum Schluß das Manuskript wieder in die ursprüngliche Fassung zu bringen."

Siegfried Lokatis

Dialektik

„Tucholsky habe ich nie begutachtet." Der letzte Zensurgutachter des Amtes für Literatur erinnert sich nicht, sondern sackt zusammen und verfärbt sich. Was sagen die Akten? Arno Hausmann zensierte Tucholsky im Geist eines fürsorglichen Erbsachwalters, nicht etwa „nur wegen der uns obliegenden politischen Aufgaben", sondern auch „aus der Achtung, die wir dem Andenken Tucholskys schulden". „Eine unkritische, womöglich vollständige Neuherausgabe all dessen, was Tucholsky schrieb", sei, so Hausmann 1955, „nicht denkbar": „Lebte er heute noch, so würde er gewiss vieles aus dieser 1919 zusammengestellten Auswahl herausstreichen, wie er damals schon vieles beiseite legte, was nicht mehr taugte. Wir sollten es wie Tucholsky machen." Ob Tucholsky selbst seinen legendären, von Heartfield ausgestatteten Bildband „Deutschland, Deutschland über alles" zwölf Jahre lang unterdrückt hätte, ist zu bezweifeln. Hausmann fand darin die „Glossierungen der SU" – etwa die Ironisierung der Zusammenarbeit von Reichswehr und Roter Armee in der Satire „Der Kriegsschauplatz" – „keineswegs zu billigen". Grundsätzlich war seit 1952 Pazifismus „problematisch", all jene „Stellen", die „den Erziehungsgrundsätzen der NVA" widersprachen.

Doch „das negative Urteil", so Hausmann, träfe nicht etwa Tucholsky, sondern den Verlag Volk & Welt und den Herausgeber Fritz J. Raddatz, der deshalb in allen seinen fünf in der DDR erschienenen Tucho-Bänden zu diversen Streichungen verdonnert wurde und nur mit Mühe, durch das Versprechen, eine Tucholsky-Biographie zu schreiben, die Pein eines kommentierenden Nachworts vermeiden konnte. Bekanntlich entzog sich Raddatz dieser Pflicht im Winter 1958 durch die Republikflucht, um schließlich das Ziel einer Tucholsky-Gesamtausgabe in Westdeutschland zu verwirklichen. Dort, in der frühen Bundesrepublik wurde Tucholsky eher als „Humorist" und „dicker Komiker" rezipiert. Erst die von Raddatz betriebene Politisierung führte dazu, dass „Die Zeit" 1963 den Autor der kleinen „Weltbühne" für den Untergang der Weimarer Republik verantwortlich machte.

In der DDR setzte Roland Links das Werk von Fritz J. Raddatz fort. Für seine Tucholsky-Ausgabe standen ihm statt der geplanten zwölf nur sechs Bände zur Verfügung, denn sie durfte keinesfalls den Umfang der Werke Johannes R. Bechers übertreffen. Links löste das Problem, indem er einerseits 1965 den Sonderband „Von Rheinsberg bis Gripsholm" gleichsam auslagerte, und andererseits den Umfang der einzelnen Bände auf bis zu 750 Manuskriptseiten erweitern ließ. Während die westdeutschen Tucholsky-Ausgaben chronologisch geordnet sind und stets die Erstausgabe der „Weltbühne" als Vorlage benutzten, orientierte sich Links an den von Tucholsky für die Buchfassung von „Mit 5 PS", „Das Lächeln der Mona Lisa", „Lerne lachen, ohne zu weinen" usw. zusammengestellten und überarbeiteten Texten – angeblich einem Wunsche Mary Tucholskys folgend, in Wirklichkeit aus taktischen Gründen: Denn durch dieses Verfahren vereitelte er jeden Versuch der Zensur, unbequeme Gedichte und Essays zu unterdrücken. Da im Westen inzwischen Raddatz' Rowohlt-Ausgabe vorlag, wäre das Herausbrechen einzelner Fragmente blamabel gewesen. Zudem verstand es Links, die Edition durch historisierende Kommentare abzusichern, die Tucholsky als Prototyp des politisch „Schwankenden" entschuldigten, was ihm weitgehend Narrenfreiheit bescherte.

Der bemerkenswerte Erfolg dieser Methode wird deutlich, wenn man Arno Hausmanns Gutachten der 50er-Jahre zum Vergleich heranzieht, die penibel jedes einzelne einstmals unpublizierbare Stück verzeichneten: „8 Uhr Abends", „Achtundvierzig", „Dämmerung", „Der letzte Ruf", „Dienstunterricht für den Infanteristen", „Die Zentrale", „Gruß nach vorn", „Nachher", „Politische Satire", „Weihnachten", „Wir Negativen", „Zwei Erschlagene" – all diese ausgeklammerten Texte konnten die Leser jetzt bei Volk & Welt nachlesen.

In der DDR konnte sich 1973 (im Band 6, Schloß Gripsholm, Auswahl 1930–1932) nur Tucholsky leisten, Trotzki positiv zu zitieren („Die Zeit"), die theoretischen Grundannahmen des Marxismus mit Freud zu kritisieren („Replik") und der „kommunistischen Theologie" den Gebrauch des Wortes „Dialektik" zu verbieten („B. Traven"). Von der Beliebtheit der Ausgabe zeugt eine Gesamtauflage von 150 000.

Siegfried Lokatis

Nach dem Krieg

Richtfest in der Stalinallee, Hochhaus in der Weberwiese. Stiftung Haus der Geschichte, Zeitgeschichtliches Forum Leipzig, Fotograf: Kurt Klingner.

Rahmenhandlungen

„Die Jagd nach dem Stiefel" gehört zu den bekanntesten Kinderbüchern der DDR, der antifaschistische Krimi avancierte zur schulischen Pflichtlektüre. Doch bis das Buch erscheinen konnte, war dem Autor Max Zimmering eine denkwürdige Odyssee beschieden, über die er sich 1953 beim ZK beschwerte. Schon 1932 habe er das Manuskript fertiggestellt und es mit in die Emigration geschmuggelt. 1936 war das Buch in tschechischer Übersetzung erschienen, während das deutsche Original verloren gegangen war. Angesichts des großen Verlangens nach Kinderbüchern in der SBZ hatte der Autor 1946 den Text mit Hilfe einer Rohübersetzung aus dem Tschechischen neu verfasst.

Zimmering sandte das Manuskript an den Dietz Verlag und erhielt daraufhin den Bescheid, dass das Buch unbedingt erscheinen müsse. Es sei so spannend wie „Emil und die Detektive", aber Kästner politisch weit überlegen. Der Lektor des Dietz Verlages schlug allerdings vor, „das Manuskript noch zu bearbeiten durch Raffung der Exposition, die ihm zu lang erschien, und durch Überarbeitung der Sprache, um sie echter in Bezug auf die kindliche Ausdrucksweise zu machen". Zimmering „tat dies und reichte es wieder beim Dietz Verlag ein". Nach einiger Zeit erfuhr der Autor vom Dietz Verlag, dass das Manuskript zum FDJ-Verlag Neues Leben weitergereicht werden sollte, „da der Dietz Verlag im Allgemeinen keine Kinderbücher mehr herausgebe".

Zimmering versuchte es beim Verlag Volk & Welt, aber auch von dort gelangte das Manuskript von geheimnisvollen Kräften bewegt zum FDJ-Verlag – 1946 war der für seine endlosen Begutachtungsrituale berüchtigte „Kulturelle Beirat für das Verlagswesen" gegründet worden, die Urmutter der DDR-Buchzensur. „Der Verlag Neues Leben schrieb mir nach einiger Zeit, dass ihnen das Manuskript gefiele, dass aber der kulturelle Beirat Einwände erhoben habe, und zwar solle ich das Buch auf die Zeit nach 1945 umschreiben, was nicht zu schwer sein könne. Das war einfach ein unsinniges Verlangen, das nur Dilettanten ersinnen konnten. Ich erklärte, dass sich dann der Kulturelle Beirat die Bücher selber schreiben müsse."

Trotzdem versah Zimmering den Text mit der gewünschten aktuellen Rahmenhandlung. Nachdem beim Verlag Neues Leben „geraume Zeit" vergangen war, erfuhr er, es gebe noch einige Kleinigkeiten zu ändern, im Übrigen würde das Manuskript an den neugegründeten Kinderbuchverlag weitergereicht. Der Kinderbuchverlag teilte Zimmering mit, er würde nach einem halben Jahr über die Annahme entscheiden. „Nach längerer Zeit teilte der Kinderbuchverlag mit, der Kulturelle Beirat habe noch einige Einwände. Ich ließ mir diese mitteilen, um notwendige Korrekturen vorzunehmen. Die Einwände waren geradezu lächerlich. Trotzdem habe ich, soweit auch nur ein bisschen Berechtigung dabei war, Korrekturen vorgenommen. Die Genossin Ploog wünschte noch ein zusätzliches Kapitel zum Schluss, da die Zeit inzwischen schon weiter fortgeschritten sei (was nicht zu leugnen war, weil sich die Prozedur, wie oben geschildert, meiner Schätzung nach etwa zwei Jahre hingezogen hatte). Ich schrieb auch dieses Kapitel, was ich allerdings jetzt wieder entfernt habe." Nach einem weiteren Jahr wurde Zimmering gesagt, der Beirat stimme dem Manuskript immer noch nicht zu. „Eine Formulierung der Gründe bekam ich nie."

Auf der ersten Jugendbuchkonferenz in Berlin hatte er „eine kurze Unterhaltung mit dem Gen. Klein vom Kulturellen Beirat, den ich wegen des Manuskriptes befragt habe. Ich bekam zwar wieder keine richtige Auskunft, lediglich die Antwort, man solle doch das Buch in der ursprünglichen Form herausgeben – also in der Form, die der Kulturelle Beirat abgelehnt hatte ..." Inzwischen war bereits eine tschechische Übersetzung der Neufassung herausgekommen: „Die ganze Angelegenheit, die ich oben geschildert habe, zog sich über etwa vier Jahre hin. Das Hochhaus in der Weberwiese darf also in der Handlung noch nicht gesucht werden."

Zuletzt fand der Leiter des Kinderbuchverlags die Rahmenhandlung unmöglich, weil sie eine Zeit als Hintergrund habe,

„die bei uns in der DDR längst überwunden ist". Es gebe zwei Möglichkeiten. Der Autor könne entweder eine neue Rahmenhandlung mit „Jungen Pionieren" schreiben, „in der von der hohen Warte unserer Gegenwart aus der Rückblick auf die in der Fabel geschilderte Erzählung erfolgt", oder aber die Rahmenhandlung nach Westdeutschland verlegen.

Siegfried Lokatis

Kriegs-Realismus

1945 erschien im gerade gegründeten Berliner Aufbau-Verlag der Roman „Stalingrad" von Theodor Plivier. Er wurde schnell zum Bestseller – nicht nur in der SBZ (bis Ende 1948 bereits 177 000 verkaufte Exemplare), sondern auch in den anderen Besatzungszonen in sogenannten „Zonen-Lizenzen" (200 000 Exemplare).

Plievier hatte sich vor 1933 als Verfasser historisch-dokumentarischer Romane über den 1. Weltkrieg in der kaiserlichen Marine und über die Novemberrevolution („Des Kaisers Kulis", 1930; „Der Kaiser ging, die Generäle blieben", 1932) einen Namen als fortschrittlicher Autor gemacht, der ihn als durch die Nazis Verfolgten ins Exil trieb. Obwohl nicht parteigebunden und anarchistisch-linksradikal sozialisiert, gelangte er ins sowjetische Exil. Auf dem Lande, also fern der parteipolitischen Querelen der exilliterarischen Szene, erfreute er sich wegen seines radikalen Pazifismus der Wertschätzung Johannes R. Bechers. Becher, Chef der Deutschen Sektion im Sowjetischen Schriftstellerverband, war es auch, der Plieviers Idee, ein Buch über die Schlacht von Stalingrad zu schreiben, förderte und ihm Zugang zu gefangenen Soldaten und Offizieren aus dem Stalingrader Kessel verschaffte. Aus intensiven Gesprächen und „lastwagenweise" zur Verfügung gestellten Briefen, die von den Stalingrad einschließenden russischen Truppen erbeutet worden waren, gewann Plievier das Material seines Antikriegs-Epos „Stalingrad".

Das Buch besticht durch Detailtreue hinsichtlich des Kriegs-
geschehens, macht eine Gratwanderung zwischen der Darstellung des Krieges als Massengeschehen und dem individuellen
Erleben einzelner Figuren, Soldaten, Offiziere und Generäle.
Was sich hier in einer meist nüchtern-sachlichen, nur zuweilen
pathetischen sprachlichen Schilderung enthüllt, ist das ganze
Grauen, die Sinnlosigkeit und die Verbrechen dieses Krieges,
dessen gnadenlose Maschinerie bis zum letzten Führerbefehl
aufrechterhalten wird. Dabei erscheint die ganze Hölle des
Krieges für den Einzelnen als undurchschaubares schicksal-
haftes Geschehen, dem nicht zu entrinnen ist.

Die Bandbreite menschlichen Verhaltens in unmenschlichen
Zuständen ist groß, was dokumentiert wird durch umfangreiche
Zitate aus den Feldpostbriefen. Für die Nachkriegsleser gab
Theodor Plieviers ungeschminkte Darstellung des Versagens
des deutschen Oberkommandos, das Opfern zigtausender Soldaten, ihr grausames Sterben und brutales Verrecken erste
authentische Kunde von diesen durch die Goebbels-Propaganda
verschleierten Vorgängen. Was man hier auch lesen konnte, war
der Einblick in die Verbrechen der Wehrmacht gegenüber russischen Kriegsgefangenen und der russischen Zivilbevölkerung.
Das Bild einer „sauberen" Wehrmacht enthüllte sich als Fata
Morgana und dem Versuch, sich aufkommenden Schuldfragen
nicht zu stellen, wurde so der Boden gezogen. Am Ende steht
der endlose Zug der geschlagenen Armee, der über die riesigen
russischen Weiten in die Gefangenschaft zieht. Nur wenige sind
„Menschen" geblieben, wie Gnotke und Vilshofen, die sich in
der Ablehnung jeglicher zukünftiger Kriege zusammenfinden.

Nachdem der Text bereits in der Moskauer Zeitschrift „Internationale Literatur" 1943/1944 veröffentlicht worden war,
sorgte der Autor selbst, noch vor Erscheinen des Buches, im
Juni/Juli 1945 im Rundfunk für dessen Verbreitung. Die klare,
anti-militaristische Botschaft fand bei all denjenigen, die nie wieder Krieg wollten, einen guten Resonanzboden. Nach Plieviers
Weggang in die Westzonen im August 1947 – er sah sich von den

stalinistischen Methoden deutscher und russischer Kommunisten in Thüringen, wo er als Vorsitzender des Kulturbundes eingesetzt war, abgestoßen – geriet der Roman auf den Index. Mit seinen Büchern „Moskau" (1952) und „Berlin" (1954) platzierte sich Plievier in der Bundesrepublik antikommunistisch.

Nach Theodor Plieviers frühem Tod im Jahr 1955 geriet sein Werk jedoch bald gesamt-deutsch in Vergessenheit. Erst 1984 kam in der DDR dank der Bemühungen von Hermann Kant „Stalingrad" als „bestes Buch über den deutschen Teil am Weltkrieg II" wieder heraus. Damit wurde das Werk gegenüber dem in der DDR „problematisch" bleibenden Autor ins Recht gesetzt.

Simone Barck

Düstere Bilder

Bertolt Brechts Satz „Der Schoß ist fruchtbar noch, aus dem das kroch" gehört wohl zu den meistzitierten des Dichters. Weniger bekannt ist, mit welchen Schwierigkeiten er als Teil der von Brecht und Ruth Berlau im Exil zusammengestellten „Kriegsfibel" im Herbst 1955 im Berliner Eulenspiegel Verlag veröffentlicht worden ist. Die von Brecht seit 1940 entwickelte Methode, Pressefotos vom internationalen Kriegsgeschehen mit Vierzeilern zu kommentieren, hatte bei Kriegsende ein Konvolut von über 70 Foto-Epigrammen hervorgebracht, die in der von Ruth Berlau verkleinerten fotografierten Form mit nach Berlin kamen.

Die vor allem aus skandinavischen und amerikanischen Zeitungen und Magazinen entnommenen Bilder zeigten sowohl die am Krieg Schuldigen und Hintermänner sowie die ihn austragenden Soldaten und die leidende Zivilbevölkerung. Die jeweils dazumontierten Verse kommentierten oft satirisch oder sarkastisch, stellten Fragen oder hielten Zwiesprache mit den Abgebildeten. Wie Ruth Berlau als Herausgeberin schrieb, solle das Buch „die Kunst lehren, Bilder zu lesen". Die hier präsentierten „düsteren Bilder" seien in besonderer Weise geeignet, die Vergangenheit als „konkrete Wahrheit" begreifbar zu machen.

Ein erster Versuch zur Veröffentlichung im Verlag Volk & Welt 1949/1950 scheiterte an der Beurteilung des Manuskripts durch den „Kulturellen Beirat" als untragbarer „reinster Pazifismus", auch Otto Grotewohl sei „entsetzt" gewesen. Der „Parteivorstand der SED" lässt im April 1950 wissen, dass in dem Buch die „Träger des neuen Faschismus" in Amerika und Westdeutschland nicht erfasst würden. So den historischen Charakter des Ganzen gründlich verkennend, blieb das Projekt liegen.

Im September 1954 startete der zweite Versuch beim Eulenspiegel Verlag. Neben Ruth Berlau als Herausgeberin sind Peter Palitzsch als Gestalter, Heinz Seydel vom Verlag und Günter Kunert als „Redaktion" beteiligt. Im Druckgenehmigungsantrag des Verlages wird der Band als „ungemein scharfe Entlarvung der Kriegstreiber" und als „wertvoller Beitrag zur Aufklärung unseres Volkes über Tragödie und Hintergrund des zweiten Weltkrieges" avisiert. Das Buch zeichne sich durch „schonungslose Unerbittlichkeit vieler Bilder" sowie „kristallklare Schärfe der Brechtschen Verse" aus. Das jetzt zuständige „Amt für Literatur" jedoch reaktivierte die alten „pazifistischen" Vorbehalte und Brecht ließ sich zum kompromisshaften Auswechseln einiger Epigramme bewegen. Darunter das scharfe zur „Sau" Friedrich Ebert, aber der „Bluthund Noske" blieb.

Als Bertolt Brecht im Dezember 1954 erfährt, dass man das Buch jetzt im ZK prüfe, beschwert er sich beim „Amt". Er habe es als weltbekannter Dichter nicht nötig, sich bevormunden zu lassen und könne alles, was er schreibe, politisch selbst verantworten. „Nach Auskunft der Sekretärin war die Formulierung von Bert Brecht entschieden schärfer, sie habe es nur mit ihren eigenen Worten widergegeben." Das „Amt" windet sich monatelang und befindet „vertraulich" im September 1955, dass diese Druckgenehmigung nichts weiter „als eine eindeutige

Konzession an den Namen Brecht" sein könne. Zugleich überlegt man, wie der Vertrieb „des größten Teils der Auflage" von 10 000 Stück zu verhindern sei. Tatsächlich wurden bis Sommer 1956 nur 3 400 Exemplare in der DDR und 200 in der BRD verkauft.

Das künstlerisch Innovative dieses Montagebuches nahmen damals und auch später zu wenige wahr, wie überhaupt die Rezeption dieses Buches, trotz einiger Nachauflagen im Eulenspiegel Verlag merkwürdig marginal geblieben ist. Der Buchhandel gibt die „politische Schonungslosigkeit, sowohl der Bilder als auch der Verse" für die Käuferzurückhaltung an. So konkret und militant wollte es offensichtlich damals nur eine Minderheit sehen und lesen. Noch kurz vor seinem Tod möchte Brecht die „Kriegsfibel" in die Bibliotheken, Kulturhäuser, Schulen usw. bringen: „Denn diese tolle Verdrängung der Fakten und Wertungen über die Hitlerzeit und den Krieg bei uns muss aufhören."

Doch erst eine 1994 im Eulenspiegel Verlag erschienene „erste vollständige Ausgabe" der Kriegsfibel, mit Nachworten von Jan Knopf und Günter Kunert, enthält in einem Anhang alle aus Zensurgründen entfallenen Epigramme.

Simone Barck

Der Mülltonnenadler

Als am 21. Februar 1953 die Auflösung der „Vereinigung der Verfolgten des Naziregimes" (VVN) verordnet wurde, war das nicht nur für deren Mitglieder ein Schock. Denn die 1947 gegründete Organisation hatte eine umfangreiche und engagierte Arbeit zur Aufklärung über die Naziverbrechen geleistet und die Interessen der Verfolgten des Dritten Reiches zuverlässig vertreten. Als eine an sich überparteiliche Organisation war sie jedoch schon 1950/51 in das Netz der SED-Partei-Kontrollkommissionen geraten. Ein Bericht vom März 1951 hatte „Sektierertum" und „Sozialdemokratismus" vermerkt, die VVN sei zum „Sammelbecken parteifeindlicher Elemente" (gemeint war: Trotzkisten) geworden. Es war die Zeit, als die SED-Führung im Kontext der stalinistischen Partei-Säuberungs-Prozesse gegen die „Westemigranten" wegen vermeintlicher „Agentenarbeit" vorging, eine fatale Kampagne mit antijüdischer Komponente.

Vor dem Hintergrund forcierter antijüdischer Repressionen in der Sowjetunion, wo im August 1952 in einem Geheimprozess 13 Todesurteile für führende Mitglieder des Jüdischen Antifaschistischen Komitees gefällt worden waren, kam es Ende 1952 auch in der DDR zu Verfolgungen führender Mitglieder der Jüdischen Gemeinde wegen ihrer Kontakte zum „Klassenfeind".

Im Januar 1953 wurde von einem angeblichen Komplott jüdischer Ärzte gegen Stalin berichtet. In der Folge dieser Ereignisse sahen sich der Vorsitzende der Jüdischen Gemeinden, Julius Meyer, und weitere wichtige Repräsentanten des jüdischen Lebens Mitte Januar 1953 gezwungen, die DDR zu verlassen. Sie wurden nachträglich als „zionistische Agenten" aus der VVN ausgeschlossen. Auch diese Vorgänge scheinen die SED-Führung in ihrem Entschluss bestärkt zu haben, die unliebsame VVN samt ihren Einrichtungen durch Wegloben abzuschaffen: Sie habe ihre Aufgaben „restlos" erfüllt.

Betroffen von der Liquidierung war auch der organisationseigene Verlag, der seit 1947 zunächst als Zeitungsverlag für „Die Tat", ab 1949 auch als Buchverlag mit Sitz in Potsdam tätig gewesen war. Er hatte sich mit seinen rund 200 Veröffentlichungen „zum antifaschistischen Widerstandskampf" profiliert, war jedoch auch mehrfach wegen der von ihm herausgebrachten „KZ-Berichtsliteratur" angeeckt. Kam in den Zeitzeugenberichten der Widerstand nicht vor, so wurde das von den Gutachtern moniert und statt solcher bloßer „Leidens- oder Greuelliteratur" eine „wahrhafte Widerstandsliteratur" gefordert.

Insbesondere die Perspektiven von jüdischen Verfolgten stießen auf Kritik der Zensoren. Das war der Fall bei Hilde Hupperts Bericht „Fahrt zum Acheron" (1951), dem Bericht einer jungen Frau aus dem polnisch-tschechischen Grenzgebiet, die mit ihrem kleinen Sohn alle Stationen der Verfolgung, Ausplünderung und Vernichtung der Juden nach der faschistischen Okkupation Polens durchlitten hatte. Ihre Schilderung der Gefängnisse und Ghettos, der Sklavenarbeit und des Typhus war von Arnold Zweig zur Publikation vorbereitet worden. In einem zweijährigen Procedere waren ihm zahlreiche Veränderungen abgerungen worden, die etwa Schuldzuweisungen an die Deutschen, Schilderungen von polnischem Antisemitismus sowie das späte Eingreifen der Alliierten betrafen.

Krasser gestaltete sich der Fall von Rolf Weinstocks Überlebensbericht „Rolf, Kopf hoch!", der, 1950 kaum erschienen, in einer aufwendigen Aktion aus dem Buchhandel zurückgezogen wurde. In dem nur 150 Seiten starken Buch schildert der als Achtzehnjähriger 1938 in Freiburg verhaftete „Jude Weinstock" seine Odyssee durch die Konzentrationslager Dachau, Gurs, Auschwitz und Buchenwald. Seine Perspektive ist die eines Häftlings, „wie es Millionen andere auch waren", er zeigt die Menschen in ihrer allergrößten Not und Bedrängnis im alltäglichen Kampf ums Überleben. Von einem Mitarbeiter des ZK der SED wird darin eine Sicht auf die Häftlinge als „Tiere" und „Verbrecher" erblickt, die Verhältnisse in den Lagern seien „übertrieben" und falsch dargestellt. Hauptmangel sei jedoch das „völlige Verschweigen der illegalen Arbeit der Antifaschisten in den KZ". Weinstock, der sich als „übler Geschäftemacher" und „Mülltonnenadler" betätigt habe, sei als Autor eines Buches über die KZ alles andere als geeignet.

Die Proteste des „tief erschütterten" Weinstock verhallten ohne Resonanz. Mit dem VVN-Verlag verschwand eine Heimstatt für solche Lager-Literatur. Zurück blieb eine Leerstelle im antifaschistischen Literatur-Programm.

Simone Barck

Gorkis Fluch

„Was mit der Feder geschrieben wurde, hackt man mit der Axt nicht aus." Wie mit prophetischer Schadenfreude schrieb Maxim Gorki diese russische Volksweisheit 1931 in sein Manuskript, als er seinen ursprünglich 1924 publizierten Lenin-Nachruf auf Druck Stalins gründlich bereinigen musste. Und in der Tat: 1947 – der „Sturmvogel der Revolution" lag längst selber auf dem Roten Platz begraben – wurde dieser Nachruf zum Albtraum der sowjetischen Zensur, deren Axt mittlerweile auch die literarischen Dschungel im besetzten Deutschland lichtete.

Die kampferprobten Offizierskader des im Spätherbst 1945 in Berlin-Karlshorst gegründeten Verlags der Sowjetischen Militäradministration widmeten sich inzwischen der „antifaschistischen Umerziehungsarbeit". Eine deutsche Gorki-Ausgabe musste her, pünktlich zum 30. Jahrestag der Großen Sozialistischen Oktoberrevolution. Und Gorkis schwärmerische Erinnerungen an den „menschlichsten aller Menschen" durften darin nicht fehlen.

Die Zeit drängte. Daher hielt der von den Planerfüllungsaufgaben erdrückte Chefredakteur der Verlagsabteilung für deutschsprachige Buchproduktion, Major Boris Kublanov, den Rationalisierungsvorschlag eines deutschen Kollegen (an dessen Namen sich später keiner mehr erinnern wollte) für eine großartige Idee: Gorkis Essay sei ja bereits von Erich Boehme übersetzt und 1928 unter dem Titel „Ein Mensch" im Sammelband „Erinnerungen an Zeitgenossen" vom Berliner Malik-Verlag herausgegeben worden. Warum nicht die fertige Übersetzung übernehmen, zumal der Malik-Verlag von den Nazis geschlossen worden war, womit auch das lästige Urheberrechtsproblem entfiel?

Doch, wie Gorki einmal sagte, „es gibt kein Pferd, auf dem man von sich selbst wegreiten könnte". Dass von der Lenin-Eloge eine Urversion existierte, die dem Übersetzer vorgelegen hatte, davon hatte der arme Major nicht die leiseste Ahnung. Wie auch? Für die Gedächtnislücke hatte bereits die sowjetische

Zensur der ersten Generation gesorgt. Die beiden Versionen wichen deutlich voneinander ab. Wurde in der ersten Fassung Leo Trotzki von Lenin noch gelobt, so hieß es in der zweiten Fassung: „Und trotzdem ist er nicht einer der Unseren! ... Er hat etwas ... Ungutes, von Lassalle ..." Umgekehrt verschwanden 1931 zahlreiche „Entgleisungen" Lenins – wie etwa seine Betrübtheit darüber, dass immer, wenn er in Russland auf einen klugen Kopf treffe, sich dieser als Jude erweise. Ebenso fehlte Gorkis kaum verhüllte Verurteilung des bolschewistischen Terrors.

Eine Überprüfung der Lenin-Panegyrik hielt aber Kublanow ohnehin für Götterlästerung. Ein ungeheuerlicher Leichtsinn, den die Ermittlungskommission als „Abstumpfung der parteilichen Wachsamkeit" qualifizieren sollte. Noch fahrlässiger verhielt sich die Redakteurin Magazinik. Auf die Gretchenfrage, ob sie gewisse Unstimmigkeiten im Text nicht doch gestört hätten, gab sie zu Protokoll, sie sei über einige Stellen zwar selbstverständlich (!) gestolpert, habe sie aber dem „historischen Charakter" des Textes angelastet. Das Buch des „Sturmvogels der Revolution" musste schließlich zum Auftakt des großen Jubiläums sofort auf den Markt!

Und der Sturm ließ nicht lange auf sich warten. Die im Staatlichen Archiv der Russischen Föderation aufbewahrten Akten verschweigen, wem die brisante Verwechslung zuerst aufgefallen war. Das Warnsignal kam aber bald und löste in Moskau einen Eklat aus. Im Frühjahr 1948 durchkämmten SMAD-Offiziere die Buchläden und Bibliotheken in der ganzen Sowjetischen Besatzungszone. Die gesamte Auflage sollte eingesammelt und vernichtet werden. Nichts sagen die Archivakten über das Schicksal der Militärzensoren. In den Ermittlungsprotokollen werden sie als „ehemalige" Verlagsoffiziere geführt. Danach verliert sich ihre Spur.

So ist es verständlich, dass im Fall des Gorki-Essays „W. I. Lenin" auch spätere Zensurstellen der DDR besondere Sensibilität entwickelten. Die ursprüngliche Version konnte in der DDR nie gedruckt werden. Als der Aufbau-Verlag „Erinnerungen an

Zeitgenossen" 1953 neu herausbrachte, wurde sogar die in der UdSSR als Standard geltende Fassung noch weiter revidiert. Gorkis einleitender Befund „Wladimir Lenin ist tot" schien für den deutschen Leser unzumutbar zu sein und musste ersatzlos gestrichen werden.

Igor J. Polianski

Verzuckertes Gift

Wer viel Glück hatte, der konnte im buchhändlerischen Weihnachtsgeschäft des für die junge DDR so dramatischen Jahres 1953 ein Exemplar von „Mr. Poppers Pinguinen" ergattern. Zu verdanken war dies dem renommierten und findigen Jugend- und Kinderbuchverleger Alfred Holz, der das für die Zensur zuständige Amt überzeugt hatte, die vom West-Berliner Kommissionshandel nicht abgesetzten 4 200 Exemplare für den DDR-Verkauf freizugeben. Das war jedoch ein schwacher Trost für den Verleger, der sich um eine vierte Auflage des vergriffenen Kinderbuches von Richard und Florence Atwater bemüht hatte und der dabei unversehens in den Kalten Krieg des Jahres 1952 geraten war.

Als er 1947 die „Originalausgabe des in Amerika sehr beliebten Tierbuches ‚Mr. Popper's Penguins'" (seit 1938 bereits in 13 Auflagen erschienen) zur Genehmigung eingereicht hatte, da war es ihm höchst bescheiden um eine „für das Lesegut der amerikanischen Jugend typische Ergänzung" zu den von ihm schon herausgebrachten Jugendbüchern deutscher und sowjetischer Autoren gegangen. Die drei erforderlichen Gutachten hatten einstimmig den amüsanten und unterhaltenden Charakter des Buches hervorgehoben. Zum Inhalt las man Folgendes: „Ein Malermeister bekommt von einer Forschungsexpedition und einem Zoo Pinguine. Als der Pinguinzuwachs Herrn Poppers Familie und Existenz auf den Kopf zu stellen droht, gibt Mr. Popper mit seiner Pinguinfamilie Schaustellungen. Schließlich aber bekommt er Gelegenheit, die Tiere wieder in die Antarktis zurückzubringen. Für Kinder von etwa 8–12 Jahren bestimmt."

Das äußerst witzige Buch lebt von den kuriosen Abenteuern der Pinguin-Familie, die das Leben der Poppers, Vater, Mutter und der Kinder Bill und Jenny gründlich verändern. War es schon hart genug für den nur in der Sommersaison beschäftigten Maler Popper, seine Familie durchzubringen, so stürzen ihn die zwölf Pinguine durch die erforderlichen Umbauten seines Hauses sowie deren enormer Fischbedarf in finanzielle Bedrängnis. Varieté-Auftritte machen die Poppers mit ihren Pinguinen berühmt, und der Vater kann sich nach allerlei Abenteuern seinen Lebenstraum erfüllen – in die Antarktis zu fahren, wo die Pinguine wieder leben werden.

Ursprünglich mit der Marke „besondere(r) Tierliebe und Tierpflege im erzieherischen Sinne" versehen, hatte das „launige, spannende, einfallsreiche" Pinguin-Buch 1949 noch als „politisch völlig neutral" die Begutachtung passiert. Im Mai 1952 sah es sich nun jedoch im Zentralorgan der SED „Neues Deutschland" mit dem Vorwurf konfrontiert, „verzuckertes Gift" für „unsere Kinder" zu sein. „Unter einer nett aufgemachten Oberfläche wird hier das alte Märchen vom Paradies Amerika aufgewärmt, die Wahrheit über die Lage der arbeitenden Klassen in den Vereinigten Staaten vertuscht." Die Tatsache, „dass die Wissenschaft von den verbrecherischen Kriegshetzern missbraucht wird, sei es zur Anlegung von Flugplätzen, sei es zum Bakterienkrieg in Korea, wird verfälscht". Außerdem legten Pinguine nicht mehr als zwei Eier. Im Zentralorgan sprach man eine „ernste Mahnung zur Wachsamkeit" gegenüber dem „Einschmuggeln" derartiger äußerlich so harmlos erscheinender Bücher aus. Das Pinguin-Buch wurde aus einer Jugendbuchausstellung im Leipziger Grassimuseum bis auf den Schutzumschlag entfernt und daneben rotumrandet der Artikel aus dem „Neuen Deutschland" aufgehängt.

Der engagierte Verleger Alfred Holz reagiert auf die ND-Kritik mit einer zur Veröffentlichung bestimmten Entgegnung im Juni 1952, in der er in witziger Weise mit den Einwänden der ND-Kritik umgeht. Alle Rezensionen hätten bisher betont, dass dieses Buch den Kindern ein Stück amerikanische Welt zeige, in der „ein Arbeiter nicht so ohne weiteres seine Familie ernähren kann". Keine Rede also von einer „Verherrlichung des geschäftstüchtigen ,Yankee' in launiger Form". Außerdem erinnerte er daran, dass im ND selbst in der Weihnachtsausgabe 1949 ein Kapitel aus dieser „entzückenden Jugendschrift" abgedruckt worden sei. Nicht zuletzt wegen dieses für die Redaktion peinlichen Hinweises dachte man nicht daran, des Verlegers Protest abzudrucken. Zwar gestand man ihm intern zu, den Persiflagecharakter des Buches zu Recht betont zu haben, aber diese „beschauliche Ironie" tue dem „Kreis der amerikanischen Finanzhyänen" nicht weh. Holz wurde belehrt, den „versöhnlerischen opportunistischen Inhalt", die „maskierte, verlogene Rechtfertigung der ‚amerikanischen Lebensweise' als Ganzes" übersehen zu haben.

Gibt es noch Eltern und Kinder, die sich an eine Lektüre im trauten Familienkreise erinnern können?

Simone Barck   43

Tito, die Präriewölfin

Seit der Gründung Roms war es keiner Wölfin mehr gelungen, in Kreise der Staatsführung vorzudringen. Nun prangte „Tito" auf dem Titelblatt eines Heftes des Kinderbuchverlages, und die eifrigen Mitarbeiter des Leipziger Zentralinstituts für Bibliothekswesen hatten sie dort entdeckt. Ihre Beschwerde landete im Herbst 1951 im ZK auf dem Schreibtisch eines jungen Abteilungsleiters namens Kurt Hager. Das politische Problem bestand nicht etwa darin, dass ein befreundeter kommunistischer Staatschef durch die Gleichsetzung mit dem Raubtier beleidigt zu werden drohte. Ganz im Gegenteil: die wölfische Titelheldin der Erzählung glänzte als eine ausgesprochene Sympathieträgerin, die „über alle Fallen und Giftbrocken ihrer Widersacher triumphierte".

Gerade deshalb fürchtete Hager, der Leser könne den Titel „allegorisch mit dem Banditen Tito in Verbindung bringen" und ließ die Auslieferung anhalten – bei der beinahe vergriffenen Nachauflage eines 1948 erschienenen Renners keine besonders wirksame Maßnahme. Der Autor trug offenbar keine Schuld. Ernest Th. Seton war 1946 weltweit berühmt in hohem Alter verstorben und hatte die Geschichte um die Jahrhundertwende verfasst, als Josip

Broz gerade geboren war. Es war allenfalls möglich, dass dieser sich seinen Partisanennamen zu Ehren der tapferen Wölfin zugelegt hatte. Auch die neue staatliche Zensurbehörde hatte mit der Panne nichts zu tun: Das Amt für Literatur und Verlagswesen war 1951 gerade erst gegründet worden und erfuhr von dem ganzen Vorgang überhaupt erst im Nachhinein durch Hagers Post.

Also musste man den Schuldigen im Kinderbuchverlag suchen. Hier wurde am 23.10.1951 die folgende denkwürdige Diskussion protokolliert. Zunächst stellte das Verlagslektorat übereinstimmend die hohe Qualität des Werkes fest. Es sei „künstlerisch und erzählerisch sehr gut", die Schilderungen realistisch und wirklichkeitsnah, mithin entsprach „Tito" dem Kanon eines „sozialistischen Realismus", der süßliche Anthropomorphismen im Bambi-Stil verabscheute.

Eine Kollegin fand, „dass die Zurückziehung dieses Heftes auch schon dann gerechtfertigt wäre, wenn nur bei einem geringen Prozentsatz der Leser die Gefahr bestände, durch den Titel, verbunden mit dem positiven Inhalt des Buches, zu falschen Schlussfolgerungen zu kommen". Gegen den Namen im Text hatte sie „nicht solche Bedenken", da es sich um ein weibliches Tier handele und man den Namen allenfalls mit „tt" hätte schreiben können. Das konnte natürlich ganz andersartige Assoziationen wecken. Als neuen Titel schlug sie deshalb „Coyotito" oder „Präriewölfe" vor.

Lektor Holz erklärte, den Titel nicht fahrlässig ausgesucht zu haben. Man könne ihn überhaupt nicht ändern, die Erzählung gehöre zur Weltliteratur. Westbekannte hätten sogar gelobt: „Es ist erstaunlich, dass bei euch ein Buch namens Tito erscheinen kann, in dem der Träger dieses Namens, eine Präriewölfin, eine ausgesprochen positive Rolle spielt und aus allen Kämpfen als Siegerin hervorgeht. Also kann doch das, was bei uns immer über den Presse- und Literaturzwang bei euch gesagt wird, nicht auf Wahrheit beruhen."

Eine andere Kollegin fand, dass „die Kinder durch die Gestalt der Präriewölfin Tito so ausgefüllt" seien, dass in ihnen kein Raum mehr bleibe, „um zu schädlichen Assoziationen zu kommen. Außerdem ist dadurch, dass Tito ein weibliches Tier ist, die Gefahr einer Gedankenverbindung stark abgemildert".

Der Verleger fand, dass die Diskussion die entscheidende Frage offen gelassen habe: „Selbst wenn Kinder beim Lesen des Heftes nicht sofort schädliche Gedankenverbindungen herstellen, so wirkt doch die positive Darstellung des Raubtieres im Unterbewusstsein, und später verbindet sich dann aus der Erinnerung heraus mit dem Namen Tito etwas Positives. Diese später auftretende oder möglicherweise auftretende Gedankenverbindung mit der Tito-Clique und ihrer faschistischen Politik musste ein ausreichender Grund sein, das Buch nicht neu aufzulegen." Der Kollege Holz habe „das Problem nicht so gesehen, wie es gesehen werden muss".

Zwei Jahre später entstand eine Liste aus dem Buchhandel und den Bibliotheken „zurückgezogener" Bücher. Neben dem Titel „Tito" findet sich dort als Zeichen der Ratlosigkeit noch immer ein großes Fragezeichen.

Siegfried Lokatis

Wau!

Nicht nur die Nation war gespalten, sondern auch die Zeitschrift „Der Hund". Bis 1974 erschienen im Bauernverlag bei einer Gesamtauflage von 38 000 Stück eine Ausgabe A für „Dienst- und Gebrauchshunderassen" und die Ausgabe B für den bellenden Rest der Welt („Zier- und sonstige Hunde") im „Verband der Kleingärtner, Siedler und Kleintierzüchter". Diese Einteilung bezweckte nicht etwa die Diskriminierung titoistischer Dalmatiner, bürgerlicher Möpse und der Peking-Palasthunde, sondern hatte andere, nicht weniger politische Gründe. Als der Bauernverlag 1951 bei der frisch gegründeten Zensurbehörde, dem Amt für Literatur und Verlagswesen, zuversichtlich die Lizenz für „Der Hund" beantragte, stieß dieses Ansinnen auf den Widerstand des damals noch im Thüringer Volksverlag erscheinenden Traditionsorgans

„Der Schäferhund". Dieses hatte es in der frühen DDR nicht leicht, denn die Erinnerung an Titelblätter, die den „Führer als Tierfreund" mit seiner Blondi feierten, war noch nicht verblasst.

Andererseits erfreute sich „Der Schäferhund" der Förderung „fortschrittlicher Schäferhundzuchtgemeinschaften", der Rückendeckung der Volkspolizei und vor allem des besonderen Wohlwollens des einschlägig engagierten SED-Politbüro-Mitglieds Friedrich Ebert. Für den Zensor entschied letztlich dann das Argument, dass der Redakteur des „Hundes" parteilos sei und „Grüß Gott" sage. Mit einem Federstrich wurden beide Blätter unter dem Dach des Bauernverlags vereint. Zum Eklat und zur Entlassung des Redakteurs kam es im Jahr der großen Berliner Hundeausstellung im Walter-Ulbricht-Stadion mit der Sondernummer zum Tode Stalins, als neben dem Trauertext zu Ehren des Generalissimus als grotesker Kontrast eine Promenadenmischung abgebildet war.

„Ein Hund wie du und ich" hieß ein Büchlein des westdeutschen Zeichners Hans Traxler („Trix"), das 1955 im Verlag der Nation erscheinen sollte. Die Zensurbehörde genehmigte diesen „albernen Karikaturenband ohne jeden gesellschaftlichen Wert" jedoch erst ein Jahr später, nachdem die fünfte Strophe des Einleitungsgedichts geändert worden war. In der publizierten ostdeutschen Fassung war zu lesen:

Wer darf so voll die Schnauze nehmen?
Wer braucht sich niemals ernstlich schämen?

In der Westausgabe allerdings hatte an dieser Stelle ein Vers gestanden, der den Zensor nach einem Maulkorb suchen ließ:

Wer kann so ‚frei nach Schnauze' reden?
Wer haftet nie für eigne Schäden?

Weit übler erging es einer russischen Prosa-Anthologie, die 1982 bei Volk & Welt erscheinen sollte. Schon der Titel „Streunende Hunde" galt als eine Provokation – so etwas gab es in Moskau nicht. Die Texte der Autoren Nikolai Nikonow, Andrej Skalon, Pjotr Krasnow und Boris Rjachowski kritisierten scharf die sowjetische Gegenwart. Trotzdem waren sie nach langen Diskussionen endlich im Börsenblatt angekündigt. Dort erregten, so erinnert sich die Lektorin Antje Leetz, vor allem zwei Passagen im Werbetext Ärger beim Zentralkomitee, nämlich der Satz: „Nikonow zeigt an einer verunglückten Wolfsjagd die Dekadenz aufgeblasener Provinzdespoten" und das Aitmatow-Zitat: „Der junge Held ist im wesentlichen sich selbst überlassen, muß lebenswichtige Entscheidungen im Alleingang treffen, ohne das traditionelle Soufflieren des Kollektivs."

Die bereits ausgedruckte Auflage der „Streunenden Hunde" musste eingestampft werden – die wenigen Restexemplare sind entsprechend begehrt. Doch die streunenden Hunde jungten, den Vierbeinern war so leicht nicht beizukommen. Von nun an erschienen bei Volk & Welt regelmäßig neue „Hundebücher" wie Regina Ezeras auf die Stasi-Schnüffelei anspielender „Mann mit der Hundenase", Tschingis Aitmatows „Scheckiger Hund, der am Meer entlangläuft", „Unter uns Hunden gesagt" von Jüri Tuulik, „Der Stern Sirius oder Liebevolle Plaudereien über Hunde" von Jiri Marek und schließlich, 1988, „Hundeherz", Michail Bulgakows so lange unterdrückte Revolutionsgroteske von 1925 über den „Genossen Bellow".

Siegfried Lokatis

Ulle Bam auf großer Fahrt

Im Erziehungsstaat DDR wurden Kinderbücher sehr ernst genommen. Die Zensur widmete ihre Aufmerksamkeit schon den Kleinsten. Dem Sachbilderbuch „Tatü, tata" wurde die Druckgenehmigung verweigert, weil der Bagger wie ein „Schrabber" gezeichnet sei, einem Anhänger das Nummernschild und dem Roller die Klingel fehle. Mit dem Bilderbuch „Hosenmatz, erzähl mir was" richtete der Kinderbuchverlag sich an die Ein- bis

Zweijährigen. Hier war ein Hund zu hässlich geraten und der Teddy missglückt. Der Verlag musste „ein längeres Gespräch" mit der Zeichnerin führen, doch das Profil war „schwierig durch die kurze Nase. Das uns jetzt vorliegende Teddybild ist besser zu erkennen und einen Schritt weiter in der Entwicklung", meldete man der Zensurbehörde.

Für „Peter und der Büffel Boni" war ein Gutachten der „Hauptabteilung Feuerwehr" des Innenministeriums erforderlich, weil das Manuskript das Problem der Kinderbrandstiftung auf dem Land ausmalte. Tatsächlich hatte der Autor die ländliche Feuerwehr fälschlicherweise mit Schiebeleitern ausgestattet, die bei den niedrigen Gebäuden überflüssig seien. Hingegen fehlte der bei auseinander liegenden Löschwasserstellen benötigte Schlauchwagen „SKW 14 mit 1 400 m B-Schläuchen".

Ein „Geselligkeitsbüchlein" für Regentage musste wegen erschwerter Postkontrolle Großmutters Rezept für Geheimtinte aus Zitronensaft streichen: „Kartenkunststücke fördern meist mehr die Betrugstüchtigkeit als das logische Denken. Wozu sind aber Tipps über Geheimschriften gut? (...) Wenn nicht an einer Stelle des Manuskripts der Begriff ‚Volkspolizist' auftauchen würde, merkte man nicht, dass der Autor ein Zeitgenosse ist. Er lässt in Astadt den ‚Hohen Rat' tagen und empfiehlt Schnellsprechverse wie: ‚Hinterm harten Hirtenhaus hängen hundert harte Hirtenhäute'."

Ein Ratgeber für den Bau von Modelleisenbahnen wurde begutachtet, als ginge es um die Novemberrevolution. Schließlich sollte „das Verlagswesen unserer Republik in diesem Bereich international die absolute Weltspitze" halten können. Was mag sich der Zensor gedacht haben, wenn er im Gutachten lesen musste: „Auch bei Verwendung von Schnecken ist es durchaus durch Ausnutzung des Kreiselschwunges möglich, den Auslaufweg des Modellfahrzeugs zu verbessern ..."? Das Buch musste die aktuelle Beschilderung der Reichsbahn berücksichtigen, den Zimmergrößen des staatlichen Wohnungsbauprogramms entsprechen, ohne die westdeutschen Marken Märklin und Fleischmann auskommen und die Lieferbarkeit der Einzelteile garantieren.

In dem Puppenspiel „Ulle Bam auf großer Fahrt" spukte noch die „frühere Auffassung über die Unterschiedlichkeit der Geschlechter" herum. Warum mussten „das Finele als Reiseproviant Kuchen und der Marcel Wurstbrot haben?" vermerkte die Zensurbehörde. Sie verlangte, dass das „Kapitalismus-Ungeheuer" vom Kaspar nicht nur fortgejagt, sondern für immer vernichtet werde und kritisierte sogar die Flugroute Ulle Bams. Es sei „nicht gut, wenn er die Hauptstadt der SU bei dieser Fahrt nach China einfach auslässt und nur in einem kleinen Ort im Taigagebiet des Nordens Station macht. Auch auf einer märchenhaften Friedensfahrt kann man Moskau nicht einfach übergehen. Zumindest müssen die Luftpassagiere von weitem den roten Stern auf dem Kremlturm blitzen sehen". Der zuständige Lektor im Altberliner Verlag war der Dichter Johannes Bobrowski. Er machte sich offenbar einen Spaß aus der Sache und fügte die folgende unsterbliche Passage in das Kasparstück ein:

Von weitem grüßte eine große, große Stadt: das herrliche Moskau mit seinen prächtigen, historischen Bauten. Die neuen Hochhäuser konnten wir ganz deutlich erkennen, auch die breiten Straßen und die Brücken über den Fluss. Am Rande der Stadt auf den Leninbergen ragte die größte Universität der Welt in den Himmel. Hell glänzte der rote Stern auf dem Kremlturm. Finele und Marcel wollten sofort in Moskau landen, um diese berühmte Stadt zu besichtigen, aber wir wurden doch erwartet und mussten weiter. So zog in der Ferne Moskau vorbei. Ich musste ihnen aber hoch und heilig versprechen, auf der nächsten Reise mit ihnen Moskau zu besuchen.

Siegfried Lokatis

Ham und Hubert

In den fünfziger Jahren waren Bambi und Dumbo für den DDR-Zensor kaum weniger anstößig als Tito und Trotzki. Tiere lächelten nicht. Es galt seit Pawlow als wissenschaftlich überholt und pädagogisch gefährlich, sie in Fabeln, Märchenbüchern oder Jagdgeschichten nicht mit bedingten Reflexen, sondern mit menschlichen Zügen auszustatten. Beispielsweise wurden für den Laien ganz harmlos scheinende Sätze wie „Der Fuchs hätte sich gern auf die Gans gestürzt" oder „Ein Eichhörnchen mit Knopfaugen kam zu Besuch" unfehlbar als Anthropomorphismen aus Kinderbüchern herausgestrichen.

Eine „zärtlich lächelnde Krokodil-Mutter" konnte die gefürchtete Zensurgutachterin Carola Gärtner-Scholle auf die Palme bringen. Sie tadelte Joszef Telgarskys aus der Slowakei importiertes, wasserscheues, mit dem Löwen Simba und dem Pelikan Schnappschnabel unermüdlich Blindekuh spielendes „Krokodil Ham" aus dem Prager Zoo halte sich angesichts der „erstarrten Maske" und „ungeheuerlichen Fresswut" dieser Spezies kaum im „Bereich des biologisch Wirklichen" und lasse auch „in pädagogischer Beziehung heutige Akzente vermissen": „Falls für ein solches Objekt Devisen veranschlagt werden müssen, erkläre ich mich als nicht einverstanden damit."

Hubert, dem Nilpferd der beliebten Kinderbuchautorin Alex Wedding, wurde verboten, einen imperialistischen Gouverneur zu verspeisen, zumindest sei die allzu naturalistische Darstellung der Szene zu mildern: „Das Flusspferd verschluckt den Gouverneur – wie sich später herausstellt, nebst Helm und Gewehr. Dazu muss man wissen, dass ein Flusspferd in einem Zoo, das einen Ball verschluckt hatte, daran starb." Als Gutachter agierte in diesem Fall der Schriftsteller Ludwig Renn, der damals selbst als Kinderbuchautor hervortrat und offenbar der Kollegin nicht wohl wollte: „Das Flusspferd kotzt das rauchende Gewehr aus. Moderne Gewehre rauchen nicht nach einem Schuss. Wie nun ein Schuss losgehen kann, ist auch nicht erfindlich. Können außerdem Flusspferde überhaupt kotzen?"

Ein ähnlicher kluger Einwand: „‚Hubert wischt sich die Tränen aus den Augen.' Womit?" „Geradezu schockierend" fand Renn die „Kaugeräusche der Krokodile", denn Krokodile hätten keine Mahlzähne. Sie seien keine Wiederkäuer, sondern Schlinger. Und wieso musste Hubert einen südafrikanischen Fluss entlang wandern? Das große Flusspferd verlasse das Wasser nur ausnahmsweise. „Der Wanderer ist vielmehr das Zwergflusspferd, das in Südafrika nicht vorkommt." Renn kritisierte zudem, dass das Nilpferd ein „Familienleben in kleinbürgerlicher Gemütlichkeit" anstrebe. Und warum habe das Flusspferd „Angst vor der Zukunft"? „Da sind wir schon in der Nähe der existentialistischen Dekadenz, und das in einem Kinderbuch!" Dabei war es doch als Agitationsschrift gemeint: „Etwa in der Mitte des Manuskripts wird es für den Leser sichtbar politisch und hat nun eine antikoloniale Tendenz. Um die Klassenverhältnisse in Afrika und der Welt aufzuzeigen, dienen im Allgemeinen Vögel. Der wichtigste ist der Madenhacker, der ungefähr alles weiß, wobei man nicht begreift, woher er seine Kenntnisse hat. Er beherrscht die Suaheli-Sprache, das Deutsche (er liest einen Brief deutscher Pioniere vor und singt deutsche Schlager), das Englische und das Französische. Weitere solche Aufklärungsvögel sind der kongolesische Fink, der algerische Fink, die deutsche Brieftaube und der russische Storch, der russisch spricht. Diese stets zur rechten Zeit auftauchenden Vögel erzählen über Lumumba, den Krieg in Algerien, die Sowjetrevolution, Gagarin und Titow ... Kinder könnten im Brehm nachsehen, wie weit Brieftauben fliegen. Mit Versuchstauben erreichte man 320 Kilometer. Wie soll also die deutsche Brieftaube die vielen Tausende von Kilometern bis Südafrika geflogen sein?"

Die Kinderbuchautorin Alex Wedding fand „99 Prozent der Einwände nicht gerechtfertigt, zum Teil sehr lächerlich". Vorsichtshalber beschaffte sie sich ein Gutachten des Tierpark-Direktors Heinrich Dathe, was den Tieren gut tat. Die deutsche Brieftaube durfte sich vom langen Flug erholen, und in der verbesserten Fassung fehlte der algerische Fink. Hubert erfuhr jetzt vom Tode Lumumbas durch die Buschtrommel.

Siegfried Lokatis

Schbitsbard

Der westdeutsche Schriftsteller Thomas Valentin lebte als freier Schriftsteller in Lippstadt und Cefalù auf Sizilien. Er schrieb Romane wie „Hölle für Kinder" (1961) oder „Grabbes letzter Sommer" (1980) sowie Erzählungen, Dramen, Hör- und Fernsehspiele, Kinderbücher und Gedichte. 1963 erschien der Roman „Die Unberatenen", den der Aufbau-Verlag in der DDR veröffentlichen wollte (er wurde 1969 von Peter Zadek unter dem Titel „Ich bin ein Elefant, Madame" verfilmt).

Der Roman spielt im Frühjahr 1963 an einer bundesrepublikanischen Mittelschule und thematisiert die zu dieser Zeit dominierenden autoritären, von Vorurteilen geprägten Denk- und Verhaltensweisen der Lehrer. Die meisten von ihnen waren noch in das NS-System oder die Kriegsmaschinerie eingebunden gewesen und sind im Nachhinein zu keiner selbstkritischen Betrachtung ihrer Rolle fähig. Die Schüler fühlen sich mit ihren Fragen von den Lehrern allein gelassen und bleiben „unberaten".

In der DDR war man an der Veröffentlichung des Romans interessiert, da er eine kritische Sicht auf die Bundesrepublik bot, zudem bemühte man sich in dieser Zeit intensiv um Bündnispartner bei westdeutschen Schriftstellern. Allerdings warf er das Problem auf, wie man die Veröffentlichung eines Textes rechtfertigen könne, der, wie ein Mitarbeiter der Zensurbehörde urteilte, „vom Standpunkt der grundsätzlichen Überlegenheit Westdeutschlands über die DDR" geschrieben sei. Die Lösung brachte ein Nachwort, in dem behauptet wurde, die DDR erscheine im Roman als Alternative zur BRD. Dass das nicht stimmte, wussten zwar die Lektoren, Gutachter und Zensoren, die das Buch gelesen hatten, der Preis schien ihnen aber dafür gerechtfertigt gewesen zu sein, um den Roman überhaupt in der DDR veröffentlichen zu können – und offensichtlich gingen sie davon aus, dass er im Zentralkomitee nicht gelesen werden würde.

Nachdem die „problematischen" politischen Implikationen derart „wegerklärt" worden waren, wurde in der Zensurbehörde als nächstes darüber beraten, wie damit umzugehen sei, dass der Staatsratsvorsitzende und Erste Sekretär des ZK der SED, Walter Ulbricht, im Roman zweimal „Spitzbart" genannt wird. So legt sich in einer Passage Micky, der Hund des Hausmeisters der Schule, winselnd vor ein Wurstbrot statt es zu fressen, als er hört, dass es vom „Schbitsbard" sei.

Diese „Majestätsbeleidigungen" brachten den Veröffentlichungsprozess ein halbes Jahr lang ins Stocken. Denn sowohl der Leiter des Aufbau-Verlages, Klaus Gysi, der Leiter der Zensurbehörde, Bruno Haid, die Abteilung Wissenschaften des Zentralkomitees als auch Kurt Hager, der für Wissenschaft und Kultur zuständige ZK-Sekretär, und Otto Gotsche, der persönliche Berater Ulbrichts zu Fragen der Kultur, wurden in die Beratungen einbezogen. Gotsche und Hager rieten vom unveränderten Druck der Stellen ab, die nach Ansicht Gotsches „eine Art Inkarnation der Verleumdungspolitik des Klassenfeindes gegenüber unserem Staatsratsvorsitzenden" waren, so dass auch die Zensurbehörde auf deren Streichung bestand.

Ein Lektor des Aufbau-Verlages fuhr anschließend eigens nach Bremen, um die Zustimmung zur Änderung der beiden Stellen und zum Abdruck des Nachwortes vom Autor einzuholen. Nach „großem Widerstreben" stimmte Valentin zu, in beiden Fällen den Schimpfnamen durch „Ulbricht" zu ersetzen. Im Fall einer Entdeckung in der Bundesrepublik wollten Autor und der westdeutsche Verlag bestreiten, ihr Einverständnis gegeben zu haben, die Änderungen aber im Nachhinein als legitim sanktionieren. Deren Bedeutung war für sie zu geringfügig, um die Veröffentlichung des Romans durch die Verweigerung ihrer Zustimmung zu gefährden. Über das Nachwort war Valentin allerdings so entsetzt, dass er auf dem Abdruck des Vermerkes bestand, er lege Wert darauf festzuhalten, in mehreren Punkten nicht mit ihm übereinzustimmen. Das Buch erschien Ende 1965/Anfang 1966 mit diesem Zusatz – zwei Jahre, nachdem der Verlag erstmals das Interesse an einer Lizenzausgabe bekundet hatte.

Michael Westdickenberg

Gamsbart am Kinn

Anfang der 60er-Jahre häuften sich in der DDR Theaterskandale mit repressiven Folgen für die Beteiligten. B. K. Tragelehns Inszenierung von Heiner Müllers „Die Umsiedelerin oder das Leben auf dem Lande" wurde im September 1961 als „reaktionäres Machwerk" abgesetzt und das Stück bis 1976 verboten. Die Aufführung des Senftenberger Theaters von Peter Hacks' Produktionsstück „Die Sorgen und die Macht" kam zwar im Mai 1961 noch zustande, erhielt aber bereits im Juni für die Arbeiterfestspiele aus „technischen Gründen" keine Zulassung mehr. Ein zweiter Versuch mit einer Text-Neufassung im Oktober 1962 am Deutschen Theater unter der Regie Wolfgang Langhoffs scheiterte nach 22 Vorstellungen im Januar 1963 am Einspruch von Walter Ulbricht. Dieser fühlte sich von Hacks, „einem Schriftsteller, der von Westdeutschland, von der bürgerlichen Ideologie herkommt", provoziert zur Feststellung, dass er keine Sorgen um die Macht habe. Wie immer in solchen Fällen, wurde von Ulbricht auch die Vox populi ins Feld geführt, zahlreiche Arbeiter aus der Kohleindustrie hätten sich über ihre beleidigende Darstellung im Stück beschwert.

Bereits 1961 hatte sich Hacks wegen eines anderen Textes in eine beispiellose Rufmordkampagne verwickelt gesehen. Verursacht war dies durch seine 1961 im Satire-Septemberheft der „Neuen deutschen Literatur" abgedruckte Fabel „Der Steinbock und der Lemming" gewesen, in der es u. a. hieß:

Ich bin ein alter Steinbock
Im Winterwald
Im Hinterhalt
Ich bin ein alter Steinbock, juh.
Den Gamsbart am Kinn.

Eine obligat „wachsame" und literaturwissenschaftlich professionelle Leserin hatte den Vorsitzenden der Kulturkommission beim ZK der SED, Alfred Kurella, auf diesen „Fall" aufmerksam gemacht, worauf eine im Partei-Apparat angefertigte Analyse den Text zum „Anleitungsmaterial für staatsfeindliches Handeln" erklärt hatte. Der erschrockene Autor konnte entlastend ins Feld führen, den Text bereits 1952 in München, also lange vor seiner Übersiedelung in die DDR 1955, geschrieben zu haben und wies die ihm zugetragenen Unterstellungen entschieden zurück.

Hier lag ein für DDR-Verhältnisse aufschlussreiches Beispiel von Fehlinterpretation eines satirischen Textes vor, denn die hinter den Kulissen dräuende Debatte um diesen Text erregte die Gemüter natürlich wegen des vermuteten Bezuges zum SED-Generalsekretär Walter Ulbricht. Vor diesem Hintergrund geriet Hacks nun auch mit seinen für Kinder verfassten Gedichten und Märchen in das Zensur-Gerangel. Denn auch das scheinbar harmlose Terrain der Kinderliteratur barg diverse Fallstricke. Die zensorischen Befürchtungen gegenüber den Kinder-Versen spiegelten sich 1963/1964 in den Auseinandersetzungen um die Gedicht-Sammlung „Der Flohmarkt" (für Kinder ab zehn Jahren) auf erhellende Weise. Die Sammlung sei geprägt von der „Freude am Geistreichen, am Witz, am Skurrilen", was, wie der Gutachter positiv vermerkte, das Experimentelle und zugleich Schwierige des Unternehmens ausmache. Denn man könne nicht wissen, wie die Kinder, die Hacks auf heitere Art zum Denken anregen wolle, mit solchen ungewohnten Texten umgingen. Auch wären einige zu streichende Gedichte enthalten, die „entweder verschieden auslegbar oder für Kinder nicht geeignet" seien. Dazu gehörten „Die Eiche Hulda" und „Nachricht vom Kreml", die in „unverkennbarem Gegensatz zu unserer Weltanschauung bzw. unseren pädagogischen Grundprinzipien stehen". Der Blick auf die Geschichte der Eiche Hulda:

Jahrhundert um Jahrhundert
Ein großes Hin und Her.
Erst hab ich mich gewundert.
Jetzt wundert mich nichts mehr

erschien Gutachter und Lektoren konträr zum „wissenschaftlichen Geschichtsbild" der Schule. Die „Nachricht vom Kreml" besagte, dass die Folterkammer geschlossen und genug geläutet und geschossen worden sei. Beide Gedichte sollten entfallen, andere mit „dunklem Sinn" wurden dem Autor zur Überarbeitung empfohlen.

Nachdem dieser einige Gedichte ausgewechselt hatte, erschien der Band 1965 mit Illustrationen von Heidrun Hegewald im Kinderbuchverlag und erreichte mehrere Auflagen, sowie 2001 eine Neuausgabe im Eulenspiegel Verlag mit Bildern von Klaus Ensikat. Hacks Klappentext „Gut ist auch das dümmste Ding, beispielsweise, dass wir lachen oder uns Gedanken machen" konnte als sein Kommentar zu diesem beschwerlichen Editionsprozess verstanden werden.

Simone Barck

Stoßmich-Ziehdich

Bescheiden war er nicht. Befragt nach dem Unterschied zwischen den Kinderbuch-Verlagen der DDR, antwortete der Büchernarr und Privatverleger Alfred Holz: „Was uns vereint, ist, dass wir alle Bäcker sind. Der Kinderbuchverlag backt die Brote, der Altberliner die Brötchen. Ich aber, ich backe die Torten." Logischerweise gehörten die wunderschön ausgestatteten Bücher des Alfred-Holz-Verlags zu den begehrtesten Export-Titeln. Deshalb drückte die Zensurbehörde hin und wieder ein Auge zu, wenn der Verleger im Zuge eines Kompensationsgeschäftes mit westlichen Partnerverlagen ein fantasievolles Buch aus dem Westen in sein Programm nahm, etwa „Pu der Bär", „Pinocchio" oder „Alice im Wunderland".

Als im Frühjahr 1966 ein Schweizer Verlag Hugh Loftings Klassiker „Doktor Dolittle und seine Tiere" in Leipzig drucken lassen wollte, hielt Alfred Holz die Gelegenheit für gekommen, Dab-Dab, die Ente, das Schwein Göb-Göb und das zweiköpfige

„Stoßmich-Ziehdich" endlich auch in der DDR vorzustellen. Das Misstrauen des Zensurgutachters richtete sich leider gegen folgende Stelle im Vorwort Oskar Loerkes: „Es ist zu hoffen, daß der wohlgelehrte und brave Freund und Arzt der Tiere Dr. med Johann Dolittle aus der kleinen Stadt Puddleby auf dem Marsch unsere ganze schmerzlich zerrissene Erde erobern wird: er wird es auf die freundlichste und anmutigste Weise tun; er bedarf dazu nur des Beistands der Kinder, der ihm sicher ist, und die würdigen Männer, welche aufmerksam, eifersüchtig und mühebelastet den Bestand und das Schicksal ihrer Völker und Staaten hüten, werden es gar nicht merken."

Diese Bemerkung Loerkes, so der Gutachter, „sollte uns zu denken geben." Befürchtete er einen Staatsstreich? Hatte er gar heimlich Orwells „Farm der Tiere" gelesen? Die Hauptverwaltung Verlage wollte diesen „Haupteinwand der gesellschaftsfeindlichen Menschenabwendung, nach dem die Tiere doch besser als die Menschen sind", vernünftigerweise nur „bedingt anerkennen" und gab das Buch einem zweiten Gutachter, der von Kinderbüchern mehr verstand. Es handelte sich um keinen anderen als Gerhard Holtz-Baumert („Alfons Zitterbacke"). Der machte sich einen Spaß aus der Sache und kritisierte, dass die „Ente Dab-Dab mächtig Heringe fängt und das ganze Schiff zwei Tage lang Fisch zu essen hat. Sieh an, Dr. Dolittle, der gewaltige Tierfreund unterscheidet zwischen Tierfreunden und essbaren Tieren! Was werden ihm die armen Fische in der Heringssprache zugeflüstert haben?" Holtz-Baumert missfiel auch die „Haltung zu den Negern. Da rettet sich der Verlag auch nicht, wenn das überall stehende ‚Nigger' in ‚Afrikaner' verändert wird. Den Sinn kann man so nicht ausstreichen ... seine guten Tiere rächen sich auf barbarische Weise an dem Prinzen, sie betrügen ihn und versprechen ihm eine weiße Haut. Hier wird die Sache peinlich und die Ablehnung überschreitet den Kreis allzu enger Vorsicht. Wir kämen mit unserer klaren Erziehung zur Völkerfreundschaft ins Gehege."

Die DDR-Zensur war bei der Durchsetzung von „Political Correctness" der Bundesrepublik weit voraus. Ein prominentes

Beispiel dafür bietet die um 27 Jahre verspätete Publikation von „Pippi Langstrumpf" (1976), wo die „Neger" zu „Taka-Tukanern" mutierten. Auch Pippis Wunsch nach einem „eigenen Neger", der sie jeden Tag mit Schuhcreme schwarz einfärben soll, wird man in der DDR-Ausgabe vergeblich suchen.

Bei Dr. Dolittle kam die HV nach „sorgfältiger Beratung im Fachgebiet mit weiteren Kennern der Kinderlit." zu der Auffassung, „daß man diese märchenhafte Erzählung doch zu den bei uns möglichen, d. h. herauszugebenden Kinderbüchern zählen" könne. Allerdings müssten Loerkes „von Resignation und Weltschmerz" gezeichnetes Vorwort ersetzt und die rassistischen „Teile der Kapitel 11 und 12 gestrichen" werden. Bis dahin zog Holz den Druckgenehmigungsantrag zurück. Ein Jahr später erhielt er aus der Schweiz eine Meldung, die nicht nur für 1969 den Druck „Dr. Dolittles" in der DDR möglich machte, sondern ihrer Zensur endlich einmal weltweite Wirkung beschied. Der Sohn des Autors habe die geforderten Kürzungen erlaubt: „Mr. Lofting jun. hat sich nicht nur damit einverstanden erklärt, daß das Kapitel, in dem der Negerprinz, der gern weiß werden will, in Ihrer Ausgabe wegfallen kann, sondern er beabsichtigt, dieses Kapitel auch in anderen Ausgaben zu unterbinden."

Siegfried Lokatis

Zuchtprobleme

Das Buch atme den „Geist der Bonner Restauration" und plätschere mit seiner „zwitterigen Disposition voller Belanglosigkeiten an der Oberfläche". Es war mithin, wie der Zensor fand, typisch für die geistige Situation in der „Westzone" und jedenfalls kein Verlust für „unsere Geflügelzüchter". Der Titel, der 1959 so argwöhnisch unter die Lupe genommen wurde, als gefährde er den „Charakter der Novemberrevolution", hieß „Das Was und Wie beim Federvieh". Besonders übel nahm man es dem Autor, einem Wissenschaftler aus Karlsruhe, dass er sich ernsthaft mit dem Thema „Erdstrahlen" befasst hatte und sich mit der Frage beschäftigte, ob das Tier eine Seele habe.

Wie jedes andere Manuskript waren auch Tierzuchtbücher dem Druckgenehmigungsverfahren unterworfen und wurden ausgiebig begutachtet. Natürlich gab es hier kaum politische Probleme zu lösen.

1960 forderte das 8. Plenum des Zentralkomitees, 90 Prozent aller Rinder (nicht etwa aller Kühe!) zu besamen. Bei 2,5 Millionen Rindern bedeutete jedes Prozent „Umrinderung nach der Erstbesamung", wie ein Gutachter vorrechnete, für die Volkswirtschaft den Verlust von 1 000 Kälbern. Solchen Pannen sollte ein Buch über die „KB", die künstliche Besamung, vorbeugen, das LPG-Vorsitzende, Viehpfleger und Landwirte mit dem „Welthöchststand" auf diesem Gebiet vertraut machte.

Das Buch „Samenübertragung beim Rind" des Kollektivs Jenichen, Straßburg, Zelfel behandelte im Interesse der „Erzielung von Kälbern" erschöpfend die „Erbwertprüfung" und „Zuchtwertbeurteilung" des Bullen, die „Spermagewinnung, -behandlung und -konservierung und die Ermittlung des Besamungserfolges". „Nutzungsdauer" und „Leistungsreaktionen der Besamungsbullen" wurden von Fütterung, Klima, Hygiene und Stallbauproblemen beeinflusst, zudem warnte man, ein Bulle sei „nicht immer leicht zu behandeln". Bei einem solchen Titel blieb der Zensurbehörde nichts anderes übrig, als sich auf den VEB Deutschen Landwirtschaftsverlag und dessen Gutachter zu verlassen. Diese stritten sich hauptsächlich um die Frage, ob das Buch zu wenig oder zu viele Fremdwörter enthalte.

Um den Forderungen des 8. Plenums zu genügen, hatte der Landwirtschaftsverlag zugleich ein Manuskript von Hans Kleiber über die „Rinderherdbuchzucht" eingereicht, denn die „stürmischen Umwälzungen" in der Landwirtschaft hatten sich auch auf das Herdbuchwesen ausgewirkt, das nun erstmals im Hinblick auf die sozialistische Landwirtschaft dargestellt wurde.

Die Gutachten wurden zu einem Austragungsort „gewisser züchterischer Meinungsverschiedenheiten", weil die Bezirkstierzuchtinspektion Dresden kritisierte, dass ein solches Buch „keineswegs zu einer Reklame für die Herdbuchzucht des Bezirkes Magdeburg" werden dürfe. Deren Erfolge, speziell die „durchschnittlichen Leistungen der Besamungsbullen", müssten mit den Ergebnissen der „Nichtherdbuchbestände" der anderen Bezirke verglichen werden, die keine „Elite-Tiere" anerkannten. Sogar die Leistungssteigerung von der Kuh „Käthe 176 342" wurde vom Gutachter in Frage gestellt.

Zuchtprobleme im Pferdesport berührte Martin Schillers „Sieger in Sattel und Sulky", ein Titel, der erstmals in der DDR „hauptsächlich vom direkten Kampfsport und fast gar nicht vom Wettsport" berichtete. „Die Erfolge der VE-Gestüte unserer Republik werden gebührend gewürdigt", lobte ein Gutachter dieses „für den Reitsport unserer Republik werbende Buch". „Gut, man spricht von den volkseigenen Gestüten in Graditz oder in Neustadt, aber das steht absolut gleichwertig neben den entsprechenden Institutionen in Westdeutschland", tadelte ein Zensor. Zwar seien immerhin Abkürzungen wie GST oder DDR richtig verwendet worden. „Aber genügt denn das?" Über den „exklusiven Charakter des Rennsports in der feudalen und bürgerlichen Gesellschaft" sei nichts zu erfahren. Wem nütze die minutiöse Darstellung des Sieges der westdeutschen Olympiamannschaft, die „unbewußt für den Leser alle Relationen" verschiebe? Der bei einem Pferdebuch verblüffende Haupteinwand lautete, hier werde „mit klarer Absicht das Pferd an sich, der Reiter an sich in den Mittelpunkt der Betrachtung gestellt".

Siegfried Lokatis

Linienfest

Ausschnitt einer Partiturseite aus dem „Mansfelder Oratorium", Musik von Ernst Hermann Meyer, Text von Stephan Hermlin, Leipzig, C. F. Peters, 1950, S. 184. Abdruck mit freundlicher Genehmigung des Verlags C. F. Peters.

Richtige Fragen

Wen interessiert noch, wie viele Engel auf die Kirchturmspitze passen? Zu den Diskursformationen des verflossenen Jahrtausends gehört auch die Kunst, kommunistische Leittexte zu dechiffrieren. Die Seher der Antike beschauten die Leber des Opfertieres, dem Genossen stand allmonatlich das „theoretische Organ" der SED zur Verfügung. Ob es sich um die Haltung der Partei zur Kulturpolitik in Indonesien, um die volkseigene Buchhaltung oder um den „Zufall als Erscheinung der Notwendigkeit" handelte – die „Einheit" nahm zu allen bewegenden Fragen „prinzipiell" und wegweisend Stellung.

Um die „Einheit" richtig zu lesen, bedurfte es geschulter Erfahrung, der Kenntnis ritueller Codes und politischen Spürsinns für minimale Abweichungen. Welche Namen in welcher Reihenfolge erwähnt wurden, dass ein führender Genosse plötzlich fehlte oder ein bislang Totgeschwiegener aus dem Orkus des verordneten Vergessens wieder auferstand: jedes ungewohnte Lenin- oder Luxemburg-Zitat ließ sich auf die Goldwaage legen, um vielleicht Aufschluss über eine veränderte Machtverteilung im Kreml zu gewinnen.

Unglücklicherweise überstieg die Auflagenhöhe von 200 000 Stück bei Weitem die Zahl der Kenner. Die für die redaktionelle Aufsicht in den 50er-Jahren zuständigen Chefideologen, Kurt Hager und Hanna Wolf, hatten es in verschiedener Hinsicht leichter als heutige Aufsichtsgremien. Die Aktualität ließ zu wünschen übrig, weil man drei Wochen brauchte, um die Zeitschrift zu binden, aber es gab weder Konkurrenz noch Ringen um „Einschaltquoten" oder unzufriedene Anzeigenkunden. Allerdings wurmte es schon, dass nur jedes siebzigste SED-Mitglied, also 1,43 Prozent der Genossen, die „Einheit" zur Kenntnis nahm. Die mit Abstand erfolgreichste Nummer der „Einheit" war ein eingeschmuggeltes Westprodukt, eine 1956 erschienene Tarnschrift des SPD-Ostbüros, die die verbotene Geheimrede Chruschtschows vom XX. Parteitag, dessen Abrechnung mit Stalin enthielt.

Trotz Papiermangel kam niemand auf die defätistische Idee, die Auflagenhöhe dem normalen Bedarf anzunähern. Stattdessen sollte die Attraktivität des Blattes erhöht werden. Das war leicht gesagt. Kulturminister Alexander Abusch beschlich „das Gefühl, dass in der ‚Einheit' eine gewisse Einförmigkeit vorhanden" sei, Hanna Wolf tadelte die fehlende Kühnheit und selbst Ulbricht fand sie langweilig, woran er selbst schuld war. In der Tauwetterkrise 1956 hatte er die Zeitschrift zu mehr „Meinungsstreit" aufgefordert. Wer wie Jürgen Kuczynski und Kurt Vieweg diese Aufforderung ernst genommen hatte, galt allerdings schon wenige Monate später als gefährlicher „Revisionist". Obwohl die Zeitschrift mit Abstand die höchsten Honorare zahlte, empfanden es die Autoren ohnehin als „Strafe" und „Schicksalsschlag", für die „Einheit" schreiben zu müssen. Artikel wurden von der Redaktion so lange „durch die Mühle gedreht" bis keiner mehr wusste, worum es ursprünglich ging. Manche reichten vier oder fünf Fassungen ein und klagten, dass sich „die Linie" von Aussprache zu Aussprache geändert hätte.

Bis Ende 1957 wurden 108 Artikel mit „revisionistischem Pferdefuß" nicht nur abgelehnt, sondern von ihren Auftraggebern gleich auch noch die Autoren verpetzt, das heißt: bei der zuständigen Grundorganisation angeschwärzt. Aus manchen Artikeln ließen sich wenigstens noch fingierte „Leserbriefe" zusammenschneiden. Leserbriefe waren zwar an sich erwünscht, aber nur, wenn nichts Falsches darin geschrieben stand. Man müsse deshalb, so Hanna Wolf, „die Genossen erziehen, die richtigen Fragen zu stellen".

Siegfried Lokatis

Der Fall Lissagaray

Oskar Hoffmann witterte Unrat. Der Chef der „Abteilung Begutachtung" im Amt für Literatur und Verlagswesen ließ sich im Oktober 1954 das neue Buch über die „Geschichte der Kommune von 1871" und die zugehörigen Unterlagen vorlegen. Die Akte war auffällig dünn. Hoffmann vermisste die für ein solches Werk zwingend benötigten „parteilichen" Gutachten. Der Verlag hatte es nicht für nötig gehalten, das zuständige IML (Institut für Marxismus-Leninismus; damals noch Marx-Engels-Lenin-Stalin-Institut) wegen „ideologischer Hilfestellung" zu „konsultieren". Die Lektüre des Buches „haute" selbst den gestandenen Zensor „um".

Leider erfahren wir nicht, welche „Stellen" ihn genau störten, sondern nur vom „verworrenen Gestammel eines (möglicherweise ehrlichen und fortschrittlichen) bürgerlich-demokratischen Literaten". Der Verlag Rütten & Loening hatte den genehmigten Tatsachenbericht Prosper Lissagarays von 1876 mit zwei späteren Fassungen verschmolzen, in denen dieser „anarchistische Individualist" Einschätzungen traf, die jeder „wissenschaftlich einwandfreien historische Analyse" der marxistischen Klassiker Hohn sprachen: „Die können sowieso nur Marxisten geben (und haben sie bekanntlich gegeben wie Marx, Engels, Lenin, Stalin)." Ein sehr ernster Fall, denn die Kommune gehörte ähnlich wie die Oktoberrevolution 1917, die Novemberrevolution 1918 und die Brüsseler Konferenz 1935 zu den tragenden Säulen der Parteigeschichtsschreibung.

Wie war eine solche „Panne" möglich? Wieso hatte das Lektorat des Amtes „die Sache nicht gesehen"? Anni Seipel, „der" Bearbeiter „oder besser gesagt, der Nichtbearbeiter des Druckantrages", hatte die Druckgenehmigung erteilt, ohne „auch nur einen Absatz des Buches gelesen" zu haben. Aus der Kur zurück, fand sie das Ergebnis ihrer Sorglosigkeit „so schrecklich", dass sie kaum ein Wort zur Rechtfertigung vorbringen mochte.

Um die Herstellung zu beschleunigen, hatte der Verlag auf eine vorläufige „Satzgenehmigung" gedrängt, die ihrerseits, um nicht die Maschinen zu blockieren, die schnelle Druckgenehmigung präjudizierte. Die Zensorin wurde stutzig, als das Manuskript von angekündigten 176 Seiten auf 564 anschwoll. Aber der Verlag beruhigte sie, das Manuskript sei in besten Händen. Bearbeiterin war Rose Michel, Korrespondentin des KPF-Organs

„L'humanité", und in dessen Pariser Zeit, wie man munkelte, eine intime Bekannte Walter Ulbrichts. („Da mir die Genossin Rose Michel dem Namen nach als eine politisch äußerst qualifizierte französische Genossin bekannt war, schien mir das alles recht klar zu sein.")

Trotzdem bestand die Zensorin auf einem Vorwort durch einen deutschen Marxisten, um eine aktuelle Einschätzung der Pariser Kommune zu gewährleisten. Herstellungstechnisch war ein solcher Einschub kein Problem, wenn man ihn mit römischen Seitenziffern versah. Doch nun passierte etwas Seltsames: Die Fahnen trafen im Amt nacheinander in umgekehrter Reihenfolge, von hinten nach vorne ein. Als Frau Seipel immer noch auf die Einleitung wartete, um mit der Durchsicht zu beginnen, war das Buch bereits ausgedruckt. Zu spät monierte sie das Fehlen des Vorworts – nur, um vom Verlag zu erfahren, dass die „französischen Freunde kein Vorwort wünschten". An der Geschichte der Kommune sei ohnehin zu viel zu kritisieren, als dass dafür Raum sei. Die Zensorin war „äußerst bestürzt".

Hoffmann ordnete eine „ernste Aussprache" an, um „die ideologische Wachsamkeit zu heben und organisatorische Schlussfolgerungen zu ziehen". Bei Rütten & Loening glaube man, „die ideologische Hilfe des Amtes in den Wind schlagen zu können". Man müsse solche „Versuche, das Amt zu düpieren, um schneller seine verlagsegoistischen Ziele zu erreichen, entsprechend anprangern". Mit Hilfe der schuldbewussten Verlagsleiterin Irene Gysi gelang es, die entscheidenden „Versagenspunkte aufzudecken". Die Schuldigen, zwei als parteilose „bürgerliche Menschen ungeeignete" Lektoren, waren längst entlassen bzw. in den Westen geflohen.

Seltsamerweise firmierte das längst vergriffene Streitobjekt, die 1953 erschienene ältere Version der „Geschichte der Kommune von 1871" von Prosper Lissagaray als 3. Auflage, während die überarbeitete Fassung von 1956 als 1. Auflage bezeichnet wurde. Was auf den 90 entfernten Seiten stand, kann der interessierte Leser selbst herausfinden.

Siegfried Lokatis

Die Gotsche-Kassette

Für Erich Loest war Otto Gotsche ein „Stalinmann" mit Furcht einflößenden kalten und wachsamen Knopfaugen, „starr bis an sein Lebensende". Gotsche kam aus der Arbeiterkorrespondentenbewegung der zwanziger Jahre. Der Klempner, KPD-Instrukteur und Antifaschist fungierte nach dem Krieg als Ministerialdirektor der Landesregierung von Sachsen-Anhalt und wurde so zum Patron des Mitteldeutschen Verlages in Halle. 1949 ging er nach Berlin und diente Walter Ulbricht als persönlicher Referent. Diese Position bot Gotsche in den fünfziger Jahren die Möglichkeit, auch in der Literaturpolitik eine einflussreiche Rolle zu spielen. Im Unterschied zu Kurt Hager und Alfred Kurella, die sonst auf diesem Gebiet die Fäden zogen, war Gotsches Einfluss informeller Natur.

Er verschaffte sich eher sporadisch, dafür jedoch desto nachdrücklicher Geltung. So sorgte er dafür, dass sein Mitteldeutscher Verlag zum Leitverlag für die „Gegenwartsliteratur" des von ihm federführend kreierten Bitterfelder Weges („Greif zur Feder, Kumpel!") avancierte. Manchmal nahm er sogar einen Verlagskollegen vor der Zensur in Schutz. „Wenn man einiges abzwackt, kann es erscheinen", verteidigte er ein umstrittenes Manuskript von Erik Neutsch, „Auf der Suche nach Gatt". Als die Zensorin auf der Messe weiterhin Einwände erhob, beendete er die Diskussion mit dem durchschlagenden Hinweis, man solle „doch nicht päpstlicher sein wollen als der Papst".

Der Mitteldeutsche Verlag profitierte von seiner Protektion, wenn es darum ging, Lektoren aus Berlin anzulocken – oder auch einen Kühlschrank für das Ferienhaus des Verlages bei Königs Wusterhausen zu ergattern, wozu der Minister für Handel und Versorgung eingeschaltet werden musste. Im Kampf ums Papier brachte sich Gotsche allerdings meist für seine eigenen Bücher ein. Einmal setzte er gleichzeitig die Kulturabteilung des ZK und Günter Mittag in Bewegung, um die Druckerei in Pößneck zu zwingen, 50 000 Mal „Unser kleiner Trompeter" zu drucken: „Ich bitte Dich deshalb, zu überlegen, ob ihr diese 2. Auflage sofort vorbereiten könnt. Formale Einwände sind nicht zu erwarten und das Papierkontingent wird zur Verfügung gestellt. Meiner Ansicht nach gibt es daher nicht sehr viel zu überlegen."

Der viel beschäftigte Funktionär entfaltete seinen vielschreiberischen Ehrgeiz hauptsächlich als literarischer Chronist der Arbeiterbewegung des Mansfelder Gebietes. Einer Lektoratsnovizin namens Christa Wolf wurde 1960 die undankbare Aufgabe übertragen, eine seiner in den Ferien fabrizierten Rohfassungen in lesbare Form zu bringen. Sie monierte am „Kleinen Trompeter" beispielsweise „ein merkliches Nachlassen der Intensität in der Gestaltung etwa zwischen den Seiten 200 und 430". Viele Personen seien „etwas begrenzt weltanschaulich" geschildert. Da an der Grundkonzeption ohnehin nichts mehr zu ändern sei, habe sie sich mit Korrekturvorschlägen besonders in dem „am meisten aufgeschwemmten" Mittelteil begnügt: „Du wirst mich richtig verstehen, wenn ich sage, dass dieses Buch nicht in allen Teilen widerspiegelt, was Du als Schriftsteller wirklich kannst. Sicher liegt das an der Hast, mit der Du arbeiten musstest." Otto Gotsche war daraufhin so verärgert, dass er die Betriebsparteiorganisation einschaltete und dem Verlag mit Trennung drohte. Jetzt stellte sich auch noch heraus, dass der MDV, um Papier zu sparen, nur einen Teil der vertraglich mit ihm vereinbarten Auflagen auszudrucken pflegte.

Um zu einem Urteil über „Die Fahne von Kriwoj Rog" zu gelangen, bedurfte es seitens der Lektoren jedenfalls einer gewissen Tapferkeit: „Die Gutachter waren einhellig der Meinung, dass jeder Leser sich erst mit Anstrengung durch die ersten 300 Seiten durchquälen muss, um dann zu einer einigermaßen flüssigen Handlung zu gelangen. Wer sich also nicht berufsmäßig damit befassen muss, wird das Buch wahrscheinlich aus diesem Grunde aus der Hand legen."

Als Gotsche 1958 den Nationalpreis 2. Klasse erhielt, bestellte er gleich die Verlagsleitung zu sich, um über die Herstellung einer Kassette mit den Romanen „Tiefe Furchen", „Zwischen Nacht und Morgen", „Die Fahne von Kriwoj Rog" und „Märzstürme" zu verhandeln. 1965 wurde die als Aktivisten-Prämie gefürchtete Gotsche-Kassette noch um „Unser kleiner Trompeter" erweitert und umfasste nun 2 904 Seiten. Wer hat sie wohl ganz gelesen?

Siegfried Lokatis

Im Mansfelder Hexenkessel

Alles begann mit der Beschwerde kommunistischer Veteranen, einfacher Bergleute, bei ihrer „Örtlichen Kommission zur Erforschung der Geschichte der Arbeiterbewegung". Die Kreisleitung des Mansfeld-Hütten-Kombinats schaltete sich ein, und schließlich verfasste der Kaderleiter des „VEB Kupferbergbau Fortschritt" in Eisleben einen Brief an das Institut für Marxismus-Leninismus beim ZK der SED. Die Beschwerde richtete sich gegen den „Erlebnisbericht der Mansfelder Kumpel" von Wolfgang Jonas.

Das Buch des Kuczynski-Schülers hätte leicht für eine undogmatische DDR-Geschichtswissenschaft bahnbrechend werden können. Im Jahr des antistalinistischen XX. Parteitags der KPdSU 1956 verfasst, verzichtete es, so das Vorwort, auf das übliche „schulmeisterliche Belehren und arrogante Richtigstellen" und „Geradebiegen" der Veteranenerinnerungen, und stellte im Stil der späteren oral history-Forschung ergebnisoffene Fragen.

Offiziell war der Stein des Anstoßes, dass Jonas einen ehemaligen sozialdemokratischen Bürgermeister und 1950 aus der SED ausgeschlossenen „Parteifeind" hatte zu Wort kommen lassen. Für den westdeutschen Leser ist zu ergänzen, dass sich die Mansfelder Kumpel in einem ganzen Geflecht heroischer Hymnen über die opferreichen Märzkämpfe von 1921 sonnten. Hier hatte der „kleine Trompeter" geblasen, und in den dunklen zwölf Jahren hatten sie die „Fahne von Kriwoj Rog" gehütet.

Stephan Hermlin widmete ihnen das „Mansfelder Oratorium".
Näheres lässt sich in der „Gotsche-Kassette" nachlesen. Kurz, es
regierte der Mythos der „herrschenden Klasse", und das sollte
gefälligst auch künftig so bleiben.

Die Vorzeichen für eine entsprechende Auseinandersetzung
standen denkbar günstig, denn Jürgen Kuczynski, der das Vorwort des Büchleins verfasst hatte, diente im Frühjahr 1958 gerade als Zielscheibe einer heftigen Antirevisionismus-Kampagne.
Was folgte, war ein spektakulärer Showdown, eine elfstündige
„Erziehung der jungen Historiker ... durch die unmittelbare
Teilnahme der Arbeiter" und ein „lebendiger Anschauungsun-
terricht in der Frage, wie man parteilich an die Darstellung der
Geschichte herangehen sollte".

Zur „Sitzung der SED-Kreisleitung des Mansfeldkombinats
(9.00–15.00)" waren Delegierte der Schriftstellerverbände,
der Presse, der staatlichen Zensurbehörde und der wichtigsten
Geschichtsverlage erschienen. Das IML schickte einen Mansfelder Veteranen als Schiedsrichter, Robert Büchner, der den
Widerstand in Eisleben geleitet und das sagenumwobene Lenin-
Denkmal gerettet hatte. Der Vorwurf lautete, dass Jonas „auf das
schwerste die Ehre der Mansfelder Berg- und Hüttenarbeiter in
den Schmutz" gezogen und die „Ideologie der Unfähigkeit der
Arbeiterklasse, ihren Staat und ihre Betriebe selbst zu lenken
und zu leiten" verbreitet habe, so dass die „klassenfeindliche
Theorie vom absterbenden Mansfelder Kupferbergbau Wurzeln
zu schlagen" drohe.

Der Autor wies das zunächst zurück und gab nur „die Auf-
nahme des Erlebnisberichtes eines aus der Partei ausgeschlossenen Sowjetfeindes" als Fehler zu. Dann kam es „zu einer
alle tiefbewegenden, grundsätzlichen Auseinandersetzung über
die Hauptfragen ...", und „nun schälte die Diskussion" den
„schändlichen", „objektiv klassen- und parteifeindlichen Charakter des Buches ... im Interesse der jetzigen imperialistischen
Machthaber des Bonner Staates und ihrer rechtssozialistischen
Lakaien vom Schlage eines Carlo Schmid" heraus: „Mit diesem

herausgearbeiteten ideologischen Kern der Diskussion wurde nun die Aussprache mit Genossen Jonas vor einem Forum von 300 Genossen Arbeiter fortgesetzt (15.00–20.00 Uhr). Die Kumpel übernahmen jetzt in vorbildlicher Weise, mit Fragen und Diskussionsbeiträgen, die ideologisch-politische Abrechnung mit dem Charakter des Buches und die parteiliche Erziehung des Autors und damit zugleich der anderen im Saale anwesenden Intellektuellen." Schließlich, „Schritt für Schritt durch unerbittliche Kritik dazu getrieben", bekannte der Autor, „im Sog der Schwankungen" von 1956 der Partei „in den Rücken gefallen" zu sein.

Der Tribüne-Verlag, in dem der „Erlebnisbericht" erschienen war, gab in diesem Hexenkessel klein bei und versprach, das Buch einzuziehen. Es gab für den Autor Schlimmeres als die Zensur. Das Buch war infolge des Trubels längst vergriffen.

Siegfried Lokatis

Zum Schutze der Republik

Am 23. März 1926 wurde per Reichsgerichtsurteil eine „Druckschrift" des Titels „Hamburg auf den Barrikaden" zur „Unbrauchbarmachung" angewiesen. Das galt „sämtlichen Exemplaren" sowie den „Druckplatten und Formen". Was war das für ein Buch, gegen das die Justiz „zum Schutze der Republik" mit einem solchen Verbot vorging?

Es war der reportagehafte Bericht der jungen Schriftstellerin Larissa Reissner über den gescheiterten Hamburger Aufstand im Oktober 1923. Aus der Perspektive eigener revolutionär-militärischer Erfahrungen als Kommissarin der Roten Flotte 1918 suchte sie in eindrucksvollen Skizzen und anrührenden Porträts nach den Ursachen des Scheiterns dieses Aufstandes. Sie interessierte die Frage, warum „das ganze Land den Hamburger Aufstand nicht unterstützt" hatte. Es waren wohl die eindeutige Sympathienahme der Autorin für die Aufständischen, die drastische Schilderung des Polizeiterrors sowie die plastischen Schilderungen der Arbeiterviertel als den „neuen Barrikaden", die ein solches Verbot provoziert hatten. Als es verhängt wurde, weilte Larissa Reissner bereits nicht mehr unter den Lebenden, denn sie war im 9. Februar 1926 in Moskau mit nur 31 Jahren an Typhus verstorben.

Ihre „Ausgewählten Schriften" (Berlin 1929, mehrere Auflagen bis 1933) machten sie zu so einer bekannten Autorin, dass sie damit auf den faschistischen Index geriet und ihr Werk zu den „verbrannten Büchern" gehörte. Das Vorwort des bekannten russischen Funktionärs Karl Radek, den sie geliebt hatte, zeigte sie als „Künstlerin und Revolutionärin" und hob besonders ihren unverwechselbaren, zugleich „historischen" und „technischen" Stil hervor.

Erst 1960 kamen im Ostberliner Dietz Verlag einige ihrer Texte wieder heraus. Allerdings nicht, ohne auf „Ungenauigkeiten und Schiefheiten" ihrer Darstellung des Hamburger Aufstandes hinzuweisen. So habe sie beispielsweise die „unmittelbare und persönliche Leitung der militärischen Kämpfe durch Ernst Thälmann ungenügend" betont. Dabei war es viel schlimmer: In ihren ganzen Hamburger Skizzen kam Thälmann, dessen „führende" Rolle von der SED-Geschichtsschreibung im Nachhinein konstruiert worden war, gar nicht vor!

Ein noch größeres Problem stellten allerdings ihre Texte unter dem Titel „Die Front" dar, die 1983 (zusammen mit anderen Beiträgen) im Mitteldeutschen Verlag in der Edition Aurora herauskommen sollten. Denn da gab es (neben einer problematischen Vorbemerkung) den Text „Swijaschsk", in dem Reissner die dramatischen Kämpfe zwischen den Roten und Weißen in einer für den weiteren Verlauf der Revolution entscheidenden Situation im Sommer 1918 in aller Härte schildert. Aus eigenem Erleben heraus entwirft sie ein beklemmendes Bild der kriegerischen Auseinandersetzungen, wobei sie die mutige und mobilisierende Rolle Trotzkis als Befehlshaber der 5. Armee besonders hervorhob. Dabei erscheint die vom ihm angeordnete Erschießung von 27 Deserteuren, darunter „mehrere Kommunisten", als „großes blutiges Opfer" für die Revolution.

Das literarhistorische Gutachten ist für diesen Text und empfiehlt „notwendige Relativierungen" in einem „geplanten Nachwort eines DDR-Schriftstellers". Ebenso spricht es sich für den „ausgezeichnet geschriebenen Lebensabriß" von Radek aus, der als literaturpolitisches Dokument der revolutionären Literatur selbst einen Eigenwert" verkörpere. Diesen Empfehlungen sieht sich jedoch der Verlag außer Stande zu folgen. Das Kapitel „Swijaschsk" wird kurzerhand „ausgeschieden" wegen der „subjektiv überzogenen Trotzki-Wertung". Die „Vorbemerkung" von Reissner entfällt, weil hier dem Gefühl Ausdruck verliehen werde, die Revolution habe im Bürgerkrieg „ihre eigenen Kinder gefressen". Das Nachwort von Volker Braun, in dem er Reissners „Überspitzungen mit anarchistischer Tendenz" unwidersprochen aufgegriffen und fortgeführt habe, sei nicht zu akzeptieren. Radeks Porträt von Reissner verbiete sich für eine „so repräsentative Edition", da er „1927 als führender Trotzkist nach einem ordentlichen Parteitag der KPdSU aller Funktionen entkleidet, zehn Jahre später als Verschwörer zu langjähriger Gefängnishaft verurteilt und und unseres Wissens nie rehabilitiert" worden sei. Das schrieb eine Cheflektorin, die selbst 10 Jahre im Gulag gesessen hatte!

Simone Barck

Pieck in Saffian

Kaum jemand in der Partei las Grotewohl-Reden. Doch die Auflagenhöhe der Werke der Vorsitzenden Pieck und Grotewohl musste aus Proporz- und Prestigegründen in den fünfziger Jahren 180 000 Stück betragen. Damit lagen sie knapp unter den Klassikern Marx, Engels und Lenin mit jeweils 200 000 und zugleich deutlich über den 150 000, die dem aufstrebenden Walter Ulbricht zugebilligt wurden. Nur Stalins 1956 eingestampfte Werke hatten die 500 000-Marke überschritten.

Saffian ist ein sumachgares gekrispeltes Ziegenleder. Der Einband eines für Chruschtschow bestimmten Bandes der Pieck-Ausgabe war „blau Saffian vergoldet" und kostete 205 Mark. Das Leipziger Institut für Buchgestaltung hatte für 30 repräsentative Geschenkausgaben der fünfzehnbändigen Werke Wilhelm Piecks vier verschiedene Ausführungen hergestellt, darunter einen Pergamentbezug zu 190 Mark.

Als Pieck im September 1960 starb, waren zwei Bände ausgeliefert. Jeder einzelne Band brachte neue redaktionelle Probleme mit sich. Im ersten Band hatte Pieck den „Charakter der Novemberrevolution" von 1918 falsch eingeschätzt, und seine Erinnerungen entsprachen nicht der aktuellen Interpretation von 1958. Im zweiten und dritten Band störten die innerparteilichen Auseinandersetzungen und sektiererische Führer der KPD „vom Schlage Ruth Fischers". Im Band IV. entpuppte sich Pieck als glühender Verfechter der längst als sektiererisch geltenden verhängnisvollen Konzeption vom „Sozialfaschismus", die zwischen Nazis und SPD keinen Unterschied gemacht hatte. Kurz, die „Pieck-Brigade" sorgte dafür, „dass unbedingt die aufsteigende Linie der Entwicklung der Partei und damit Wilhelm Piecks sichtbar wird", verhinderte „falsche Proportionen" und schied Arbeiten aus, „die die Geschichte der Partei verzerren bzw. dem heutigen Kampf der Partei schaden".

Die Mappen mit unpublizierbaren Manuskripten wurden immer dicker. In Leipzig jedoch wartete Leder im Werte von fast einer Million Mark auf Band für Band genau 450 Seiten Füllung. Deshalb wurde die „Bandperiode" des zweiten Bandes zunächst um zwei Jahre, bis 1925, „gestreckt", um insgesamt dreimal erweitert zu werden. Diese Methode der „Streckung" erwies sich für die ganze Ausgabe als richtungweisend. In weiser Voraussicht hatte man zunächst die Bestimmung vereinbart, dass die Bandreihe nur „annähernd einer Gesamtausgabe entsprechen" sollte. Dann taufte man die „Wilhelm-Pieck-Gesamtausgabe" einfach um und bezeichnete sie als „Gesammelte Reden und Schriften Wilhelm Piecks".

1961 wurde die Werkausgabe von 15 auf zehn Bände verkleinert. Die vorgesehenen drei Bände über die Zeit zwischen 1933 und 1945 schmolzen jedoch gleich wieder auf zwei zusammen. Um die „problematischen Arbeiten" aus dem einkassierten Band V (1933–35) herausnehmen zu können, d. h. um die falsche Linie der Parteiführung vor der Brüsseler Konferenz (Stichwort: „Hauptfeind Sozialdemokratie") und den deprimierenden Zusammenbruch der KPD-Organisation nicht allzu deutlich werden zu lassen, streckte man ihn bis 1939. Das war kein Problem, weil aus dem folgenden Teil die Passagen gestrichen werden mussten, „die relativ breit innerparteiliche und Auseinandersetzungen mit den damals angeklagten Vertretern des Trotzkismus" enthielten, also Stalins Moskauer Schauprozesse behandelten.

Mitte der sechziger Jahre beklagte der Dietz Verlag, dass der Herstellungsprozess der Bände V und VIII gestoppt sei und der Stehsatz seit einem Jahr Maschinen und Bleimaterial blockiere. Bei Band V musste er sich vier weitere Jahre gedulden, Band VI erschien 1979, Band IV erst 1981. Der siebte Band ist überhaupt nie herausgekommen: Die Pieck-Ausgabe brach 1945 ab, weil Band VII „eine außerordentliche Häufung von zeitbezogenen Aussagen und Einschätzungen" enthielt. Dass Pieck „den Kampf der SED für die Einheit der deutschen Nation bzw. um die Wiedervereinigung" proklamierte, passte in keiner Weise zu Honeckers „sozialistischer Nation", und es wimmelte von falschen Einschätzungen Stalins, Titos und Mao Tse-Tungs.

Es ist paradox, dass gerade die langweiligsten aller denkbaren Textsorten, die Reden der SED-Führer, zur spannendsten Lektüre werden können, wenn man beginnt, die unterschiedlichen Editionen zu vergleichen und auf Änderungen und Auslassungen abzusuchen.

Siegfried Lokatis

Klare Zitate

Im Institut für Marxismus-Leninismus – kurz IML – beim ZK der SED herrschten besonders strenge redaktionelle Sitten, die sich im Lauf der Jahrzehnte jedoch verfeinerten und verwissenschaftlichten. Für die editorischen Jugendsünden der Stalin-Zeit hatte man später nur Spott übrig und bezeichnete solch plumpe Methoden der Fälschung als „nicht zu Ende gedachte redaktionelle Prinzipien". Längst war man dazu übergegangen, Auslassungen durch drei Punkte (...) zu kennzeichnen und kreierte zugleich alle möglichen Richtlinien, um solche natürlich die Neugier reizenden Kürzungen möglichst zu meiden. Besser man ließ Abschnitte weg, in denen sich „problematische Stellen" häuften oder auch gleich ganze Texte. Wozu gab es das praktische Instrument der Auswahlbände?

Die Zensurarbeit an einzelnen Stellen, das „Streichen" und „Glätten", galt bald als dilettantische „Handwerkelei" und Zeichen mangelnder Weitsicht. Einen seltenen Einblick in den Werkzeugkasten editorischer Tricks bietet die Geschichte der gescheiterten Hoernle-Edition. Wie immer wieder die Textform gewechselt, die größere gegen die kleinere getauscht wurde, erinnert seltsam an das Märchen von „Hans im Glück".

Seit 1952, nach dem Tod des KPD-Gründungsvaters und Reichstagsabgeordneten, EKKI-Mitgliedes, Schul- und Agrarexperten der SED, Edwin Hoernle, kämpfte seine Witwe um die Publikation seiner Werke. Zwar gab es einen entsprechenden Politbüro- Beschluss, aber dieser sah von vornherein keine „geschlossene Veröffentlichung" seines parteigeschichtlichen Nachlasses vor, und bald stand auch eine „auszugsweise Veröffentlichung" in Frage. 1955 erwies sich sogar ein Auswahlband seiner Reden und Aufsätze als unpublizierbar. Der Dietz Verlag teilte lakonisch mit, dass die Arbeit „nicht veröffentlichungsreif ist und wird". „Mißverständliche Formulierungen" könnten „vom Klassengegner aufgegriffen" werden, das „Typische in seinem Leben, den revolutionären Kampf für die Sache der werktätigen

Bauern" verfälschen, um „das Bündnis zu stören. Differenzen mit amtlichen statistischen Angaben unserer Staatsorgane" seien „genau so enthalten wie zum Werk des Genossen Ulbricht ‚Zur Geschichte der neuesten Zeit'". Hinter den gewundenen Andeutungen verbarg sich die schlichte Tatsache, dass Hoernle die Sozialisierung der Landwirtschaft abgelehnt hatte.

Das Politbüro verfiel auf den Ausweg, den sich sträubenden Genossen Herholz eine Hoernle-Biografie verfassen zu lassen, die nur „wichtige und klare Zitate" verwenden sollte, also alle politischen „Unklarheiten" vermied. Als das Manuskript trotz wiederholter Überarbeitungen und Änderungen nicht druckreif wurde, wählte man einen neuen Autor. Nachdem das IML kurz vor dem Abgabetermin dessen Disposition verworfen hatte, suchte dieser jedoch sein Heil in der Republikflucht. An die Einsetzung eines Autorenkollektivs war nicht zu denken, weil alle Angesprochenen klugerweise Arbeitsüberlastung vorschützten. Schließlich, 1960, landete der schwarze Peter nach einer Intervention Walter Ulbrichts wieder bei dem bereits zweimal gescheiterten Herholz. Der hoffte, wenigstens ein autobiografisches Romanfragment Edwin Hoernles veröffentlichen zu können. Doch das kam nicht in Frage, denn darin wurde die Parteiführung verunglimpft und deren Haltung 1933 kritisiert: „‚Wo waren heute die führenden Genossen?' Es werden Teddy, Ulbricht und Florin genannt."

1961 schlug Hedda Hoernle einen Erinnerungsband mit dem Titel „Die Persönlichkeit Edwin Hoernles im Spiegel seiner Zeitgenossen" vor – ein praktischer Ausweg, auf den man gerade bei Thälmann verfallen war, dessen Werkausgabe und Biografie ebenfalls seit Jahren ruhten. Dieser Vorschlag wurde jedoch vom IML unter Hinweis auf die Parteihierarchie abgeschmettert. Zunächst einmal müsse ein solcher Erinnerungsband an den eben verstorbenen Wilhelm Pieck fertiggestellt werden.

Glücklicherweise existierte von Edwin Hoernle noch eine alte Gedichtsammlung, die „Roten Lieder" von 1924, die 1963 im Dietz Verlag veröffentlicht werden konnten. Eine Auswahl

seiner agrarpolitischen Reden erschien dort 1972, immerhin
rechtzeitig zum 20. Todestag.

Siegfried Lokatis

Purzelbäume

„Was habe ich für Nerven beim Herauskommen der Bücher
gelassen!", klagte 1960 Walter A. Schmidt, ein angesehener
Veteran der kommunistischen Angestelltenbewegung. „Damit
Deutschland lebe!" lautete der Titel seiner 1959 im Kongress-Verlag erschienenen, materialreichen Quellensammlung
zum antifaschistischen Widerstand, die überhaupt nur hatte
erscheinen können, weil ein ähnlich verdienstvolles Werk in
der frühen DDR weit und breit nicht in Sicht war. Vier Jahre
schlug er sich mit den Gutachtern herum, etwa mit dem Parteihistoriker Willi Wehling („W. Wehling kann geradezu mutlos
machen ..."), der den Mangel an archivalischen Quellen kritisierte: „Diese Forderung ist unglaublich. Einmal wurde mir
jahrelang der Zugang zu Materialien bei dem betr. Institut unmöglich gemacht. Das weiß Willi W. nur zu gut. Zum anderen
wurden 600 Seiten meines Manuskriptes herausgenommen."
Gegen die Forderung Wehlings, das Buch völlig umzugliedern,
verwahrte sich Schmidt mit dem Argument, er habe nicht die
Geschichte der KPD schreiben wollen. Ein Beginn mit deren
„theoretischen Verlautbarungen" würde die Leser abschrecken.
Den Vorschlägen Wehlings nachzukommen, würde „unvorstellbare monatelange neue Arbeit" bedeuten, die „politische bzw.
wissenschaftliche Notwendigkeit für solche Purzelbäume" sah
Schmidt damals noch nicht ein.

Ohne Wehlings zermürbende Ratschläge wäre das Buch
jedoch überhaupt nie erschienen. Das Institut für Marxismus-
Leninismus beim ZK der SED wollte das Manuskript in seinem Archiv bunkern – als Quellengrundlage für die geplante
„Geschichte der deutschen Arbeiterbewegung". Drei Vorwürfe

behinderten die Publikation: Erstens sei zu viel von den Angestellten (statt von der Arbeiterschaft) die Rede, zweitens käme die führende Rolle des ZK der KPD in Moskau im Widerstand nicht gebührend zur Geltung (dazu fand sich auch nicht so leicht ein Dokument), drittens könne ein einzelner ohnehin kein solches Buch schreiben: dazu brauche es die Einbettung in ein der hohen politischen Verantwortung bewusstes „wissenschaftliches Kollektiv".

Eigentlich verfasst, um selbst die parteilose Hausfrau zu begeistern, erwies sich das von der Parteizensur ruinierte Buch als schwer verkäuflich. Nicht weniger als 80 Prozent der Auflage wanderten in den „gesellschaftlichen Vertrieb" der Nationalen Front und wurden als Festgeschenk für Bestarbeiter oder am „Tag des Lehrers" verwendet. Entsprechend schwer fiel es, den Verlag für die Neuausgabe zu begeistern, und dann war der Zeitpunkt verpasst. Mit dem Erscheinen des „Grundrisses zur Geschichte der deutschen Arbeiterbewegung" von 1962 galt das Buch als wissenschaftlich überholt – diesmal, weil es zu wenig „patriotisch" schien und der aktuellen „nationalen Grundkonzeption" nicht entsprach. Der Autor, „über alles tief bedrückt", setzte vergeblich Himmel und Hölle in Bewegung. Wie lange dürfe ein Autor so beleidigt werden! Der „außerordentlich rührige Querulant" beschwerte sich bei Anton Ackermann, Kurt Hager und Alfred Kurella, der dem Manuskript eine weitere Begutachtung verordnete, um sicherzustellen, „daß die Edition den hohen gesteigerten Anforderungen" entspräche. Das Institut für Gesellschaftswissenschaften stellte fest, man könne es dem Autor nicht mehr allein überlassen, „weiter am Manuskript herumzuflicken". Er böte nicht die Gewähr dafür, dass „Zufälligkeiten und subjektive Auffassungen vermieden" würden. Leider neige der Autor dazu, „die Aktionen der deutschen Arbeiterschaft während der Hitlerzeit durch ein Vergrößerungsglas zu sehen".

Als das Manuskript nach dreijähriger Begutachtung endlich dem „Grundriß" entsprach, war die achtbändige „Geschichte der deutschen Arbeiterbewegung" Walter Ulbrichts von 1966 erschienen, und nun lautete die Forderung an Schmidt, seiner Quellensammlung „voll inhaltlich die Ergebnisse des Geschichtswerkes, Band 5" zugrunde zu legen, was Schmidt dazu veranlasste, das Manuskript um 2000 Seiten zu erweitern und ihm den ehrgeizigen Untertitel „Kommentar zum fünften Band der GdA" zu verpassen. Inzwischen war jedoch Ulbricht längst gestürzt und sein Achtbänder in der Versenkung verschwunden. Als sich Schmidt 1980, kurz vor seinem Tod, bei Sindermann beschwerte, riet man ihm, das Erscheinen der neuen „Geschichte der SED" abzuwarten. Von dieser kam kurz vor dem Ende der DDR jedoch nur der 1. Band heraus – die Geschichte der 1946 gegründeten Partei endete damit 1917.

Siegfried Lokatis

Geschonnecks Memoiren

Die erste Manuskript-Fassung der Memoiren Erwin Geschonnecks „Meine unruhigen Jahre" war nach einem sechstägigen Tonband-Interview entstanden: Er hatte so genau wie möglich auf alle meine Fragen geantwortet. Dann machte ich aus Frage/Antwort eine fortlaufende Ich-Erzählung, dazu Nachrecherchen, Kapitelgliederungen, ein Rollenverzeichnis, fügte Abbildungen und ein Register hinzu und so weiter. Das umfangreiche Manuskript lieferte ich „schrankfertig" an den Dietz Verlag, mit dem Geschonneck und ich im August 1980 gleichlautende Verträge abgeschlossen hatten. Monate später informierte mich der Verlag über seine Meinung, die er, wie üblich, mit zwei Gutachten stützte.

Die Gutachter, Wissenschaftler der Akademie für Gesellschaftswissenschaften beim ZK der SED (dem damals höchsten Ideologie-Gremium und direktem Partner des Verlags), begrüßten, dass ein Künstler wie Erwin Geschonneck seine Erinnerungen veröffentlichen wollte. Sie monierten jedoch nachdrücklich zwei Passagen. Geschonneck hatte sein Exil 1933 mit einer

Tingel-Theatergruppe in grenznahen Orten in Polen begonnen. Die Truppe war vor allem von polnischen Juden unterstützt worden. Folglich tauchten die Vokabeln „Jude" und „jüdisch" gehäuft auf. Wir sollten diese Vokabeln tilgen oder durch „Menschen jüdischen Glaubens" ersetzen. Diese Sprachregelung hatte mit Geschonnecks Leben nichts zu tun, eher mit Intentionen der damaligen DDR-Außenpolitik. Eine absurde Forderung, die wir energisch zurückwiesen.

Der zweite Einwand der Gutachter war erheblicher: Geschonneck hatte 1936/37 den Beginn des Stalinschen Terrors in einem deutschen Kollektivistentheater in Dnjepopetrowsk erlebt und war ihm nur knapp entkommen. Immer hatte er seither Genaueres darüber wissen wollen. Im Text benannte er sowjetische Parteifunktionäre, die im Spielbereich „seines" Theaters gut bekannt und die erschossen worden waren. Die Gutachter wollten, dass die Namen nicht genannt und Geschonnecks Äußerungen über diese Vorgänge insgesamt sehr abgemildert werden sollten.

Darauf war schwer zu reagieren, zumal Geschonneck auf seiner/unserer Fassung bestand. Ich lancierte einen Vorabdruck des Exil-Kapitels in der Akademiezeitschrift „Sinn und Form" in der Hoffnung, dass – wenn der Text dort abgedruckt würde – er dann so auch in dem Buch bei Dietz stehen könnte.

Chefredakteur Wilhelm Girnus riet mir nun, nur das aufzuschreiben, was Geschonneck unmittelbar selbst erlebt hatte. Bei der Erschießung des angesehenen Marschalls Tuchatschewski war Geschonneck nicht dabei, aber der Militär und dessen Legenden-Satz bei der Erschießung „Es lebe Stalin!" hatten ihm mächtig imponiert, auch anderes. Diesen Rat befolgten wir; es blieben genügend Details, die heikel waren. Geschonneck hatte sein Unverständnis auch personalisiert: als Schauspieler in Dnjepopetrowsk hatte er z. B. erwartet, dass sich sein Intendant vor sein Ensemble stellte. Davon hatte er damals nichts bemerkt. Dieser Intendant nun war Maxim Vallentin, SED-ZK-Mitglied und langjähriger Leiter des Berliner Maxim-Gorki-Theaters.

Ich besuchte ihn, gemeinsam mit der Dietz-Lektorin, in der Hoffnung auf so viel klärende Auskünfte, dass die Memoiren-Formulierungen präzisiert werden könnten. Vallentin antwortete ausweichend und wollte unser Anliegen nicht verstehen. (Erst 2000 erschienen Briefe Vallentins, die sein Verhalten damals erklärten.)

Der Vorabdruck – mit nur wenigen Korrekturen – erschien, die Einwände blieben. Die Produktion des Buches stagnierte, weil keiner bereit war, einzulenken, jeder mit seinen Gründen. Schließlich setzte sich Manfred Wekwerth, neu gewählter Präsident der Akademie, „höheren Orts" für das Buch ein, zunächst ohne Erfolg. Und ich griff zu einem Trick: Ich montierte in den Text einen langen Auszug aus einem gerade in Moskau erschienenen Lehrbuch (!) der Geschichte der KPdSU, in dem mit mehr Offenheit als bisher über den Stalinschen Terror geschrieben und in dem alle die Namen aufgelistet wurden, die Geschonneck wichtig waren.

Erwin hatte das Buch nie gelesen – aber über diese „Brücke" hinweg konnten sich schließlich alle arrangieren, auch die Gutachter. Dann wurde das Buch endlich produziert. Gründonnerstag 1984 übergab ich Erwin Geschonneck das Signal-Exemplar.

Günter Agde

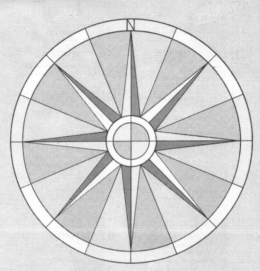

Reiseland DDR

Übersichtskarte für Touristik,
Urlaub und Erholung

1 : 600 000

tourist

595 781 8 · 00450

Buch der Wahrheit

Zwanzig Jahre lang, von 1954 bis 1974, diente „Weltall Erde Mensch" als Pflichtgeschenkbuch zur Jugendweihe. Bei einer Gesamtauflage von etwa vier Millionen Exemplaren müsste es noch in manchem Bücherschrank stehen. Wir empfehlen jedoch dem philologisch ambitionierten Leser, der von spitzbartbehafteten Dinosauriern träumen möchte, die vergleichende Lektüre verschiedener Ausgaben: Die insgesamt 22 Auflagen unterscheiden sich manchmal ganz erheblich voneinander, denn jedes Jahr wurde das populärwissenschaftliche Kompendium mit gehörigem Aufwand auf den aktuellen wissenschaftlichen Stand und die geltende politische Linie gebracht, hier ein Abschnitt über Gagarin oder die Nationale Grundkonzeption eingefügt, dort eine Lyssenko-Eloge oder das Atom-Kapitel von Robert Havemann entfernt.

Für das „massenwirksamste Buch zur Verbreitung der sozialistischen Weltanschauung" (Kurt Hager) war eine sorgfältige Begutachtung selbstverständlich. Walter Ulbricht behandelte „Weltall Erde Mensch" stets als Chefsache, war er doch selbst im Umfeld der naturwissenschaftlich geprägten freidenkerischen Traditionen des wilhelminischen Deutschlands aufgewachsen und pflegte die Überzeugung: „Ein Mensch, der keine naturwissenschaftlichen Kenntnisse hat, ist kein richtiger Mensch." Und obwohl die SED behauptete, die „Gefühle der noch religiös empfindenden Menschen" schonen zu wollen, wurde „Weltall Erde Mensch" von der westdeutschen „Militärkirche" (Ulbricht) in „wüsten Kampagnen" scharf bekämpft, zumal der Termin der Jugendweihe mit der Konfirmation zusammenfiel. Bischöfe stellten die Gläubigen vor die Wahl: Bibel oder „Weltall Erde Mensch" – Kirche oder Planetarium.

Infolge dieser Proteste versuchte 1957 der Sekretär des ZK für Kultur und Erziehung und Volksbildungsminister, Paul Wandel, eine andere Jugendweihegabe einzuführen, „Unser Deutschland. Ein Buch für alle, die es lieben", ein von Walther Victor zusammengestelltes großformatiges Prachtwerk, voll mit Goethe-Sprüchen und idyllischen Landschaftsansichten. Unglücklicherweise hatte Paul Wandel Ulbricht vorher nicht von diesem Austausch informiert. Wandel, so Ulbricht auf dem 33. Plenum im Oktober 1957, habe die Frage der Jugendweihe zu einer Frage von „Wald und Wiese" gemacht und dem Druck des Gegners nachgegeben. „Gen. Wandel hat das auch gewusst, dass wir damit nicht einverstanden sind, und deswegen ist das so geschickt gemacht worden, dass man das Buch erst sah, als es fertig ausgedruckt war." Wandel – der später Botschafter in Peking wurde – verlor alle seine Ämter und machte Alfred Kurella und Kurt Hager den Weg zu den ideologiepolitischen Schaltstellen frei. „Unser Deutschland" wurde in den freien Handel abgeschoben, „Weltall Erde Mensch" aber vom Politbüro als Jugendweihegabe bestätigt.

Diese musste kurzfristig auf den neuesten Stand gebracht, die „neuen Erfolge der Sowjetwissenschaft", Sputnik und Atomeisbrecher sowie „die Perspektive beim Aufbau des Sozialismus in der DDR" eingebaut werden. Dabei fiel auf, dass „Weltall Erde Mensch" ein neues Vorwort des Herausgebers Walter Hollitscher enthielt, das der Verlag eingeworben hatte, um das Erreichen der 500 000er Marke zu würdigen. Das politische Problem bestand weniger darin, dass der Wiener Professor inzwischen aus der DDR ausgewiesen worden war. Nein, um Platz für den Text zu schaffen, hatte der Verlag ein älteres, gleich langes Vorwort entfernt, und der Verfasser des herausgeworfenen Textes („Dieses Buch ist das Buch der Wahrheit") war kein geringerer als Walter Ulbricht!

Dass der Text eines amtierenden SED-Führers gestrichen wurde, dieser mit Schlamperei und Arbeitsüberlastung entschuldigte „Zensurakt" des Lektorats stellt in der Verlagsgeschichte der DDR ein Unikum dar. Er löste ein mittleres Erdbeben aus – eine Kettenreaktion, die zunächst mit Strafmaßnahmen und Entlassungen im Verlag Neues Leben begann, allerdings schon bald auch auf andere Verlage übergriff und die Restauration des seit 1956 gelockerten Zensursystems zur Folge hatte.

Nicht nur das Vorwort Walter Ulbrichts, sondern das ganze, für die Ulbricht-Ära so charakteristische Buch „Weltall Erde Mensch" wurde von Erich Honecker abgeschafft. Die nach 1975 geweihten DDR-Bürger erhielten als Jugendweihegabe „Der Sozialismus, Deine Welt" – beziehungsweise seit 1983 „Vom Sinn unseres Lebens".

Siegfried Lokatis / Igor J. Polianski

Bermuda-Dreieck

Die Übersetzung der zweiten Auflage der Großen Sowjet-Enzyklopädie, des „umfassendsten wissenschaftlichen Werkes in der Geschichte der Menschheit", war ein heroisches Unterfangen. Man konnte nicht ewig aus dem „bürgerlichen" Brockhaus die Hakenkreuze herausreißen, und an ein eigenes DDR-Lexikon war Anfang der fünfziger Jahre noch nicht zu denken.

Da trat im Sommer 1951 der Verlag der Nation mit dem Vorschlag ans Licht, die wichtigsten Artikel der Sowjetenzyklopädie einzeln herauszugeben. Nicht weniger als 17 Verlage machten sich 1953 für ihr jeweiliges Fachgebiet an diese Aufgabe und veröffentlichten insgesamt 270 Broschüren – der Geschichtsverlag Rütten & Loening konzentrierte sich auf die historischen Texte, Teubner auf Mathematik und Henschel auf Architektur und Kunst. Dem Bibliographischen Institut war die Federführung zugedacht, um schließlich die Einzelbeiträge zu einem Lexikon zusammenzufügen. Im DSF-Verlag für sowjetische Belletristik, bei Kultur und Fortschritt, wurde ein koordinierendes Sekretariat, die „Redaktion Möchel" eingerichtet. Hier wurde dafür gesorgt, dass im Artikel über die „Kultur Grusiniens" die Dshurai-Kirche in Mzchetha richtig als Dshwari-Kirche in Mzcheta geschrieben wurde.

Alle Arbeiten mussten einerseits mit den neuesten sowjetischen Vorlagen abgeglichen, andererseits auch dem Amt für Literatur vorgelegt werden. So entstand ein zensurpolitisches

Bermuda-Dreieck, in dem entnervte Verleger nach verschollenen Manuskripten fahndeten. Ende 1954 kam das ZK dahinter, dass weder die Auswahl der Stichwörter noch der Absatz der „stark angeschwollenen Bestände" kontrolliert worden war. Niemand konnte sagen, weshalb die Auflage der Geschichte Belgiens doppelt so hoch war wie die des Deutschland-Artikels, und es wurde deutlich, dass durch die auszugsweise Veröffentlichung einzelner Stichworte so ziemlich das Gegenteil eines Nachschlagewerkes entstanden war. Die Agrarwissenschaftler, Biologen, Philosophen usw. konsumierten ausschließlich „ihre" Fachartikel. Deren Niveau war zwar kaum für Spezialisten bestimmt, aber sie wirkten „richtungsweisend", verherrlichten Lyssenko oder Mitschurin, während Kant und Hegel mit nachhaltiger Wirkung als kosmopolitische Reaktionäre abgeschlachtet wurden, und sich Kautsky unentwegt „erfrechte".

Die ideologische Großwetterlage veränderte sich schneller, als übersetzt und redigiert werden konnte. Die ideologisch sensibelsten Texte über die Geschichte der deutschen Arbeiterbewegung wurden von vornherein in Berlin geschrieben oder frühzeitig umredigiert, bevor sie zurück zur Moskauer Lexikon-Redaktion gelangten. Walter Ulbricht bediente sich der sowjetischen Autorität, um eigene Positionen innerparteilich leichter durchzusetzen, soweit sie überhaupt vom „Kurzen Lehrgang" der KPdSU-Geschichte abwichen. So wurde auch das Marx-Engels-Lenin-Institut, das spätere IML, aktiv. Seit dem Frühjahr 1953 stützte sich hier die Bearbeiterin Trude Cramer auf einen Stab kompetenter Genossen.

Den Artikel über die SED verfasste die Leiterin des Instituts für Gesellschaftswissenschaften, Lene Berg, die Hermann Matern vom Politbüro gegenlesen ließ, bevor sie den Text der Redaktion Cramer übergab, die ihn wiederum Parteihistorikern wie Rudolf Lindau vorlegte. Bevor der Artikel nach Moskau gelangte, wurde er zunächst noch von einer Kommission des Parteiinstituts überprüft, dann vom Institutschef abgezeichnet und schließlich von dem damaligen SED-Chefideologen Fred

Oelssner bestätigt. Berücksichtigt man noch die mindestens sechs redaktionellen Kontrollstufen in Moskau, die Arbeit des Dietz Verlages, die Rolle der Redaktion Möchel und von drei Abteilungen des Amtes für Literatur, kommt man leicht auf zwanzig redaktionelle Instanzen.

Nicht trotz, sondern wegen dieser übervorsichtigen Kontrolle geriet die Sowjetenzyklopädie 1956 in das Tauwetter der Entstalinisierung und Moskau desavouierte die „vom Geist des Personenkults durchtränkten" Darstellungen als falsch, oberflächlich und dem Ansehen der Sowjetunion abträglich. Angesichts der enormen Investitionen der Verlage kam man in Berlin auf die weise Lösung, die wenigen noch brauchbar zu machenden Artikel nicht mehr als Teil der Sowjetenzyklopädie kenntlich zu nummerieren und das nächste Lexikon selbst herzustellen.

Siegfried Lokatis

Land am Meer

Jahreswechsel sind von jeher die hohe Zeit der Kalender. Dabei wird die Wahl bei dem heute hochdifferenzierten Angebot für wohl alle Bedürfnisse sehr schnell zur Qual. So jedenfalls die Erfahrung der Ostdeutschen, die auch auf diesem Gebiet eher mit dem Mangel zu leben hatten. Jenseits von Nostalgie soll hier an einen Kalender mit dem schönen Titel „Land am Meer" erinnert werden. Er erschien von 1953 bis 1977 in Schwerin zur Freude derer, die ihn seinerzeit für 3,90 DDR-Mark ergattern konnten. Erst im kleinen, 1947 von Willi Bredel begründeten Petermänken Verlag, seit 1964 im Ernst Wähmann Verlag. Diesen schwarz-weiß-farbigen Foto-Text-Wochenkalender hatten sich die Schweriner Verlagsleute ausgedacht, um besonders in den Nordbezirken die „Liebe zur Heimat" zu fördern. Ein solches Ernstnehmen der Bedürfnisse der Bevölkerung nach „heimatkundlicher Literatur" war eine literaturpolitische Lehre nach dem 17. Juni 1953 gewesen.

Der langjährig vom Cheflektor Herrmann Glander heraus-
gegebene Kalender erfreute sich von Jahr zu Jahr zunehmender
Nachfrage, jedoch kam er in seiner Mischung von Fotos, literarischen Texten und volkskundlichen Spruchweisheiten nie über
eine Auflage von 30 000 Exemplaren hinaus, trotz nachweislich
das Dreifache betragender Bestellzahlen. Was fehlte, war das
stets rare und auch teure Kunstdruckpapier. Aber nicht nur mit
diesem leidigen Problem hatten sich die Kalendermacher herum-
zuschlagen, denn auch die langen Produktionszeiten, verursacht
durch die meist überlasteten Druckereien, ließen schon im Sommer alljährlich um die nächste Ausgabe zittern.

Und natürlich taten auch die Einsprüche der Zensurbehörde
das Ihre. Seit 1954 galt ein vom Ministerium vorgegebener,
jeweils aktualisierter „Grundkalender" mit den zu berücksich-
tigenden Gedenktagen und Jubiläumsdaten. Dies war sehr
dienlich, erwies sich aber für den in den Jahren 1957 bis 1959
gelungenen Export von jeweils 500 Exemplaren in die Bundesrepublik – wo der Kalender „bei den Mecklenburgern und
Vorpommern ob seiner schönen Fotos aus der Heimat (!) zunehmende Beliebtheit" genoss – als Problem. Und so hatte der
Verlag einschlägige sozialistische Gedenktage auf der Rückseite
einfach weggelassen. Und das mit Billigung von „oben", denn
gerade ging mal wieder Ökonomie vor Ideologie. Mit solcherart
„Objektivismus" war es spätestens 1959 vorbei, ebenso mit der
gesamtdeutschen Ausrichtung des Kalenders, der auch Fotos
von den „westdeutschen Küsten" gebracht hatte.

Generell barg die Mischung von Fotos, Text und Sprüchen
ohnehin manche Fallstricke, die dann fast bei jeder Ausgabe
entwirrt werden mussten. Insbesondere die (teilweise plattdeut-
schen) volksmundartigen Sprüche, deren Herkunft ein Gutachter „unkontrollierbar" fand und daher deren Streichung 1960
empfahl, erregten wiederholt Anstoß. Tatsächlich musste man
sich schon über die Zusammenstellung wundern, zum Tag der
Republik den Spruch „Aus ungelegten Eiern schlüpfen kleine
Hühnlein" und zu Walter Ulbrichts Geburtstag „Der Vogel

singt zu jeder Frist, wie ihm der Schnabel gewachsen ist" als wöchentlichen Leitspruch zu finden. Und was sollte man sich gar bei Ernst Thälmann denken, dem als „Volksmund" beigeordnet war: „Es ist ein verdächtiger Schäfer, der beim Wolfe Gevatter steht"?

Nicht ganz so brisant, aber doch kritikwürdig erschien auch der Spruch „Abends wird der Faule fleißig". Denn: „Was hat das angesichts des Lernens, der Weiterbildung unserer Menschen noch für eine Berechtigung?" Moniert wurde auch, dass gerade für Weihnachten ein Kirchenbild herhalten musste; statt Besinnung wurde ein „kämpferischer Ausblick auf das neue Jahr" gefordert.

Wenngleich der Verlag sich in vielen Fällen zum Ändern genötigt sah, verwahrte er sich tapfer gegen den Vorwurf der „Neutralität", denn tatsächlich zeigte er „das Neue in dem früher zurückgebliebenen Mecklenburg". Die Schweriner insistierten auf ihrer Gesamtkonzeption, „ein Bild der Landschaft innerhalb der DDR" zu geben. Und das in einer Form, in der die großen Veränderungen sichtbar werden. Dabei ginge es nicht an, in den Stil eines Leitartikels zu verfallen, „weil der Kalender zu einem sehr großen Teil nach Westdeutschland und ins Ausland geht." Und so wird berichtet, dass damals manches Exemplar von „Land am Meer" als Teil eines Ost-Pakets die Grenze überschritten hat.

Simone Barck

Kalenderreform

DDR-Kalendern lag ein „Musterkalender" zugrunde, ein „Pflichtdatengerüst" mehr oder weniger verbindlicher sozialistischer Feiertage. Die Kontrolle der Kalenderproduktion ließ allerdings anfangs zu wünschen übrig. Eine 1955 „zwecks Stärkung des volkseigenen Sektors und Eindämmung besonders der Produktion religiöser Kalender" im Amt für Literatur gegründete

Kommission arbeitete nach dem Motto: „Die sorbischen Kalender können wir zwar nicht lesen, haben jedoch den Eindruck, dass sie sich positiv von anderen Kalendern abheben." Deshalb wurde 1958 als Gutachter Friedrich W. Stöcker mit der Analyse der Kalenderproduktion beauftragt. Er plädierte für modernere Methoden.

Man dürfe nicht an „Holzhammer-Methoden" der frühen Fünfziger anknüpfen. Stöckers Credo lautete, den Leser nicht mit politischen Deklarationen zu behelligen, sondern ihm lieber eine „innerlich konsequente Orientierung auf unsere Gesellschaft" zu bieten: Der Leser müsse „von innen her an die Sache herangeführt" werden, so selbstverständlich und überzeugend, „dass er nicht einmal spürt, wie auf ein bestimmtes Ziel hin gelenkt wird!"

Stöcker wollte unauffällig in den Alltag eindringen: „Es gibt wenige Haushalte, die keinen Kalender erwerben; die Gründe dafür liegen auf der Hand. Es gibt sogar viele Haushalte, für die der Kalender vielleicht das wichtigste Druckerzeugnis überhaupt ist." Der Gutachter fand, „die psychologische Konzeption der Kalenderwirkung" müsse stärker berücksichtigt werden. „Distanzieren vom reinen Wandschmuck; Berücksichtigen, dass ein Bild vielleicht einen ganzen Monat zu sehen sein wird."

Kein anderer Kalender war so weit verbreitet wie „Sonne und Schild" von der Evangelischen Verlagsanstalt. Für den Zensor war er ein „an der Wand hängendes Predigtbuch", das „die politischen und gesellschaftlichen Verhältnisse in unserer Republik" ignorierte. Eine „raffinierte Auswahl bestimmter Bibelzitate und Gleichnisse" ließe „nur zu klar" eine negative Beurteilung des „gegenwärtigen politischen Geschehens" erkennen.

Gegen den „Evangelischen Jahrweiser für 1958" konnte „man schwerlich irgendwelche Bedenken geltend machen". Direkte Angriffe würden nicht geführt, nur wenige könnten „sich dadurch angesprochen fühlen, wenn man vielleicht von einer ganzen Reihe ausgesprochen bescheidener Gemüter" absähe.

Gefährlich schien Gutachter Stöcker der katholische Bildkalender „Christliches Jahr 1958", dessen Expansion „in den nicht-religiösen Bereich" vorsichtig zu begegnen sei: „Man kann eigentlich nur bedauern, dass ein solches Maß an Ideenreichtum, an gestalterischem Geschick und – wenn man es einmal so nennen darf – an ideologischer Konsequenz nicht von unseren Verlagen aufgebracht werden konnte."

„Einer der schlechtesten Kalender", so Stöcker, sei der „zwischen Geschmacklosigkeit und Kitsch" einzuordnende, lieblos zusammengestellte GST-Wandkalender „Der Hund" mit seinem „süßlichen Titelbild" und der penetranten Werbung für Einreibemittel und Insektizide. Der VEB Volkskunstverlag Reichenbach glänze mit den Kalendern „Die Berge rufen" („Müssen es denn immer nur die Hochgebirge sein?") und „Deutsche Heimat": „Februar: Bodensee. Zauberhafte Schönheit, Märchenlandschaft – und wir können nicht dahin! ... In der Reisezeit erscheinen nur Bilder aus Westdeutschland." Einen schweren politischen Fehler enthielt der Rembrandt-Kalender. Er hatte dem Hinweis auf die Ermordung Thälmanns „ausgerechnet ein Bild der lachenden Saskia" zugeordnet. Der Plischke-Jahresweiser aus Zittau, ein traditionsreicher Scherenschnittkalender mit fantastischer Exportquote, schien Stöcker „von kleinbürgerlicher Gefühlsbesoffenheit und restlos abzulehnen".

„So schön ist die Natur" hieß der Kalender der Natur- und Heimatfreunde im Kulturbund. Stöcker störte jedoch das Bild einer Igelfamilie: „Musste der ‚östliche oder Weißbrustigel' noch als ‚Schweinsigel' gekennzeichnet werden? Hier entstehen beim indifferenten Leser Assoziationen, denen wir von vornherein vorbeugen müssen."

Stöckers Analysen begründeten einen Kahlschlag. Sechs Kunst-, fünf Heimat-, vier Kinder-, drei Natur- und nicht weniger als 14 religiöse Kalender wurden aufgrund dieser Gutachten gestrichen. Die Zahl der aufgelegten Exemplare sank von 2,6 auf 1,2 Millionen.

Siegfried Lokatis

Wanderbücher und Wassermühlen

Die „Strombücher" des Leipziger Prisma-Verlages hatten nichts mit Elektrizität zu tun. Sie waren Mitte der 50er-Jahre in Mode gekommen. Den Aufbau des Sozialismus hatte man nach dem 17. Juni 1953 ausgesetzt, und zu den Konzessionen des „Neuen Kurses" gehörte die Förderung der bislang unterdrückten Heimatliteratur. Der Leipziger Privatverlag nutzte vor 50 Jahren die Gunst der Stunde zu einer gesamtdeutschen Interpretation des neuen Genres, indem er den „Strombüchern" über Saale und Ilm einen Titel über die Elbe, ja sogar weitere über Main und Rhein folgen ließ. Das Amt für Literatur, also die staatliche Zensurbehörde der DDR, förderte diesen Trend, um den innerdeutschen Literaturaustausch anzukurbeln und den Separatismus des westdeutschen „Adenauer-Regimes" gehörig zu brandmarken. Legendenumwobene Totgeburten wie der gesamtdeutsche „Harzführer" tummelten sich in den Themenplänen jener Jahre.

Otto Ludwig, ein beliebter Vortragsreisender des Kulturbundes im Rentenalter, war wochenlang mit Fahrrad und Kamera zwischen Kassel und Bremen unterwegs gewesen, um den „oberflächlichen", meist aus „irgend einer wirtschaftlichen oder religiösen Spekulation heraus geschriebenen" Wanderbüchern der Bundesrepublik ein kulturvolles Exportgut entgegen zu setzen. Drei Jahre hatte er an seinem Strombuch über die Weser gearbeitet. Das war entschieden zu lang, denn nun geriet sein Projekt in den 1957 einsetzenden Frosteinbruch. Alle Versuche, das Buch zugunsten der Werra umzuarbeiten, erwiesen sich, wie der Autor klagte, als vergebens: „Die Werra wechselt im Unterlauf mehrfach zwischen der Deutschen Demokratischen Republik und der Bundesrepublik. Auch dies macht mir die Kritik zum Vorwurf ..." Sein Zensor fand, dass der Satz „Auch heute noch flutet die Weser ungehindert über die Grenze" das Wasser auf die Mühlen des Chauvinismus leite und vermisste die „Anklage gegen den Militarismus" als einzig zeitgemäßen roten Faden. Drei Seiten seien Bonifatius gewidmet, über die Arbeiterklasse fände sich gar nichts. Die Ablehnung besiegelten die Worte: „Der Autor ist zu bedauern, der so viel Kraft und vergebliche Forschung betrieben hat."

Weitab vom verminten Grenzland, zwischen Freiberg und Dresden, lag der Tharandter Wald, und das für die Landkartenprüfung verantwortliche Innenministerium hatte ausnahmsweise wenig Bedenken gehabt, die Wanderkarte freizugeben. Nur für die Beschriftung war die Zensurbehörde zuständig. „Text verändern, oder ohne Text drucken", lautete deren lakonischer Bescheid. Doch was war eigentlich an den Ausführungen über „unteroligozäne Knollensteine", die „lettig-tonigen Zwischenmittel" des Backofenfelsens und die „nesterweise Bleichung der obersten Schichten des Laterits" auszusetzen? Wen störten die 19 „Rittergrabsteine in Freital-Döhlen", der „Porphyrfächer bei Mohorn-Grund" und die „Ruine Ruppendorf", die „Süntelbuchen" in Hartha und das „Götzenbüschchen bei Oelsa"? „Kein Bezug auf die Gegenwart" lautete der niederschmetternd lapidare Einwand, der nur vor dem Hintergrund des allerneuesten, wieder auf den Aufbau des Sozialismus gerichteten Kurses des V. Parteitages zu verstehen ist. Des deutschen Wanderers Waldeinsamkeit schwand dahin, die DDR-Provinz verwandelte sich in ein erinnerungsschwangeres Freilichtmuseum für die Geschichte der deutschen Arbeiterbewegung.

Anfang der 60er-Jahre verfasste das Bibliographische Institut entsprechende „Richtlinien für Autoren von Wanderheften". Sie sollten – beraten von ihrer örtlichen Kommission zur Erforschung der Geschichte der Arbeiterbewegung – von „alten, vergangenen Wirtschaftsformen und Erwerbszweigen, von überwundenen Ausbeutersystemen, vom Kampf der Arbeiterklasse und von anderen revolutionären Traditionen" berichten und „den Wanderer zu den Zeugen des Aufbaus des Sozialismus in unserer Deutschen Demokratischen Republik" führen, „zu neuen sozialistischen Großbauten, zu Landwirtschaftlichen Produktionsgenossenschaften, Schulen, Ferienheimen usw.". Zu vermeiden seien der „Telegrammstil", der aufdringliche „Wir-Stil", lateinische Pflanzennamen, etymologische Hinweise und geologische Ausführungen. Wanderhefte pflegten fortan einen „frischen, unterhaltenden Ton" und sollten erkennen lassen, dass „der Autor Landschaft und Menschen mit den Augen des Sozialisten sieht."

Siegfried Lokatis

Der sächsische Bergsteiger

Ende der Fünfzigerjahre verschwanden die Alpen aus den ost-deutschen Druckwerken – um keine unerfüllbaren Wünsche zu wecken. „Müssen es denn immer nur die Hochgebirge sein?", stöhnte der Zensor über einen gesamtdeutschen Kalender des VEB Volkskunstverlages Reichenbach und kritisierte den Titel „Die Berge rufen". Besser war es, auf den Spuren des Sowjet-union-Experten des Politbüros, Alfred Kurella, durch den Kaukasus zu schweifen. Leider war der Elbrus für deutsche Kletterer kaum zu besteigen, ohne an den Feldzug von 1942 und die wehende Hakenkreuzfahne zu erinnern.

Auch bei den Mittelgebirgen war höchste Vorsicht geboten. So wurde 1958 ein Harzwanderbuch des Sachsenverlages zwecks Überarbeitung angehalten, weil es den Kaisersaal in Goslar als „Stätte bedeutender Reichspolitik" bezeichnet hatte. Schließlich käme „auf das Konto der späteren Sachsenkaiser" die „Erobe-rung der Macht in den so genannten Ostgebieten". Dem „völlig unverbindlichen Text" fehlte ohnehin das nötige „Minimum an politischer Akzentuierung". Und es machte sich zwar über den „Reisesnobismus westdeutscher Neureichs" lustig, ignorierte je-doch sowohl die „katastrophalen Kahlschläge um Wurmberg und Achtermann durch britische Truppen" als auch die sozialistische Aufforstung und den Wettbewerb „Das schöne Dorf".

Glücklicherweise pflegte sich „Der sächsische Bergsteiger" dann vorwiegend im Elbsandsteingebirge zu tummeln. Doch auch hier gab es Grenzprobleme. Nur die neun sächsischen Klettergebiete des Elbsandsteingebirges wurden beschrieben, nicht aber Tyssa, Raitza und Eiland. Ein Gutachter von der Dresdner Seilschaft rührte tapfer an offenen Wunden: „Haben die sächsischen Bergsteiger nicht auch das böhmische Gebiet erschlossen?" Um einen „exakten nationalen Standpunkt zu beziehen", die Atmosphäre in den Köpfen der sächsischen Bergsteiger zu klären und „das Band zu den Menschen und Bergsportlern der CSR" zu festigen, dürfe man die ethnographische Entwicklung zwischen Böhmen und Sachsen nicht verwässern.

Ein Verbandstrainer des DWBV (Deutscher Wanderer- und Bergsteigerverband) tadelte in seinem Fachgutachten, dass die gewählten Beispiele, die Aufstiege „Dreifingersturm AW" und „Flachsköpfe AW" in der Schwierigkeitsstufe III dem Anfänger den Klettersport verleiden müssten. Er fand es auch unnötig, außer dem Handrissklettern und dem Reibungsklettern vorschnell die Frage der Massivkletterei anzuschneiden. Solche „persönlichen Anschauungen" des Autors stünden „oft im Gegensatz zu den Auffassungen der Fachkommission Bergsteigen der DDR".

Während der Autor „Unterstützen an jeder Stelle am Fels" für fair und erlaubt hielt, plädierte der Fachgutachter dafür, keine anderen Unterstützungshilfen als der Erstbegeher in Anspruch zu nehmen und jede Erleichterung in das Gipfelbuch einzutragen.

„Der sächsische Bergsteiger" von Kurt B. Richter, 1962 im Sportverlag erschienen, wurde trotz solcher Schwierigkeiten und Einwände „sektiererischer Kritikaster" zur „Grundlage des Bergsportes in der DDR". Das Buch schloss „eine bedeutende Lücke in der touristischen Literatur der DDR", weil die alpine Literatur den „Besonderheiten der Sandsteinkletterei" vorher wenig Bedeutung beigemessen hatte.

Es behandelte die „gesellschaftliche Stellung des Felskletterns und seine historische Entwicklung vom Gesichtspunkt der fortschrittlichen Weltanschauung" und setzte sich auch durchaus kritisch mit der „irreführenden idealistischen Bergsteigerphilosophie" auseinander. Endlich einmal würde das „schleichende, weiterwuchernde Gift" aus den „Hirnen der ‚alten' Bergsteiger" gebrandmarkt, die das „Für-sich-sein" und die „Trennung von Alltag und Bergerleben" suchten. Dem Bergsport liege nicht etwa „Vereinsmeierei und Einigelung", sondern der Gedanke der Bergkameradschaft zugrunde: „Nur das Kollektiv erringt den Erfolg."

Der Autor hatte vor allem auch das „Problem Bergkameradschaft und Mädchen" wirklich tadellos erfasst und jener alten Bergsteigerweisheit einen Schlag versetzt, die da lautete: „Das Weib ist des Bergsteigers Tod".

Siegfried Lokatis

Maßstabsfolgen

Unter „Generalisierung" definiert das „ABC Kartenkunde", 1983 bei Brockhaus in Leipzig erschienen, Arbeitsprozesse, welche bei der Ableitung von Folgemaßstäben aus vorhandenen kartographischen Darstellungen anfallen. Dabei können aus Gründen des Verkleinerungsverhältnisses nicht alle Einzelheiten des Ausgangsmaßstabes übernommen werden, was mittels Auswahl, Formvereinfachung, Zusammenfassung oder Verdrängung realisiert wird. Und dann steht da noch der fast unscheinbare, lapidare Satz: „Auch viele thematische Karten werden aus vorhandenen Karten abgeleitet." Das Perfide, das sich hinter dieser Aussage verbarg, blieb Kartennutzern in der DDR allerdings lange Zeit verborgen.

Mitte der 1960er-Jahre war es die Aufgabe des VEB Landkartenverlag Berlin, die einheimische Bevölkerung mit touristischem Kartenmaterial zu versorgen. Mehr Urlaub und zunehmende Mobilität schufen neue Bedürfnisse im Freizeitbereich, denen durch eine Vielzahl an Auto- und Wanderkarten entsprochen wurde. Große Bereiche des kleinen Reiselandes DDR waren durch mannigfache Karten abgedeckt, auf denen man seine

Routen planen und exakt ausmessen konnte. Doch in der Zeit des sich verschärfenden Kalten Krieges waren diese topografisch nur allzu genauen Karten den auf Geheimhaltung bedachten Ostblockmilitärs ein Dorn im Auge.

Im Frühjahr 1964 fand bei der Hauptverwaltung für Geodäsie und Kartographie in Moskau eine Beratung mit Vertretern der sozialistischen Bruderstaaten statt. Dabei wurde die Notwendigkeit hervorgehoben, „in öffentlichen Karten keine Lagegenauigkeit topographischer Objekte zuzulassen". Die sowjetischen Genossen empfahlen, eine Karte mit Maßstabs- und Richtungsungenauigkeiten herzustellen, „die dann durch Vergrößerung als Grundlage für die Herstellung öffentlicher Karten dienen könnte". Allen kartographischen Regeln zuwiderlaufend, sollten generalisierte Karten damit zurückvergrößert werden!

Auf der 24. Sitzung des Nationalen Verteidigungsrates der DDR im Oktober 1965 berichtete Innenminister Dickel: „Als Ausgangsmaterial für Neuanfertigungen geographisch-kartographischer Erzeugnisse für die Öffentlichkeit ist eine Grundkarte im Maßstab 1 : 200 000 anzufertigen ... mit einer Ungenauigkeit bis zu plusminus 3 km." Die Verwaltung Vermessungs- und Kartenwesen, die den Beschluss umzusetzen hatte, übertrug diese Aufgabe dem Kartographischen Dienst Potsdam. Eine großformatige genaue Ausgangskarte wurde in 20 mal 20 Zentimeter große Stückchen zerschnitten, die einzelnen Quadrate in verschiede Richtungen verzerrt und die so entstandenen unregelmäßigen Vierecke dann wieder neu „zusammengebastelt". Dadurch entstanden nicht nachvollziehbare Verzerrungen, seltsam gekrümmte Gitterlinien, gestauchte und gestreckte Straßenverläufe. Hinzu kam, dass man bedeutsame Orientierungspunkte, wie z. B. Kirchen, einfach verlegte, militärische Sperrgebiete und Industrieanlagen als Wald- oder Brachland tarnte und Gebiete jenseits der Staatsgrenze graphisch ausdünnte. Während die US-Amerikaner Satelliten durchs All kreisen ließen, die zentimetergenaue Bilder von der gesamten Erdoberfläche lieferten, wurden den DDR-Bürgern nur noch verfälschte Karten zugemutet. Kartenredakteure weigerten sich vergeblich, ihren guten Namen ins Impressum dieser Erzeugnisse setzen zu lassen. Und so mühten sich die Kartographen im VEB Landkartenverlag (ab 1977 VEB Tourist Verlag) redlich, von dieser so gefertigten Übersichtskarte, gebrauchsfähige Verkehrs-, Verwaltungs- und Wanderkarten abzuleiten. Örtliche Dienststellen, Touristinformationen, Verkehrsbetriebe und Kreiswegemeister lieferten ebenso Zuarbeiten, wie viele interessierte Kartennutzer; und oft waren die Kartenmacher selbst vor Ort unterwegs, um Wanderwege und andere wichtige Details nachträglich wieder in die Verlagserzeugnisse hinein zu bekommen.

In einem Beitrag der ARD-Tagesschau vom 18. Juli 1990 gab der Direktor des Tourist Verlages, Dr. Reginald Pustkowski, zu: „... dass wir seit Jahren mit verzerrten Kartengrundlagen Karten für die Öffentlichkeit herstellen mussten, die eine absolute Desorientierung der Benutzer waren". Der Verlag reagierte und brachte zum einen unveränderte Nachdrucke von 30 Jahre alten Wanderkarten auf den Markt und zum anderen neu hergestellte Produkte auf Grundlage der Topographischen Karte der DDR.

Gerald Noack

Zellstoffhügel in der Stadt

Kurt Tschammer hatte genug! Seit über zehn Jahren war der freischaffende Kartograph aus Hohen Neuendorf damit beschäftigt, im Auftrag der DDR-Werbeagentur DEWAG rund 30 Stadtpläne zu zeichnen und aktuell zu halten. Die topographische Genauigkeit der Darstellung war da eine selbstverständliche Prämisse. Doch ab 1965 – so ward auf einer Tagung in Moskau entschieden – sollten Stadtpläne „in sich verschiedene Maßstäbe aufweisen und entsprechende Richtungsänderungen vorgenommen werden." Die Technologie dazu sah vor, die vorhandenen Pläne in Stücke zu zerschneiden, diese einzeln im Maßstab zu vergrößern oder zu verkleinern, alles wieder zusammenzufügen und die Übergänge frei Hand zeichnerisch zu verbinden. Für Tschammer widersprach diese Vorgehensweise seiner Berufsehre und als er das notwendige Alter erreicht hatte, verabschiedete er sich in den Ruhestand.

Die DEWAG-Pläne wurden fortan vom VEB Landkartenverlag in Berlin bearbeitet. Dazu äußerte sich 1967 der Chefredakteur Günther Dörhöfer wie folgt: „Bei der Neuentwicklung von Stadtplänen wird nunmehr das Prinzip eines gleitenden Maßstabes angewandt. Der Stadtkern erscheint gegenüber den Außenbezirken in einem größeren Maßstab, so dass die Darstellungsmöglichkeiten wesentlich günstiger sind. Der Übergang von dem größeren in den kleineren Maßstab erfolgt allmählich." Immerhin hatten die sowjetischen Genossen „keine Bedenken, z. B. alle Straßen und Hausnummern darzustellen, wenn ein entsprechendes Bedürfnis besteht". Die Wiedergabe von militärischen Objekten und Industrieanlagen war indes tabu; und auf dem Stadtplan „Berlin – Hauptstadt der DDR" erschien das „besondere politische Gebiet Westberlin" nur als unbebautes Gebiet.

Der Aufwand, die Karten derart zu verzerren, war beträchtlich und so ersann man eine geniale wie skurrile technische Lösung: Unter die Folien der Pläne wurden verschiedengroße Stapel Zellstoff gepackt, die so entstandene Hügellandschaft abfotografiert und auf dieser Grundlage der Stadtgrundriss neu gezeichnet. Die Folge waren nicht nachvollziehbare Verzerrungen, die exakte Streckenmessungen unmöglich machten. Verschleiert wurde das alles, indem man der Maßstabsangabe ein Zirka voranstellte. In der offiziellen Sprachregelung der Verlagsleitung wurde dies als „Neuprofilierung" des Programms bezeichnet. Beim Stadtplan Magdeburg (Maßstab ca. 1 : 20 000) führte die Verzerrungstechnik sogar dazu, dass einem das Stadtzentrum durch die seltsam verbogene Straßenführung geradezu plastisch ins Auge sprang. Die höchste Erhebung des innerstädtischen Zellstoffhügels erbrachte immerhin ein deutlich besser lesbares Kartenbild im Zentrum.

Während mit dieser Vorgehensweise der Sicherheitsdoktrin der sozialistischen Staatsführung entsprochen werden konnte, versuchte man gleichzeitig die Bedeutung des Maßstabes herunter zu spielen. Dementsprechend äußerte sich Dr. Reginald Pustkowski, Leiter des VEB Tourist Verlag: „Der Maßstab ist bei Stadtplänen nicht die wichtigste Frage." In einer verlagsinternen Analyse von 1976 trieb der stellvertretende Chefredakteur Erhard-Friedrich Queißner das Ganze sogar noch auf die Spitze: „Da alle Stadtpläne einen gleitenden Maßstab besitzen, wäre eine Reduzierung der ausgewiesenen Maßstäbe möglich, ohne an den Plänen selbst etwas ändern zu müssen." Und so schlägt er eine noch weitere „Bereinigung der Maßstäbe" vor.

Kollegen, die nach diesen Vorgaben zu arbeiten hatten, äußerten ihren Unmut, um nicht mehr im Impressum der Karten genannt zu werden. Mit dem Partei-Motto „Meine Hand für mein Produkt" konnte sich keiner identifizieren! So verwunderte es auch nicht, dass die Kartennutzer in der DDR den Kartenmachern nachsagten, dass diese selbst nicht genau wüssten (oder wissen durften), auf welcher Basis sie ihre Karten erstellt hätten. Doch das Wissen der Bevölkerung um Geheimhaltungsmaßnahmen des Staates ließ oft Milde walten mit den Mitarbeitern des Landkarten- und späteren Tourist Verlages. Nur der „Eulenspiegel" frozzelte 1974: „Auf dem Berliner Stadtplan wurde stellenweise aus dem Gedächtnis gezeichnet und nie im Leben mit den Mitteln der Triangulation."

Gerald Noack

„Schick auch ein Buch nach drüben". Plakat des Osthilfekreises für die Aktion „Dein Päck-
chen nach drüben" (ab 1948). Quelle: Bundesarchiv, Plakat 005-048-044.

Unkraut vergeht nicht

Längst kann „der Böhmig" unter Gartenfreunden als gesamt-deutscher Klassiker gelten. Sein „Rat für jeden Gartentag" kam 1982 im Neumann Verlag in Radebeul in 17. Auflage heraus, die 25. Auflage ist 2003 in Stuttgart erschienen. Und schon 1942 wurde „Die Kulturpraxis der Schnittblumen und Topfpflanzen" in sechster Auflage verbreitet. Nicht deshalb geriet Franz Böhmigs Lehrbuch „Neuzeitliche Technik im Gartenbau" im April 1956 in die Mühlen der Zensur. Der Haupteinwand des Zensurgutachters Friedrich W. Stöcker lautete, dass vier Fünftel der Bilder westdeutschen Gartenbaugeräten gewidmet seien. Der lesende Gärtner, so fürchtete er, würde sagen: „Natürlich, wenn es schon einmal ein anständiges Gerät gibt, dann haben die es im Westen."

Um sich bei der Überarbeitung beraten zu lassen, wurde Böhmig zur „Hauptabteilung Pflanzliche Produktion" des Ministeriums für Land- und Forstwirtschaft geschickt, die das Manuskript vorsichtshalber auch von der „Hauptabteilung Mechanisierung und Technologie" und von der Propagandaabteilung durchsehen ließ. Nach deren Urteil sollte der Autor sich mehr um die Gärtnerischen Produktionsgenossenschaften, speziell um die Mechanisierung des Gemüse- und Obstbaus kümmern und nicht länger die leistungsfähigen DDR-Geräte „insbesondere im Gemüsebau unter Glas" ignorieren. Man stellte dem Autor, wie er klagte, anheim, sein „in mühseliger Kleinarbeit zusammengetragenes Material den agrartechnischen Ausschüssen zur Verfügung zu stellen", eine Forderung, die „das Manuskript völlig sinnlos" mache und einem Verbot gleichkäme. Empört verwies Böhmig auf sein in 48 Jahren „als Sohn eines Arbeiters, durch beharrliches Selbststudium und eisernen Fleiß" erworbenes Wissen. Man müsse die Erfahrungen der Arbeiter aller Länder nutzen, im Übrigen werde ein großer Teil seiner Bücher exportiert. Allein die Sowjetunion habe hunderte Exemplare seines Begonienbuches erworben. Doch sei er nur für den Gartenbau, nicht für den Feldgemüse- und Großobstbau kompetent. Den Gutachtern müsse ein völlig anderes Buch vorgeschwebt haben, das er berufeneren Männern überlassen müsse.

Böhmig hatte sich durchaus um Informationen und Bilder zu DDR-Geräten bemüht, doch waren sie ihm aus Geheimhaltungsgründen überall verweigert worden, im Institut für Gartenbau Großbeeren wie im Gemüsekombinat Wollup. Nun bat er das Ministerium um Amtshilfe, um Bilder über die „kittlose Verglasung" beim VEB Schweinsburg, den Handrasenmäher E 781 im Mähdrescherwerk Weimar, die Japanerkarre beim Förderanlagenbau Köthen, den Sprühblaser S 881 beim VEB Schädl. Bek.-Geräte Rochlitz, den Kolbenpumpenautomat „Wasserborn" in Salzwedel, die Motorhacken beim VEB DUZ Halle und den Koboldkessel bei Hostaglas Niedersedlitz.

Vier Monate wartete Böhmig vergeblich auf ministerielle Unterstützung. Dann reichte er das unveränderte Manuskript erneut zur Druckgenehmigung ein und hatte Glück. Ende 1956 hatte die Zensurbehörde infolge des Kurswechsels nach dem XX. Parteitag der KPdSU vorübergehend ihre Tätigkeit eingestellt. Gutachter Stöcker vermerkte diesmal befriedigt den „Fortschritt der eigenen Urteilsbildung" als er zum zweiten Mal einen Text in die Hand nahm, den er aus „kleinlicher Perspektive heraus ... damals sehr kritisch" beurteilt hatte: „Bei aller Unantastbarkeit der Grundsätze unseres Weges" spürte er bei der Revision die „Überwindung eines engstirnigen Dogmatismus", „Großzügigkeit und Weitsicht".

Leider hatte das Ministerium für Land- und Forstwirtschaft die Entwicklung nicht mitvollzogen und verlangte, den angekündigten Druck des Werkes zu unterbinden. Das Ministerium für Kultur sei keine Zensurstelle, lautete zunächst der Bescheid. Das „beanstandete Buch" wurde für den Vertrieb schließlich doch mit der Begründung gesperrt, es sei „durch die objektivistische Konzeption nicht für die gärtnerische Praxis geeignet" und hemme „insbesondere unter dem Aspekt des V. Parteitags der SED die sozialistische Entwicklung des Gartenbaus in unserer Republik". Der blockierte Rest der Auflage wurde in die Bundesrepublik exportiert. Das von den chinesischen Genossen übernommene kulturpolitische Motto der Tauwetterzeit war wieder passé: „Laßt hundert Blumen blühen."

Siegfried Lokatis

Anstößige Gabe

Alles war so schön geplant gewesen: pünktlich hatte Ehm Welk in Bad Doberan seine dreijährige Arbeit an dem satirischen Roman „Der wackere Herr Kühnemann aus Puttelfingen" beendet. Der 1959, im August, 75 Jahre alt werdende Jubilar hatte sich sowie „seiner Republik" (zum zehnten Jahrestag) dieses Geburtstagsgeschenk offerieren wollen. Doch stattdessen musste der Autor Mitte November von einem Auslieferungsstopp im Leipziger LKG erfahren. Was war passiert?

Ganz offensichtlich schien zunächst die Ferienzeit zu einer verminderten Aufmerksamkeit in der Zensurbehörde geführt zu haben. Denn die Druckgenehmigung war dem Eulenspiegel Verlag in „ungewohnt kurzer Zeit" und fast ganz „ohne Beanstandungen" Anfang Juli erteilt worden. Lediglich die Illustrationen sollten geändert werden: Der Titelheld Tobias Kühnemann erschien als „gutwilliger, untersetzer Mann mit Spitzbart", was man im Ministerium als „Parallele zu Bulganin" (der 1958 aus seinem Amt als Ministerpräsident entlassen worden war) vermieden sehen wollte. Das Gutachten der Hauptverwaltung betonte die Nützlichkeit dieses „amüsanten, unterhaltsamen Buches", das mit den Mitteln der Satire den Lesern die Augen öffne über die Wirklichkeit in beiden deutschen Staaten. Welk leiste eine „große, bedeutsame Abrechnung mit der westdeutschen Gräuelpropaganda über die Zone".

Tatsächlich lebt das Buch über die Abenteuer des Schuhfabrikanten Kühnemann aus dem schwäbischen Puttelfingen davon, diesen biederen Geschäftsmann in der „Szoffjettzone"

Erfahrungen in der Gesellschaft machen lassen, die mit den üblichen Vorurteilen nicht übereinstimmten. Dabei mausert sich Kühnemann zum munteren Propagandisten einer einheitlichen deutschen Kulturnation, die im Roman durch gemeinsame Sängerfeste auf der Wartburg ihren Ausdruck findet.

Spätestens hier beginnt man die gefährliche Nähe zur parteiamtlichen Deutschlandpolitik zu ahnen, in die der Roman vorstößt, der im Übrigen auch reichlich Kritik an DDR-Bürokratismus und Arbeitsschlendrian austeilt. Als Anfang November 1959 in den Akten der Vermerk „Manuskript an Erich Wendt" auftaucht, kommt ein Prozess ins Rollen, den Ehm Welk als „geheime Abschlachtung des Kühnemann" erlebte. Denn Wendt wie auch Bruno Haid, den entscheidenden Zensurwaltern in dieser Zeit, war Welk als Auflagenmillionär im Dritten Reich suspekt geblieben. Zwar hatte dieser seinen Dauerbrenner, den Kummerow-Zyklus, nach 1945 von einigen peinlichen Zugeständnissen an NS-Ideologie und -politik befreit und war sogar SED-Mitglied geworden. Nichtsdestotrotz blieb er für die Zensur-Funktionäre „bürgerlich" und seine Bücher wurden wohl kaum zum sogenannten „Hauptstrom" der zu entwickelnden sozialistischen Literatur gezählt.

Zähneknirschend wurde Anfang Dezember die bereits ausgedruckte Auflage ausgeliefert, und sofort waren die 10 000 Exemplare im Weihnachtsgeschäft verschwunden. Um die umgehend beantragte Nachauflage weiterer 10 000 Exemplare entbrannte allerdings ein monatelanger Kampf. Der Autor suchte dabei in einsichtiger und zugleich ambivalenter Weise die schlimmsten Vorwürfe durch zahlreiche Ergänzungen und Streichungen zu entkräften. So betonte er jetzt stärker, „dass die Vorbedingung einer wirklichen deutschen Wiedervereinigung die Einigung der deutschen Arbeiterschaft sein müsse". So war er bemüht, den Eindruck zu korrigieren, dass sich „die Arbeiterklasse Westdeutschlands im Schlepptau des Fabrikanten Kühnemann" befindet.

Der Kritik am Romanschluss, es bliebe unklar, von welcher Art das vereinigte Deutschland sei, begegnet er mit nun eindeutig sozialistischer Charakterisierung. Er verteidigt hingegen seinen satirischen Grundansatz, der alles andere tue als „die Wiedervereinigung verniedliche", lehnte die Einschätzung der „Handlung als politisch irreal und kleinbürgerlichen Vorstellungen unterworfen" entschieden ab. Nach mancherlei Hin und Her, bei dem der Autor seine Rechte schließlich vom Eulenspiegel Verlag zum Hinstorff Verlag transferierte, wurde Ende Juli 1961 (!) die Druckgenehmigung erteilt. Aber nach dem Mauerbau am 13. August 1961 ließ sich schlecht ein Buch herausbringen, in dem „die damals noch offene Grenze als positiv verbucht worden" war. Und so musste der Hinstorff Verlag im Dezember 1961 an die oberste Zensurbehörde melden, er würde auf die Nachauflage verzichten, da „dieser Titel politisch nicht mehr vertretbar" sei.

Simone Barck

Eingesackt

Was nützt die beste Zensur, wenn die verbotenen Bücher über die Grenze geschmuggelt werden? Der „Klassenfeind" schlief nicht, und sogar der Westwind war auf seiner Seite, wenn das „Ostbüro" der SPD seine „Hetzliteratur" per Ballon in der DDR verbreitete. Bis zum Bau der Mauer bot Berlin eine offene Flanke, danach blieb nur hier und da ein „Loch in der Mauer" zu kontrollieren. Und das war im Wesentlichen die Aufgabe des Zolls, der in schwierigen Fällen, etwa bei der Überwachung der Leipziger Messe, unterstützt wurde von der Stasi.

Mit dem deutsch-deutschen Grenzkonflikt dürfte auch die seltene Spezies der literarisch beschlagenen Zöllner verschwunden sein. Es muss sie auf beiden Seiten gegeben haben, denn im westlichen Helmstedt wurden kaum weniger Schriften konfisziert als in Marienborn.

Das war eine delikate und schwierige Arbeit, deren seltsame Spielregeln für Außenstehende undurchschaubar blieben. Westdeutschen wurde grundsätzlich keine Auskunft gegeben, welche Bücher sie per Post oder als Reisemitbringsel transportieren dürften, ohne dass diese „formlos eingezogen", also ohne Beleg beschlagnahmt würden.

Das war übliche Praxis, nur wenn der bisherige Besitzer insistierte, erhielt er eine Quittung, auf der jedoch weder der Titel des Objekts noch irgendein Grund der Beschlagnahme vermerkt war. Hier war anfangs viel Willkür im Spiel. Ende der 50er-Jahre wurde unpolitische „Schundliteratur", also Liebesromane („Stella" und „Lore" zum Beispiel waren begehrter als alles andere), Western-, Micky-Maus- und Krimi-Hefte, von der Grenzpolizei generell erlaubt und von der Transportpolizei immerhin älteren Reisenden gestattet; der Zoll schickte sie hingegen zurück und die Post konfiszierte sie ohne Beleg. Wenige Jahre später bot der Postweg größere Chancen, weil hier nach gründlicher Kontrolle harmlose Titel durchgelassen wurden, die der Zoll im Grenzverkehr unbedingt abgelehnt hätte. Aber die Zollbezirke, die sich auf eigene „Literaturkommissionen" stützten, selektierten keineswegs nach einheitlichen Kriterien! Wie sollten diese auch festgelegt werden? Der Zoll verlangte eindeutige Verbotslisten, die Zensurbehörde lieferte ihm stattdessen die Namen der importfähigen westlichen Autoren, mit dem Hinweis, großzügig damit zu verfahren.

Seltsamerweise erlaubte die Hauptverwaltung Verlage 1963 die Einfuhr von Werken Max Frischs, Franz Kafkas und Robert Musils, für die sie DDR-Verlagen gleichzeitig die Druckgenehmigung verweigerte. Waren die Literaturpolitiker nicht sogar am Schmuggel bestimmter Bücher interessiert? Immerhin bot er die Möglichkeit, auf billige Weise an wichtige Westtitel heranzukommen, die man sich sonst nicht leisten konnte. Die beschlagnahmte Literatur wurde unsortiert in Säcke verpackt und von „zuverlässigen Genossen" im zentralen Asservatenlager der Zollverwaltung Berlin-Rummelsburg abgeholt.

Da die interessantesten Titel Unikate waren und leider nicht in doppelter Ausfertigung geschmuggelt zu werden pflegten, entspann sich zwischen der Deutschen Bücherei, der an der „Vervollständigung ihrer sammelpflichtigen Bestände" gelegen war, und der Zensurbehörde, wo man unbekannte Verbotstitel studieren wollte, schließlich ein bizarrer Streit um die Rosinen, das heißt: um das Recht als Erster beim sogenannten „Einsacken" der Bücher dabei zu sein.

„Schädliche Literatur" für die sich kein Platz in irgendeinem rettenden „Giftschrank" fand, wanderte in plombierten Säcken zur Großerfassungsstelle des VEB Altstoffhandels, um, frei nach dem Motto „von Konsalik zu Goethe", eingestampft zu werden. Der überwiegende „verwertbare" Teil gelangte jedoch zum Zentralantiquariat, um dort „buchhändlerisch aufbereitet" und womöglich in den Westen remittiert zu werden.

Ein lohnendes Geschäft? Jährlich wurden allein an konfessioneller Literatur, die keine zehn Prozent der „unentgeltlichen Einfuhr" ausmachte, bis zu 50 000 Büchersendungen beschlagnahmt. Man wagt kaum hochzurechnen, wie viele Bücher, versteckt im Waschkarton oder auf dem Eisenbahnklo, im Reise- und Transitverkehr sichergestellt werden konnten. Denn schon bei einer einzigen „Feststellung" im Grenzübergang Wartha fanden sich – eingeschweißt im Dach des Kleinbusses eines westdeutschen Postbeamten – 44 149 Druckschriften der Zeugen Jehovas.

Siegfried Lokatis

Kraft des Wortes

Zensur begann an den Grenzen der Arbeiterrepublik, und zwar mit harter Arbeit: am Zoll. Der Klassenfeind im religiösen Gewand tat alles, um DDR-Bürger „ideologisch zu korrumpieren". Doppelte Böden in Wohnwagen, in Korsetts eingenähte Schriften, Jacobs-Kaffee vermischt mit kleinformatiger Kirchenliteratur, Nonnen als Kuriere für Schmutzliteratur, die Leipziger Messe ein Umschlagplatz für christlich-zersetzende Erzeugnisse.

Als besonders infam erwiesen sich die Zeugen Jehovas, die in der DDR verboten waren. Vor allem in ihrer Zeitschrift „Wachturm", die über Themen wie Alkoholmissbrauch oder „Wie finde ich inneren Frieden?" referierte, scheuten die Sektierer keine Konspiration: Versteckt in Zierkissen, im Reserve-Rad, eingehüllt in Umschläge legaler Druckerzeugnisse oder im Futteral der Reisetasche schleusten sie das Corpus Delicti in die Republik.

Die Schmuggler wurden von den Grenzwächtern freilich oft genug am Äußeren erkannt. Ein Zollbeamter mit Röntgenblick: „P. war unauffällig, sauber und ordentlich gekleidet. Rein äußerlich machte er nicht den Eindruck eines kirchlichen Angestellten oder Würdenträgers." Wenig erstaunlich, dass bei den Christen immer wieder sittlich Fragwürdiges gefunden wurde, wie „Hetze gegenüber der DDR unter dem Deckmantel so genannter Menschenrechtsfragen" oder Info-Materialien über „Schwule in der Kirche". Über letzteres wurde sogleich die Stasi informiert. Die Empfänger der christlichen Literatur waren moralisch nicht weniger suspekt. Betroffene Pfarrer beispielsweise zeichneten sich durch „Beeinflussung junger Menschen" oder Nichtteilnahme an Wahlen aus.

Als nach dem Mauerbau 1961 das Schmuggler-Handwerk systematisch bekämpft und eine Bestandsaufnahme gewagt werden konnte, deckten volkspolizeiliche „Besichtigungen" der Pfarrbibliotheken katastrophale Zustände auf. Bücher über Bücher, die niemals durch die fürsorglichen Hände der Gutachter gegangen waren. Bei einem katholischen Pfarrer etwa erwies sich über die Hälfte der Literatur als „westlichen Ursprungs". Pfarrbibliotheken waren eine offene Wunde. Die Frankfurter Allgemeine Zeitung höhnte über ganze „Suhrkampbibliotheken" in den Pfarrhäusern Ostdeutschlands.

In großem Umfang nutzten die Christen nach 1961 den Postweg. Doch die Grenzhüter waren wachsam. Allein 1964 konnte das Postzollamt Leipzig dank einer strengen Kontrolle christlicher Institutionen 5 421 Sendungen konfiszieren. Die Gläubigen reagierten darauf, indem sie Pakete nur noch über Privatadressen versandten. Ein erheblicher organisatorischer Aufwand nicht nur für die Kontrollierten, auch für die Kontrolleure, die die List bald durchschaut hatten. Anfang der 1980er-Jahre überprüfte der DDR-Zoll in anderthalb Jahren 206 700 „Exemplare Kirchen- und Sektenliteratur" aus dem nichtsozialistischen Ausland. Doch auch wenn es den Zollbeamten im Alltagsgeschäft gelang, jede größere Sendung zu inspizieren, so waren sie der westlichen Paketflut an Weihnachten oder Ostern unterlegen. „Hierdurch bestehen Möglichkeiten des Einschleusens von Schund- und Schmutzliteratur", so ein Beamter über das Problem religiöser Schriften.

Immerhin, es gab christliche Literatur, die die Grenze passieren durfte. Eine Liste von bescheidener Kürze zählt Theologen auf, deren Schriften legal in die Hände der DDR-Bürger gelangen durften, darunter Karl Barth und Martin Niemöller, die sich in der SED-Diktatur des kuriosen Rufs erfreuten, Vorzeigechristen zu sein. Als erlaubt listete ein Index – von der faszinierenden Ahnungslosigkeit der Behörden zeugend – unter anderem auf: „Bibeln", „Altes und Neues Testament" sowie „Lutherbibeln".

Den Schaden der illegalen Schriften schätzten die Grenz- und Sittenwächter als sehr hoch ein. So sah die Volkspolizei etwa die rückgängige Zahl an Jugendweihe-Teilnehmern im Bezirk Leipzig, die „Nichtbeteiligung" vieler Christen an den Volkswahlen und die Wehrdienstverweigerung auch als Folge der eingeschleusten Literatur. Die konterrevolutionären Intentionen des kirchlichen Literaturschmuggels hatte die Volkspolizei nämlich längst entlarvt als „das Suchen nach neuen Möglichkeiten zur Aufrechterhaltung des Einflusses der Religion". Dabei beruhte das Versteckspiel zwischen Christen und Zoll auf einem außerordentlichen Konsens: dem Glauben an die Kraft des Wortes.

Hedwig Richter

Keine Alternative

Was war von einer Feststellung wie der folgenden zu halten, 1963 dem westdeutschen Bergarbeiter Jürgen Fohrmann in den Mund gelegt: „Gearbeitet wird überall. Bonzen sind auch überall, die den Arbeiter ausnutzen. Drüben sind es die Funktionäre, hier sind es bestimmte Unternehmer, die nicht genug verdienen können." War es denkbar, dass eine solcherart westdeutsch-ostdeutsch vergleichende Perspektive die Hürden der Zensur überwinden konnte? Die Geschichte der DDR-Ausgabe von Max von der Grüns Roman „Irrlicht und Feuer" zeigt, dass in diesem Fall ungewöhnliche Zugeständnisse gemacht worden sind und der Leser in der Ausgabe des Aufbau-Verlages 1964 diese und andere von den Gutachtern natürlich monierte DDR-kritische Passagen zur Kenntnis nehmen konnte.

In der Blütezeit des Bitterfelder Weges und der Förderung schreibender Arbeiter in der DDR erblickten die SED-Funktionäre in Max von der Grün (1926–2005) einen hoffnungsvollen Vertreter der Spezies schreibender Arbeiter in der BRD und rechneten auch dort mit einem Aufschwung von Arbeiterliteratur. Dies nicht zuletzt unter dem Einfluss der schreibenden Arbeiter aus der DDR, so jedenfalls Walter Ulbrichts illusionäre Hoffnung auf der Bitterfelder Konferenz 1959, als er den schreibenden Arbeitern aus der DDR bei der „Lösung der deutschen Frage" eine wichtige Rolle zuwies. Die Entwicklung einer Arbeiterliteratur in der BRD seit Anfang der 60er-Jahre hatte jedoch vor allem innere ökonomische und soziale Gründe, die lagen in der Veränderung der Arbeits- und Lebensbedingungen in der vom Wohlstandswunder geprägten Nachkriegsgesellschaft. Erstmals seit den 20er-Jahren begannen Kumpel und Stahlarbeiter im Ruhrgebiet wieder sich selbst literarisch zu artikulieren und zu publizieren. Am Rande des bürgerlichen Literaturbetriebs – organisiert in der von Fritz Hüser begründeten Dortmunder Gruppe 61, später im Werkkreis für Literatur der Arbeitswelt – thematisierte diese Literatur Probleme der Arbeitenden auf der Grundlage eigner Erfahrungen und Erlebnisse.

Wie Max von der Grün war aber auch die Dortmunder Gruppe 61, zu deren bekanntestem Vertreter er wurde, um kritische Distanz zur DDR bemüht. Trotzdem hatte er sich schwerer antikommunistischer Anfeindungen zu erwehren, wegen seiner im Roman „Irrlicht und Feuer" konkret benannten Missstände in der Zeche Unna sowie der opportunistischen Rolle der Gewerkschaft war ihm dort sogar gekündigt worden. Nichtsdestotrotz befleißigte er sich in seinem Schreiben einer „widerspruchsvollen Gestaltung der DDR", die ihn jedoch von einem praktischen Einsatz im deutsch-deutschen Dialog nicht abhielt. Der Austausch mit Autoren wie Bredel und Strittmatter sowie Christa Wolf war ihm wichtig, als für andere die DDR immer noch die „Zone" war. Er lehnte aber den Bitterfelder Weg als „literarisch bedeutungslos" ab, sah in ihm „zentrale Lenkung" und „Unterordnung der Literatur unter die Anforderungen der SED".

Größte Popularität brachte ihm die Verfilmung von „Irrlicht und Feuer" durch das DDR-Fernsehen 1966 ein, eine zweiteilige Produktion nach einem Drehbuch von Gerhard Bengsch (Regie: Heinz Thiel, Horst E. Brandt). Insbesondere die überzeugende Darstellung des Fohrmann durch Günther Simon machte diesen Film zu einem realistischen Kunstwerk, das als erstes aus der DDR überhaupt in der ARD am 17. Juni (!) 1968 dank der Bemühungen von Günter Gaus ausgestrahlt werden konnte.

Der „beschleunigten Herausgabe" des Romans in der DDR lag die „Einschätzung" zugrunde, mit der Darstellung der Arbeiterfigur Fohrmann werde erstmalig in der westdeutschen Literatur mit dem Tabu gebrochen, dass es in der Wohlstandsgesellschaft keine sozialkritischen Probleme mehr gebe. Darin liege das große Verdienst des Autors, der eine „humanistische Ausgangsposition" habe. Er zeige die „innere Verarmung der Menschen im Wirtschaftswunder". Er vermittle bemerkenswerte Einsichten zur Verantwortung der Arbeiter. Seine Darstellung der DDR sei jedoch zu kritisieren. Er registriere zwar, dass „bei uns" die KZ-Leute nicht frei herumlaufen, sehe aber zugleich wegen „fehlender Freiheit" und des Bonzentums in der DDR keine Alternative. Aber diese problematischen Stellen müsse man in Kauf nehmen, da der Autor schon mit einem (relativierenden) Nachwort nicht einverstanden sei, geschweige denn mit Textänderungen.

Simone Barck

Stress mit Brecht

Das Gedicht „Die Lösung" galt als unpublizierbar. Brecht verspottete darin die Worte seines Kollegen KUBA zum 17. Juni, das Volk habe das Vertrauen der Regierung verscherzt und müsse sich darob schämen. „Wäre es da nicht doch einfacher, die Regierung löste das Volk auf und wählte ein anderes?" Brecht hatte die Rechte an den Suhrkamp-Verlag vergeben, und der Aufbau-Verlag musste sich seine Brecht-Ausgabe im Westen lizenzieren lassen. Laut vertraglicher Regelung sollten die „Gesammelten Werke" (von einer „Gesamtausgabe" hatte man aufgrund der komplizierter Manuskriptlage abgesehen) identisch sein. Diese Auflage erfüllte für den Zensor den Tatbestand der Nötigung: Konnte der Leser doch Zeile für Zeile und Wort für Wort die ost- und westdeutsche Ausgabe miteinander vergleichen.

Daher hat in der Geschichte der DDR-Zensur kein anderes einzelnes Problem den SED-Kulturpolitikern auch nur annähernd so viel Kopfzerbrechen bereitet wie die Zwickmühle der deutsch-deutschen Brecht-Edition. So war das Gedicht „Die Lösung" bereits 1964 im 7. Band bei Suhrkamp erschienen, als man sich im Brecht-Archiv unter der bewährten Leitung von Elisabeth Hauptmann noch darum stritt, ob es als Teil der „Buckower Elegien" tragbar sei. Letztlich sorgte Helene Weigel nach endlosen Diskussionen dafür, dass es 1969 bei Aufbau in Band 7 enthalten war.

Mit der fünfbändigen Prosa-Ausgabe hatte der Aufbau-Verlag noch gar nicht begonnen, als in Frankfurt bereits der kritische

letzte Band erscheinen sollte, mit „Me-Ti", dem „Buch der Wen-
dungen". Der Leiter des Aufbau-Verlages, Klaus Gysi, stöhnte:
„Ausgerechnet dieser Band wird durch Uwe Johnson bearbeitet
und herausgegeben. Ich weiß auch noch nicht, was wir in dieser
Situation machen."

Das Institut für Marxismus-Leninismus (IML) plädierte für
eine parteilich kommentierte „wohlüberlegte Auswahl", was ja gerade bei Brecht nicht in Frage kam. Das IML-Gutachten bietet der
Nachwelt eine hübsche Interpretationshilfe zu Brechts „Me-Ti":

„Gekleidet in die Form fragmentarischer Äußerungen eines
chinesischen Philosophen, gibt Brecht zahlreiche Einschätzungen
des Sozialismus (genannt: die große Ordnung). Des Marxismus-
Leninismus (genannt: die große Methode), der revolutionären
Partei der Arbeiterklasse (genannt: der Verein), der Lehre und
Politik Marx (genannt Ka-meh), Engels (genannt Meister Eh-Fu
u. a.), Lenins (genannt: Mi-en-leh), Stalins (genannt Ni-en) und
anderer Probleme." Leider würden vor allem die „komplizierten
Erscheinungen hervorgehoben". Zahlreiche Passagen seien
„dem Personenkult um J. W. Stalin gewidmet (siehe z. B. S. 60,
60/61, 89, 94, 124/125, 132, 139, 140, 141–143, 172)" und aus
den „falschen Ausführungen und Zeitbezügen" auf den Seiten
10/11, 47/48, 50/51, 85/86, 94, 99/100, 122/123, 123/124,
129, 133, 155/156, 169, 182 könnten beim Leser „falsche
Schlussfolgerungen entstehen". Überdies träten „Personen auf
(Trotzki – genannt To-tsi, Korsch, genannt Ko u. a.), die „einseitig und falsch gewürdigt" würden.

Als größte editorische Herausforderung erwies sich jedoch
Brechts „Arbeits-Journal", in dem er 1939 unverstellt seine Kritik
an Stalins Innen- und Außenpolitik notiert hatte. „literatur und
kunst scheinen beschissen, die politische theorie auf dem hund."
Stanislawskis „orden" sah Brecht als „sammelbecken für alles
päffische in der theaterkunst" und J. R. Bechers „stinkender natio-
nalismus" ließ ihn 1943 nach des „nachbarn speikübel" rufen.

Angesichts dieser Probleme wurden drei Kategorien von
„Stellen" unterschieden: erstens solche, „die sicherlich manche

schockieren würden", aber notfalls „trotzdem veröffentlichungsfähig" seien, zweitens jene, „die die sowjetischen Genossen unbedingt vor den Kopf stoßen" mussten und drittens die „Stellen,
die gegenwärtig absolut nicht veröffentlicht werden können".
Denn die Notizen Brechts zu den Übergriffen der Roten Armee
nach der Befreiung Berlins berührten ein striktes Tabu: betrun-
kene Horden hätten weder Siebzigjährige noch Zwölfjährige
geschont. Da aufgrund des „kategorischen Vetos" von Helene
Weigel eine gekürzte Ausgabe des „Arbeits-Journals" nicht in
Frage kam, blieb dieser Brecht-Text zunächst ungedruckt. Dass
er ganze zehn Jahre später (1977) doch in der DDR herauskam,
war vor allem den Bemühungen Werner Mittenzweis zu verdanken.

Siegfried Lokatis

Mit Tesafilm

Rolf Hochhuth hatte stets so viel Ärger mit dem vatikanischen
Index, diversen Bühnenintendanten und anderen selbsternann-
ten Zensoren der alten und neuen Bundesrepublik, dass seine
Erfahrungen mit der DDR-Zensur demgegenüber vermutlich
kaum ins Gewicht fallen. Aber auch in deren Geschichte hat sich
der streitbare Autor einen Ehrenplatz verdient.

Als geradezu stilbildend erwies sich ein Verfahren, das sich
der Volk & Welt-Lektor Roland Links für die Publikation des
„Stellvertreters" ausgedacht hatte, um einen darin verborgenen
Sprengsatz zu entschärfen. Ihm war nicht entgangen, dass dieser
Großangriff auf das Nervenkostüm einer den Holocaust verdrän-
genden westdeutschen Nachkriegsgesellschaft und auf den Papst
auch ein paar „Stellen" über das 1940 von Stalins NKWD an
polnischen Offizieren begangene Massaker von Katyn enthielt,
und zwar die so richtige wie schier unpublizierbare westliche
Version, nicht die sowjetische Darstellung, die die Schuld auch
an diesem Massenmord den Nazis in die Schuhe schieben wollte

und dessen Zeitpunkt deshalb kurzerhand in den August 1941 verlegte. An die Streichung dieser Stellen war nicht zu denken, zumal Hochhuth Wert darauf legte, dass als Begleitung zu einer für Weihnachten 1965 geplanten Aufführung des Stückes in Weimar – Theater-Stücke werden immer gekürzt – eine unveränderte Fassung in Umlauf kam. Volk & Welt musste sich verpflichten „in seiner Buchausgabe wortgetreu ohne irgendwelche Weglassungen, Veränderungen oder Zufügungen nur den Text der Rowohlt-Ausgabe des Stellvertreter zu drucken". Pikanterweise führte für Rowohlt der ehemalige Volk & Welt-Lektor (und Roland Links nach wie vor als Tucholsky-Herausgeber verbundene) „republikflüchtige" Fritz Raddatz die Verhandlungen. Links konnte ihn überzeugen, dass die DDR-Leser einige damals noch kaum bekannte Dokumente als Verständnishilfe benötigten, etwa das Wannsee-Protokoll, Auszüge aus den Höss-Memoiren und den Gerstein-Bericht. Deshalb hatte Rowohlt gegen einen eigenständigen, von Klaus Drobisch zusammengestellten Materialienband keine Einwände.

Dass darin auch ein Auszug aus dem offiziellen sowjetischen Untersuchungsbericht zu Katyn enthalten war, erfuhr man in Reinbek allerdings erst nach der Drucklegung. Solche zusätzlichen „Erklärheftchen", die den exportfreundlichen Vorzug boten, den bei „bürgerlicher" Literatur aus dem Westen sonst obligatorischen Kommentar auszulagern und so den Textkörper selbst vor Zensurzugriffen zu schützen, bewährten sich bei Volk & Welt fortan als beliebte taktische Ressource bei den schwierigsten Editionsprojekten, etwa bei Karl Kraus, Robert Musil und James Joyce.

Beginnend mit „Die Hebamme" (1973), aus deren ostdeutscher Fassung ein Hinweis auf den „Renegaten" Arthur Koestler entfernt wurde, avancierte Rolf Hochhuth zum beliebtesten westdeutschen Hausautor des Verlages. Bis 1989 erschienen trotz seiner ganz im Gegensatz zu dem in der DDR geltenden Geschichtsbild an Jacob Burckhardt orientierten „fortschrittsfeindlichen" und personalisierenden Geschichtsauffassung elf selbständige Publikationen, allein über 100 000 Exemplare mehr als vereinbart. Er engagierte sich sehr für die Fortexistenz des Verlages, und schließlich konnten 1993 die „Wessis in Weimar" nur bei Volk & Welt, nicht bei Rowohlt erscheinen.

Ein mit dieser langjährigen Zusammenarbeit verbundenes zensurhistorisches Novum stellt die Tatsache dar, dass ein westdeutscher Autor die Vorzüge des sorgfältigen DDR-Begutachtungswesens für seine Werke zu nutzen verstand. Volk & Welt stellte ihm so hervorragende Wissenschaftler wie Werner Mittenzwei und den Militärhistoriker Olaf Groehler als Gutachter zur Verfügung, für deren berechtigte Einwände der Autor ein offenes Ohr hatte. Schließlich, der größte denkbare Vertrauensbeweis, durfte sein Volk & Welt-Lektor Dietrich Simon das kiloschwere Manuskript zu „Die Spitze des Eisbergs" zusammenstellen, für dessen Kompilation ihm der Rowohlt-Verlag den fehlenden Tesafilm nach Berlin schickte – eine mühsame Arbeit, der sich Simon zweimal unterzog: Die Tasche mit dem Manuskript wurde ihm auf dem Flughafen gestohlen. Die Täter, vermutlich bei der Stasi, könnten sich eigentlich endlich melden.

Siegfried Lokatis

Ein Buch ist nie fertig

Die Rezeption Wolfgang Koeppens war in der DDR von großen Intervallen bestimmt. Das hatte zwei Gründe. Zum einen hing es mit der missglückten Edition der Nachkriegs-Trilogie („Tauben im Gras", 1951; „Das Treibhaus", 1953; „Der Tod in Rom", 1954) 1957 zusammen, die für über 20 Jahre den ostdeutschen Verlegern die Lust genommen hatte, diesen für die deutsche Nachkriegsliteratur erratisch dastehenden Prosablock zu veröffentlichen. Zum anderen war es das seit den 60ern anhaltende Warten auf einen neuen „großen Roman", der von Koeppen aber nie geschrieben wurde.

Der Textband „Auf dem Phantasieroß" (1992) aus seinem Nachlass, der seit 2006 veröffentlichte Briefwechsel Koeppens mit seinem Verleger Siegfried Unseld sowie die Münchner Koeppen-Ausstellung haben inzwischen einen differenzierteren Blick auf Autor und Werk möglich gemacht. Es wird offenbar, dass sich hinter dem „Fall Koeppen", der das Verstummen des Autors aus der weitgehenden Ablehnung seiner Romane herzuleiten meinte, ein viel komplexeres Problem verbarg. Das nun einsehbare Drama Koeppens über 30 Jahre hinweg enthüllt sich nämlich als eine existenzielle Schreibhemmung, als Scheitern am eigenen hohen Anspruch, sicher auch mitverursacht durch die vom Dritten Reich bedingten Brüche in seiner Biografie, die er mit mancherlei Legenden versehen hatte. Der Briefwechsel mit Siegfried Unseld, der ihn all die Jahre über großzügig alimentierte, offenbart den Leidensdruck eines Autors, der zwar ständig schrieb, für den aber ein Buch nie fertig war.

Koeppens Platz als „bedeutendster Chronist westdeutscher Nachkriegsliteratur" (Unseld) ist jedoch unumstritten. Die Radikalität der politisch kritischen Aussage zur restaurativen westdeutschen Nachkriegsgesellschaft, der entschiedene Antifaschismus und Antimilitarismus sowie die auffällige Modernität seiner etwa an Joyce und Dos Passos geschulten Prosa war auch in der DDR bemerkt worden. Der in den 50er-Jahren noch für westdeutsche Literatur zuständige Mitteldeutsche Verlag plante 1956 die Herausgabe der Trilogie und ließ gründliche Gutachten anfertigen. Darin werden die „Ehrlichkeit der Anschauungen und die sympathische Konsequenz" des Autors hervorgehoben, wenngleich dieser über die Haltung der Kritik noch nicht hinauskomme. „Tauben im Gras" sei „durchaus realistisch und in seiner Montagetechnik außerordentlich gekonnt"; das „Treibhaus" ein „starker Angriff auf das Bonner System, das sich demokratisch nennt, es aber nicht ist".

Dem desillusionierten sozialdemokratischen Abgeordneten Keetenheuve, von dem wir lesen, dass er „gänzlich unnütz" war, bleibt nur der Suizid. Während man im Verlag „eine wesentliche

Bereicherung unserer Literatur" avisierte, fragt der Gutachter des Ministeriums, ob es sich überhaupt lohne, „dafür Valuta zu opfern". Die „literarisch meisterhafte Komposition" wird registriert, zugleich jedoch ein oberflächlicher, an der westdeutsch-amerikanischen Boulevardpresse klebender Realismus moniert. Vernachlässigt werde das normativ Gültige, stattdessen das Anomale und Sexuale betont, was das Ganze in die Nähe fragwürdiger Literatur rücke. Ein Nutzen könnte für einige Snobs, einige junge Literaten und Kritiker darin bestehen, Koeppens Romane als Schulbeispiel artistischer Kompositions- und Stilkunst zu registrieren.

Zum „Tod in Rom" hieß es: „Trotz seines eindeutig antifaschistischen Charakters vertritt das Buch die absolute ausweglose Verlorenheit des Menschen der bürgerlichen Gesellschaft und die Aussichtslosigkeit des Kampfes gegen den Neofaschismus. Verherrlicht das Päderastentum". Zur Zensur von Koeppens „bedeutenden und mutigen Büchern" hatte Stephan Hermlin bereits auf dem Schriftstellerkongress im Januar 1956 geäußert, dass es nicht angehe, bedeutende humanistische Werke der zeitgenössischen Literatur nicht erscheinen zu lassen, „weil sie nicht in allen Punkten den Moralbegriffen eines Lektors entsprechen".

Nach einigem Gerangel erschien „Tod in Rom" 1957 in 10 000 Exemplaren, während die beiden anderen Romane erst 1983 im Verlag Volk & Welt herauskamen. Dazwischen erschien 1979 „Jugend", ein autobiografisch grundierter Text mit einem wenig schmeichelhaften Porträt von Koeppens Geburtsstadt Greifswald, in der Spektrum-Reihe (24 000 Exemplare). Erst mit diesem Band wurde des Autors Sprachbrillanz in der DDR breiter bekannt.

Simone Barck

BADEN OHNE

FKK
zwischen Mövenort
und Talsperre Pöhl

tourist

Akt am Traktor

Eine Sammlung von Aktfotografie war 1958 verlegerisches Neuland. Abgesehen von den monatlichen Aktfotos des „Magazins" waren solche Bilder selten in der DDR-Presselandschaft. Auch galt die kuriose Maxime, „dass sich nur moralisch einwandfreie Personen als Aktmodelle eignen" würden, „also z. B. keine Frauen der Halbwelt". Am besten seien Freiluftaufnahmen bei Sport und Spiel, sonst frage „der unvoreingenommene Betrachter mit Recht, warum die oder der Abgebildete nichts anhat".

Ein ganzes Buch diesem Thema zu widmen war, gelinde gesagt, abenteuerlich. Trotzdem durften sich die Mitarbeiter des fotokinoverlags bei ihrer bahnbrechenden Arbeit an Hellmuth Burkhardts „Aktfotografie" wohl ermuntert fühlen, als sie die durchaus bejahenden ersten Gutachten lasen. Die Gutachter lobten „die harte Auseinandersetzung mit der Pornographie" und „das ehrliche Bemühen ... der Aktfotografie ihre gesellschaftliche Stellung zu geben". Das Buch zeige die „sehr gesunden Einstellungen des Verfassers zu dem bis heute noch immer heiklem Gebiet der Aktfotografie". Aber einem Gutachter ging die Bildauswahl nicht weit genug: „Warum kein Aktfoto eines Bergbaukumpels? eines Negers? eines Greises? Auch ein Akt eines Kriegsversehrten, einer Mutter mit Kind, würde das Gesagte wirkungsvoll unterstreichen." Der Verlag kam diesen Vorschlägen sehr entgegen, und eine Reihe solcher Bilder wurde in die Endfassung eingearbeitet. Nur ein geeigneter nackter Kriegsverletzter ließ sich anscheinend dann doch nicht auftreiben.

Leider war die zuständige „Hauptabteilung Bildende Kunst" nicht ähnlich begeistert. Der Text sei von bürgerlichen und reaktionären Einflüssen geprägt, die Bilder schwankten zwischen peinlich, frech, und lüstern. „Sogar auf den üblen Namen eines elenden Hetzers wie André Malraux kann der Autor nicht verzichten", schrieb der Abteilungsleiter cholerisch, und schickte Manuskript und Bilder „zu meiner Entlastung" zurück.

Dank der Versöhnungsarbeit der Zensurbehörde HV Verlagswesen war es möglich, das Manuskript, und insbesondere die Bildauswahl zu überarbeiten. Manches ging dabei verloren, unter anderen der „Halbakt mit landwirtschaftlichen Motiven", in dem ein westdeutscher Traktor eine entscheidende Rolle spielte. „Was mag sich der verantwortliche Redakteur wohl gedacht haben?", seufzte der Genosse aus dem Ministerium. Der Verlag entschuldigte sich und versprach stattdessen „ein entsprechendes Motiv aus unserer sozialistischen Landwirtschaft" einzusetzen.

Was übrig blieb, war eine eklektische Auswahl der „stärksten" und „sinnvollsten" Bilder: Eingeborene aus Afrika, Südamerika und Papua-Neuguinea, arbeitende Männer mit nackter Brust und Kinder beim Spielen. Der Stil der Fotos schwankte von anthropologisch und sozialistisch-realistisch bis hin zu Bildern, die an die FKK-Fotobewegung der Weimarer Republik und Leni Riefenstahls „Olympia" erinnern dürften.

Der Verlag behauptete stolz: „Das vorliegende Manuskript bringt alles, was heute über die Aktfotografie gesagt werden kann." Auch der gereizte Genosse von der „Hauptabteilung Bildende Kunst" musste zugeben, dass „der Druckgenehmigung aus geistig-moralischer Verantwortung" nun zugestimmt werden dürfe. Man müsse dem Manuskript sogar „eine gesellschaftliche und erzieherische Bedeutung von hohen Graden" zuerkennen. Von der „ohne Zweifel" verdienstvollen und auf „diesem diffizilen Gebiet der Fotografie einzig dastehenden Leistung" wurden 10 000 Exemplare exportiert.

Die doppelte Menge von Hellmuth Burkhardts „Aktfotografie" blieb jedoch daheim, und ein Exemplar geriet dann unglücklicherweise in die Hände von Erich Wendt, dem strengen Staatssekretär für Kultur. Bei ihm mochten die vielen nackten Körper noch unbequeme Erinnerungen an ein gescheitertes FKK-Verbot aus dem Jahr 1954 wecken. „Was der Verfasser in der Einleitung schreibt, ist die seichte, kleinbürgerliche Philosophie der Nacktkulturvereine", donnerte Wendt. Merkwürdigerweise fand er ausgerechnet jene Motive „unsauber", die erst auf Wunsch der Zensurbehörde in das Buch „hineingebaut" worden waren, die „Aufnahmen anderer, insbesondere afrikanischer Völkerschaften" nämlich und die Bilder von arbeitenden Menschen, die benutzt würden, „um dem üblichen Aktkitsch einen sozialistischen Anstrich zu geben".

Josie McLellan

Erfüllung letzter Wünsche

In den frühen sechziger Jahren lässt sich ein deutlicher Stilwechsel in den Zensurgutachten beobachten. Vorher hatten die politischen Meriten nicht selten die literarische Kompetenz überwogen. Doch jetzt verfügte das Ministerium für Kultur über Germanisten, die an den eigenen Universitäten geschult worden waren, und es entwickelte sich ein entsprechender Jargon.

Es gibt ein Gutachten, dessen erster Satz nicht weniger als 23 Zeilen lang war, der zweite und vierte Satz jeweils 14 Zeilen. Immerhin ist der hineingequetschte dritte Satz kurz genug, um ihn wiederzugeben: „Die Interpretation ist auf knappste Datenbeibringung und Sinnerläuterung diszipliniert." Der sechste Satz kommt auf 20 Zeilen, der siebte auf 19. Der Zensurgutachter Karlheinz Blasche hatte sich diesmal selbst übertroffen. Für den Raabe- und Stifter-Spezialisten der Hauptverwaltung Verlage waren Zehnzeiler keineswegs ungewöhnlich, aber dem „Satiricon" des Petronius zu Ehren verfasste er ein hintersinniges Meisterstück.

Zu Recht bemühe sich „die humanistische Literaturpflege des demokratischen Deutschland", die Bruchstücke des „Satiricon" immer wieder zu „allgemeiner, wissenschaftsgerechter Kenntnis zu bringen", dessen „unbekümmert veristische Weltwiderspiegelung" für einen „allerengsten Kreis geschrieben, allein dem aesthetizistisch-mokierenden Frondieren der Intelligenzelite gegen die unaufhaltsame Gesellschaftsentwicklung ihrer Zeit" usw. habe Ausdruck geben sollen. „Das Gesamt der erhaltenen Torsi" sei publiziert worden, jetzt gehe es um eine „vollkommen neu erarbeitete Vorführung des Gesamtblicks der Petronius-Hinterlassenschaft", die „wissenschaftsgemäß in Übersetzung wie Interpretation – resümierend, vertiefend und profilgebend – den ganzen Umkreis der Erbringnisse" nutze.

Blasche lobte die „wirklichkeitstreffende Herausarbeitung der für den Neronischen Schriftsteller statthabenden Lebens- und Schaffenssituation" und begrüßte die „fortschrittlich entschiedene Fixierung des prinzipiellen Dekadenzcharakters dieses geradezu klassisch unanständigen Fabulierers", während eine ältere Ausgabe „in ihrem Geltenlassen auch der negativen Züge in Haltung und Leistung den Petronius noch in etwas objektivistischer Einfärbung" zeige. Doch nun habe, sich an die „als Authentikum akkreditierte Fassung" haltend, „das fortschrittliche Deutschland, der humanistischen Zielsetzung seiner demokratischen Literarpflege gemäß, die Bemühung um die allgemeine und volle Inbesitznahme eines Spitzenwerkes der Weltliteratur zu Ende gebracht":

„Ist so schon die dieser Neuedition zuteil gewordene Interpretation als entwicklungsentsprechende und merkliche Perfektion aller bisherigen Petronius-Vorstellung zu kennzeichnen, so erweist sich die mit dieser Publikation gebrachte Neuübersetzung des Werks in jeder Hinsicht als humanistisch verdienstlich." Die „kennerische Darbietung" verlasse das „Gleis der vorwiegend auf Vermittlung der formalen Werkoriginalität gestellten Übersetzung" und zeige ein „vielfaches und bis zur Unterstellung eigener Sicht kühnes Abgehen von der originalgegebenen Erscheinung", um in „musisch beschwingter, freizügiger und gedankenkongruenter Nachschöpfung" seine Aussage „in das Deutsch unserer Tage hinüberzustellen". Im Gegensatz zum „spätbürgerlichen Sehen des imperialen Rom auf möglichste Potenzierung des obszönen Elements in der Petronischen Schilderung" sei nunmehr „aus der treffenden Erkenntnis, dass das laszive Erotikon nur ein Ingrediens der parodistischen Realistik dieses Werkes neben anderen ist, gleichlaufend mit einer Abstandnahme von einer Bindung der Übersetzung an die antikisch-nationalen Bildbesonderheiten und Sichtschablonen in der Schilderung auch eine möglichst weitgehende Bereinigung des für unsere fortgeschrittene Humanität prononziert Pornographischen getreten, eine freie Behandlung des originalen Textes, die voll den schon von Goethe aufgestellten Maximen der Übersetzung" entspreche.

Speziell begrüßte das Gutachten die Umkleidung der „antikischen Freiheitlichkeit des homosexuell-päderastischen Begehrens nach ‚vollem und weidlichem Vollzug des Coitus' in die sinngleiche aber im Wort nicht reizzündende Formel nach ‚Erfüllung der letzten Wünsche.'"

Siegfried Lokatis

Rüstzeug

Als das „Wörterbuch für Sexuologie und ihrer Grenzgebiete" im Jahre 1964 das Licht der Öffentlichkeit erblickte, war dies nach fünf Jahren Gerangel einem besonderen Tatbestand geschuldet. Denn der Verleger und in diesem Falle auch Autor, Dr. h.c. Karl Dietz, konnte sich als Namenspatron des Parteiverlags gegenüber der Staatsmacht mehr als andere erlauben. Das 1958 vom Ministerium für Kultur genehmigte „Wörterbuch" sollte „fachwissenschaftliches Rüstzeug" für die Ärzte, Psychologen und Pädagogen in den neu eingerichteten Sexual-Beratungsstellen „zur Verfügung stellen". Die Autoren dieses „noch nicht vorhandenes Nachschlagewerks", Karl Dietz und der Leipziger Dermatologe und Sexuologe Dr. Dr. Peter Hesse, hatten das Wörterbuch pragmatisch als eine systematisierende Zusammenfassung des bisherigen Wissens angelegt. Mittels 4 000 Stichworten von A-Z aus den tangierten Disziplinen suchten sie „den Inhalt der sexuologischen Begriffe aufzudecken".

Als die Achillesferse des Unternehmens erwies sich die Kombination von wissenschaftlicher und populärwissenschaftlicher

Ausrichtung. So erregte insbesondere die Absicht schärfsten Anstoß, „dem interessierten Laien zur Orientierung" dienen, ja „manchem in persönlichen Nöten zu Einsicht und Lebensordnung" verhelfen zu wollen. Dies war aber die sexualaufklärerische Absicht der Autoren, denen es um nichts Geringeres als eine „Kulturgeschichte der Geschlechterbeziehungen" ging. Dazu käme die starke Berücksichtigung kulturhistorischer Stichworte, die von ‚affaire d'amour' über ‚Minne' bis zu ‚Zwickel' reichten. Die zahlreich aufgenommenen volkstümlichen Begriffe in der Art von ‚Gigolo', ‚Kaschemme', ‚Schwanz', ‚Betthase' und ‚Zote/Wirtinnenwitze' wurden besonders moniert.

Anfang Februar 1963 ging bei der HV das Manuskript in drei Ordnern zusammen mit drei positiven Gutachten namhafter Mediziner ein. Sie betonten den innovativen und informatorischen Wert des Projekts für „breiteste Bevölkerungskreise", hoben die „Abhandlung des sexuellen Sektors" als besonders geglückt hervor und formulierten einige konkrete Korrekturvorschläge und Ergänzungswünsche.

Der für Wissenschaft zuständige Hauptgutachter im Ministerium für Kultur lieferte bereits Anfang März ein elfseitiges Gutachten, das mindestens acht „schwerwiegende Fehler" nachwies und sich entschieden gegen den populärwissenschaftlichen Charakter aussprach. Bei „genereller Umstellung und Umorientierung" hielt er es für unerlässlich, die „Stoffauswahl", die Art der Stichworte und die „Gestaltung der einzelnen Ausführungen" zu verändern bzw. zu überarbeiten. Nur so könne ein Fachwörterbuch für „Ärzte, Juristen, Pädagogen und Psychologen" gelingen, dessen Aufgabe nicht die populärwissenschaftliche Sexualerziehung der Bürger wäre.

Die Gründlichkeit dieses Gutachtens machte seinen Verfasser im Weiteren zum (nicht genannten) Mitautor des Wörterbuchs. Er hatte nun seine eigenen Kritikpunkte wie „objektivistische Darstellung" und „kritiklose Übernahme idealistischer Erklärungen" auszuräumen. Er musste auch den monierten unkritischen und zum Teil plagiathaften Umgang mit älterer und westlicher Sekundärliteratur korrigieren sowie die vereinzelte Übernahme von NS-Terminologie tilgen. Gestrichen wurden alle „biografisch zweifelhaften Stichworte": denn Sexualwissenschaftler hätten neben Wüstlingen, Politiker neben berühmten Hetären, Philosophen neben Erotomanen und prominenten Homosexuellen gestanden. Trotz dieses geschickten Schachzuges des Verlags, einen Gutachter zum Mitautor zu machen, ließ das verunsicherte Ministerium das überarbeitete Manuskript noch einmal prüfen. Der beauftragte Mediziner lehnte jedoch den Druck „in der vorliegenden Form" ab. Auf ganzen zwölf Seiten listete er zahlreiche Einwände und Nachweise von Sachfehlern auf, die in 36 Fällen von den „sehr schockierten" Autoren und dem HV-Bearbeiter akzeptiert werden mussten. Endgültig entfielen nun Stichworte wie ‚Kommunismus, sexueller' oder ‚Votze' und ‚sturmfreie Bude'.

Das in der DDR in vier Auflagen (1964, 1967, 1971) erschienene Wörterbuch kam 1967 auch in einer (allerdings wiederum veränderten) westdeutschen Lizenzausgabe heraus. Ein Exemplar findet man noch heute im Lesesaal der Universität Göttingen.

Simone Barck

Baden ohne

Für die Zensurbegutachtung von Urlaubsbüchern war 1958 die „Abteilung Feriendienst und Kuren" des Freien Deutschen Gewerkschaftsbunds zuständig. Dorthin wanderte auch das Manuskript „Zwischen Fichtelberg und Hiddensee" von Lothar Kempe. Der FDGB-Gutachter tadelte, dass dieser im Urlaub nur „Lehrer, Techniker und Medizinalräte" kennengelernt habe. In den Erholungsheimen der Gewerkschaften erholten sich vielmehr in allererster Linie „die besten Arbeiter aus den Fabriken, Schächten und vom Lande"; deren „gewaltige Taten beim sozialistischen Aufbau" berechtigten sie, den „ersten Platz in unserer Literatur einzunehmen". Der Autor sollte auch einarbeiten, dass die Seebrücke in Heringsdorf „durch Agenten in Brand gesteckt und völlig vernichtet" worden sei. „Ziel dieser Brandlegung war, den von der See kommenden Wind auszunutzen, um gleichzeitig mit der Seebrücke das größte Erholungsheim der Gewerkschaften in Heringsdorf, ‚Solidarität', mit in Brand zu stecken und Verwirrung und Unruhe unter den Urlaubern hervorzurufen." Durch diesen Einschub ließe sich „überzeugend darlegen, dass es den imperialistischen Kreisen nicht in ihre Rechnung passt, dass so viele Werktätige der DDR durch den FDGB 13 Tage Erholung für nur 30.- DM finden."

„Die Drehorgeln spielen ‚Die Zeit steht für ein himmelblaues Weilchen still'." Diesen besinnlichen Satz hatte der Autor als eine Art Motto in die Einleitung geschrieben und damit einen schweren ideologischen Fehler begangen. Denn der FDGB-Urlauber sollte „nicht abschalten, sondern sich aktiv für das Zeitgeschehen interessieren": „Es würde sicher in den Kram der imperialistischen Kreise passen, dass ein großer Teil der Menschheit während ihres Urlaubs die Zeit still stehen lässt."

Nun, die Zeit bewegte sich. Neben dem kämpferischen FDGB-Ferienbetrieb etablierte sich eine weniger uniformierte Urlauber-Massenbewegung. Sechs Auflagen mit insgesamt 650 000 Exemplaren wurden in den 80er-Jahren von „Baden ohne" verkauft, dem FKK-Führer „zwischen Mövenort und Talsperre Pöhl", den Lutz Rackow unter dem Pseudonym Friedrich Hagen verfasste. Die Gutachter lobten einhellig diese unter „großer Mühewaltung" recherchierte, so informative wie anschauliche Pionierleistung, die zunächst 46, in der späteren Fassung „Zwischen Ostsee und Vogtland" sogar 72 Camping- und Badeplätze erfasste: ein „Motor" der FKK-Bewegung! Die Publikation spreche „für die Weite und Ungezwungenheit sozialistischer Lebensweise in der DDR", zumal „mit dem erforderlichen Feingefühl argumentiert" werde. Allerdings müssten „politisch-ideologische und rechtliche Zusammenhänge zutreffend berücksichtigt" werden. Es gehe nicht an, „die Entscheidungen der Staatsorgane in Sachen FKK, Umweltschutz, Dienstleistungen zu beurteilen oder gar zu schelten." Auch die ehrgeizige Absicht des Cheflektors des Tourist-Verlages, das Nacktbaden zu einer „Prinzipienfrage der marxistischen Weltanschauung oder des realen Sozialismus hochzustilisieren" wurde zurückgewiesen. Die kulturhistorischen FKK-Traditionen in der deutschen Arbeiterbewegung seien konkret bedingt und „weder allgemeine Verhaltensmuster" gewesen noch „weltanschaulich fehlerfrei".

Die „Generaldirektion Reisebüro der DDR" begrüßte besonders die praktischen Hinweise unter den Überschriften „An gemeinsamer Tafel" und „Nackend um jeden Preis", die sicher noch durch Themen wie „FKK im Alter" oder „Die Wirkung von FKK auf das heranwachsende Kind" ausgedehnt werden könnten. Die Generaldirektion lobte den Hauptzweck des Buches, „von den ohnehin schon überfüllten Stränden an der Ostseeküste auf näher liegende Möglichkeiten im Binnenland zu orientieren." Genau gegen diese Tendenz wehrten sich jedoch die „BAT", die Bezirksausschüsse für Tourismus des Binnenlandes und versuchten das Erscheinen des Buches durch die HV Verlage verhindern zu lassen. Wozu gab es eine Zensurbehörde? Sie äußerten „ernsthafte Bedenken hinsichtlich der Schaffung zusätzlichen Bedarfs an FKK-Stränden, wobei bereits jetzt nicht die materiell-technischen Voraussetzungen für die Befriedigung der Bedürfnisse gegeben" seien. Die HV stellte sich jedoch hinter das Buch und genehmigte Riesenauflagen.

Immerhin gelang es der Leipziger Polizei zu verhindern, dass die Kiesgrube Naunhof erwähnt wurde. Dort blockierten die parkenden Autos der Nacktbader auch ohne Touristenführer die Autobahn.

Siegfried Lokatis

Mitdrehen im Tanz

Ursprünglich sollte „Die Feuertaufe" des Niederländers Theun de Vries bereits zum hundertjährigen Jubiläum der 1848er

Revolution erscheinen. Doch den Gutachter des Verlags Volk & Welt stürzte bereits die erste Kostprobe „in beträchtliche Verwirrung". „Karl Marx im Bett liegend, schon in den ersten Zeilen mit einem Nachtgeschirr in Verbindung gebracht, dann eine Sturzflut von Gedanken nach der Technik von James Joyce montiert, die die Genesis des Kommunistischen Manifest enthalten ... dann ein Stück freudscher Traumanalyse und endlich ein biedermeierisch-breites Familienidyll." Der Versuch, jedes einzelne Haar der Genitalzone mit der Lupe zu betrachten, erschien dem Gutachter bei diesem Thema 1948 denn doch ein zu „gefährliches Experiment".

1952 schien „das gefährdete Schifflein wieder flott gemacht", weil Volk & Welt einen würdigen Beitrag zum Karl-Marx-Jahr 1953 brauchte. Der Verlag schaltete einen Historiker ein, um die 1 100 Seiten marxistisch-leninistisch zu überprüfen. Diesem stieß auf, dass Bakunin zu häufig vorkäme, der kommunistische „Bund der Gerechten" als anarchisch und freimaurerisch taxiert werde und der Autor die Liebesbeziehungen zwischen Karl Marx und Jenny nicht mit der nötigen „Reinheit der Gefühle" behandle, ja diese sogar wiederholt als „pervers" bezeichne.

Besonders brisant schienen die Schlusskapitel über das „dilettantische Versagen" der deutschen Revolution. „Engels vagabundiert durch Frankreich, stellt romantische Betrachtungen an, ergötzte sich an Wein, Weib und Gesang zu einer Zeit, als in Köln die Wogen hochschlagen ... Warum musste diese Soße wieder aufgewärmt werden?", fragte sich der Zensor. Da das Karl-Marx-Jahr nicht ewig währte und der Autor nicht zu erreichen war – er wohnte der Beisetzung Stalins bei –, entschied der Verlag, vier Kapitel und die ganze deutsche Revolution von 1848 fortfallen zu lassen. Der Abschluss wirke auch so ausgezeichnet und keineswegs als „künstlerisches Torso". De Vries erfuhr davon erst, als der Verlag ihn um „nachträgliche Zustimmung" für seinen „aus dem Gefühl der politischen Verantwortung unseren Lesern gegenüber" gefassten Entschluss bat. Er war „erschüttert" und protestierte „ganz energisch" gegen diese „intellektuelle Devaluation". Wenn der Verlag einer solchen „Konjunktur-Ideologie" huldige, müsse sich der Schriftsteller „jeden Augenblick voller Schrecken" fragen: „Bin ich heute recht zeitgemäß, werde ich es morgen noch sein?" Doch gedruckt war gedruckt.

Dreizehn Jahre später, 1966, versicherte der Verlag Volk & Welt Theun de Vries, dass er keine einzige Stelle seines Romans „Wolfszeit" („Wolfsgetij") ohne dessen Genehmigung ändern werde. Allerdings gebe es großen Verhandlungsbedarf. Mobsie, die in ein SS-Bordell geratene Heldin des Romans, „kuste, likte en stamelde" zu viel. „Du weißt, dass unser kleiner Kontinent zurzeit von einer Sex-Welle heimgesucht wird. Wenn wir als Verlag für internationale Literatur alle Strömungen des modernen Romans wiedergeben wollten, würden wir vor allem mit Werken aus Schweden alle Gesetze sozialistischer Moral verletzen. So hat sich bei uns eine verständliche Gegenreaktion ergeben, die aber auch ganz anders geartete Werke – wie etwa Deinen Roman – betrifft." Deshalb würde man den Autor bitten, „die eine oder andere Stelle etwas zu kürzen. Hättest Du im Prinzip etwas dagegen?" – „Ein wenig mit Maßen", antwortete der Autor, der selbst nicht in „schwedisches Fahrwasser" gelangen wollte. Dass das fertig ausgedruckte Buch 1968 trotzdem nicht ausgeliefert wurde, sondern erst fünfzehn Jahre später erschien, war ausschließlich eine Folge von „antisowjetischen Äußerungen" des Schriftstellers im Umfeld des „Prager Frühlings".

„Du schweigst noch immer", schrieb er dem Verleger von Volk & Welt, Walter Czollek, mit dem den Autor die Konzentrationslager-Erfahrung verband, „wohl zur Illustration des Sprichwortes, dass Reden Silber, Schweigen dagegen Gold ist. Die Ursache Deines Schweigens – und des Schweigens von anderen ‚Instanzen' in der DDR – ist mir inzwischen bekannt geworden. Ich bin ganz erstaunt und erschüttert vom Ausmaß Eurer politischen Abhängigkeit! Ich werde Dir nichts vorwerfen: Du bist im Tanz und mußt mitdrehen. Ich beklage Dich. Mit besten Wünschen und Grüßen, Theun de Vries."

Siegfried Lokatis

Blitz aus heiterem Himmel

Im Zeitalter der Gen-Forschung und der umstrittenen Erfolge auf dem Wege zum Klonen von Tier und Mensch sind Texte über Geschlechtertausch nichts Besonderes mehr. Das war Anfang der 70er-Jahre anders, als Edith Anderson, eine seit 1947 im deutschen Osten lebende gebürtige Amerikanerin, die Idee zu realisieren begann, eine Reihe von männlichen und weiblichen Autoren zu solchen Geschichten zu ermuntern. Motiviert war die 1915 geborene Autorin, Witwe des langjährigen Aufbau-Cheflektors Max Schroeder, von der „Ungerechtigkeit, über die eine Frau jeden Tag ihres Lebens stolpert". Und diese Erfahrung hatte sie nach ihren amerikanischen Jahren auch in der DDR gemacht, die sich doch nicht zuletzt die Emanzipation der Frau auf ihre Fahnen geschrieben hatte. Diesem Anspruch nachzugehen und die widerspruchsvollen Realitäten zu betrachten, schien ihr angebracht.

Dass sich damit Konflikthaftes anbahnte, stellte sich bald heraus. Verstärkt auch dadurch, dass Anderson gerade mit ihrem 1972 im Volk & Welt Verlag erschienenen Buch „Der Beobachter sieht nichts", einem USA-Reportagebuch, in einen zensurbehördlichen Dschungel geraten war. Die Autorin sah sich, wie sie in einer Beschwerde an die ND-Redaktion im März 1973 formulierte, mit Vorwürfen des Linksradikalismus und gar Maoismus konfrontiert, die sich für sie rufmordartig auszuwirken begannen. Tangiert waren in der Sache parteipolitische Vorgänge in der Kommunistischen Partei der USA, die aus der Sicht der DDR-Parteifunktionäre wohl eine andere als die von Anderson vorgenommene Wertung verlangten. Auch der Verlag, das in Rostock beheimatete Hinstorff-Unternehmen, befand sich seit der Veröffentlichung von Ulrich Plenzdorfs „Die Leiden des jungen W." 1973 in einer höchst komplizierten Situation. Man war derart verunsichert, dass man versuchte – wie Anderson sich 1988 erinnerte – „die ganze Anthologie zu sabotieren, in jeder erdenklichen Weise und brachte sie nach fünf Jahren Verzögerungen, Lügen und sogar Verbrechen nur, nachdem ich mit Hilfe des [Schriftsteller-]Verbandes ihm mit einer Klage drohte."

1970 hatte Anderson an 15 Schriftsteller die Aufforderung gerichtet: „Versetzen Sie sich in die Situation des anderen Geschlechts". Die dann in der Anthologie versammelten Texte waren von Günter de Bruyn, Christa Wolf, Gotthold Gloger, Edith Anderson, Rolf Schneider, Sarah Kirsch und Karl-Heinz Jakobs. Ob erzählt wurde von Paaren, die ihr Geschlecht vertauschten, oder von Männern, die zu Frauen und Frauen die zu Männern wurden – es entstand ein buntes Bild verfremdender Wahrnehmungsweisen und erstaunlicher Erfahrungshorizonte. Dieser spielerisch-fantastische Umgang mit der Problematik der Emanzipation im Real-Sozialismus erwies sich als bestens geeignet, Ungerechtigkeiten und überkommene Verhaltensmuster zu verdeutlichen.

Dem dienten auch sprachliche Experimente und stilistische Neuschöpfungen. In Sarah Kirschs hintersinniger kurzer Titelgeschichte „Blitz aus heiterm Himmel" wird aus Katharina ein Max, den ihr Freund Albert ohne größeres Erstaunen akzeptiert. Als zwei Männer leben sie in echter Freundschaft, gleichberechtigt sind die häuslichen Aufgaben verteilt. „Jetzt, wo ich selber 'n Kerl bin, jetzt kriek ich die Ehmannzipatzjon", denkt Max. Die Geschichte verträgt unterschiedliche Lesarten: denn statt eines vordergründigen Plädoyers für gleichgeschlechtliche Beziehungen zeigt Sarah Kirsch hier, dass es die hergebrachten und von beiden Geschlechtern verinnerlichten Rollenmuster sind, die Gleichberechtigung im Alltagsleben verhindern.

Im „Rübenfest" lässt Gotthold Gloger ein Ehepaar die Rollen tauschen, woraus sich im ländlichen Milieu dank einer dahinter stehenden Luchhexe samt zaubernden Raben und einem kämpferischen Ziegenbock eine höchst komische Geschichte entfaltet, in der es um staatliche Frauenförderungspläne und die „Infiltration der Weiber in die Leitungen" geht. Am Ende bleibt die Frage offen, ob es „für unsere Genossenschaftsbauern typisch ist, dass sie von einem Tag auf den anderen ihr Geschlecht wechseln".

Der die Geschichten auf intelligente Weise begleitende Essay „Mythen und Möglichkeiten" der Literaturkritikerin Annemarie Auer entwarf aus der historisch-kritischen Analyse die Vision von einer Gesellschaft, in der die Polarität der Geschlechter als aufhebbar erscheint.

Simone Barck

Entgleist

Inwieweit die Geschichte sich tatsächlich ereignet hat, muss offen bleiben. Aber genau so hätte sie sich wohl abspielen können. Denn mehr als gemunkelt wurde immer darüber, dass mit zunehmender Valuta-Knappheit die DDR-Wirtschaft zu immer mehr Geschäften gedrängt wurde, die sich zu großen Teilen mit der gepredigten Ideologie und Moral wenig vertrugen. Deshalb wurde da auch viel „höchst vertraulich" behandelt. Einen solchen „heiklen" Vorgang zum literarischen Stoff und damit zu einer sehr vergnüglichen Lektüre gemacht zu haben, ist das Verdienst der Thüringer Autorin Inge von Wangenheim, die es mit dem Buch „Die Entgleisung" von 1980 bis 1989 auf immerhin stolze 150 000 Exemplare gebracht hatte.

Erzählt wird darin ein als „fiktiv" avisierter, „unerhörter Vorgang": Durch einen für Schweden bestimmten, entgleisten Waggon gelangen einige hundert Exemplare eines großformatigen, auf grell buntem Glanzpapier gedruckten Edelpornos in die Hände der Bewohner eines thüringischen Kleinstädtchens – und sorgen dort für allgemeine Aufregung, nicht nur für ideologische Verwirrung. Zunächst von spielenden Kindern aufgefunden, bleiben nach der behördlichen Rettungsaktion dieses „Exportgutes" einige hundert Exemplare verschwunden, von interessierten Bürgern entweder zum illegalen Weiterverkauf oder für den eigenen Gebrauch beiseite gebracht.

In der Haltung zu diesem Corpus Delicti, den für das „kapitalistische Schweden" bestimmten „Künstlerischen Variationen für den Tag und für die Nacht", scheiden sich die Geister. Während die lokale Obrigkeit für hartes Durchgreifen – sprich: Anwendung von Drohmitteln, um die Bücher zurückzubekommen – plädiert, gibt es eine Reihe von Einwohnern, darunter vor allem Jugendliche, die der Meinung sind, dass solche fürs Ausland bestimmten „Waren" auch für sie gut seien. Man liefert sich erregte Debatten über die Bewertung dieses „Schwedentitels".

Die Druckerei, die den Schaden hat (unschwer erkennbar als die in Pößneck beheimateten „Karl Marx Werke"), verteidigt ihr „polygrafisches Spitzenerzeugnis", welches die dringend benötigten „schwedischen Erze" erreichbar mache. Die Lehrer und die lokalen Kulturträger sowie die Kirche fühlen sich herausgefordert, aber vor allem in den Familien spaltet der „schwedische Unflat" die Fronten generationell.

Wir begegnen dogmatischen Verbohrten und hinterwäldlerischen Spießern, werden Zeuge veritabler Ehekrisen und einer schönen Liebesgeschichte. Die mit gekonnter Ironie und treffsicherer Komik geschilderte Kleinstadtszenerie macht dieses „lockere" Buch zu einer aufschlussreichen Lektüre über die Mehrbödigkeit der gesellschaftlichen Verhältnisse in der späten DDR. Aufgespießt wird das Auseinanderklaffen von Ideologie und Ökonomie, die Furcht vor der Öffentlichkeit, eine tendenzielle Doppelmoral. Die Autorin verpackt das Ganze jedoch liebevoll-kritisch und am Ende sind alle klüger, sprich „aufgeklärt", gebildeter geworden. Die Thematisierung eines solchen Tabus, noch dazu anhand eines so heiklen Gegenstandes wie eines Porno-Buches, konnte sich größten Leserinteresses sicher sein.

Als man sich schon heftig amüsierte und die Nachfrage nach diesem Buch anschwoll, wäre es fast noch zu einer weiteren „Entgleisung" gekommen. Denn als Ende Februar 1981 in der „Hamburger Welt" unter dem Titel „Polygraph, Pornograph" eine kurze Meldung über das Buch erschien, in der es hieß, dass Inge von Wangenheim in diesem Buch den anrüchigen Vorgang des Druckes von reich bebilderter Pornografie für den Export republikweit bekannt machen würde, schrillten – fatal verspätet – die Alarmglocken in der Zensurbehörde. Nach gründlicher Prüfung der in diesem Fall auffällig harmlosen Druckgenehmigungsakten kam man zwar zu dem Schluss, dass besagter Artikel „Inhalt und Anliegen des Buches" bewusst verfälsche, zugleich aber wurde festgehalten, dass es besser gewesen wäre, die Orte und Einrichtungen, von denen im Roman die Rede ist, noch stärker zu verfremden, um keine Ansatzpunkte für „derartige Entstellungen" zu geben. Es bedurfte des Eingreifens „von ganz oben", damit das „arglos schöne Buch seine gehörigen Nachauflagen erleben konnte". Für neugierig gewordene Leser sei vermerkt, dass seit dem Jahr 2004 eine Neuauflage des Titels „Die Entgleisung" im Mitteldeutschen Verlag lieferbar ist.

Simone Barck

G u t a c h t e n

zu: Losungen 1987
287. Ausgabe, hrsg. von der Direktion der Ev. Brüder-Unität
Distrikt Herrnhut. Ev. Verl. Anst. Berlin, 1oo S.

Im Grunde keine Beanstandungen, da es sich um Bibelsprüche handelt,
die in Herrnhut aus einem großen Zettelkasten nach einer bestimmten
Zeremonie herausge"lost" werden. Nur gewisse Zufälle geben zu denken.
~~So gibt z.B. die Losung zum Trinitatisfeiertag zu denken.~~
Und -ich las das gerade in den Tagen um den 13. August und hörte
die einschl- Kommentare westlicher Medien zum 24. Jahrestag des
Baus der Berliner Mauer. Da wirkten auf mich die Losungen um den
13. August herum doch auch einigermaßen bedenklich:

13. Donnerstag Machet die Tore weit und die Türen in der Welt hoch...
(Assoziation: "Macht das Tor auf!")

14. Freitag Ich suchte unter ihnen, ob jemand eine Mauer ziehen...
...

17. Montag Mit meinemGott kann ich über Mauern springen.
(Auch über die Berliner?)

Es mag sein, daß meine Bedenken unbegründet sind. Ich sähe sie
gern erschüttert...
Schließlich auf der Seite10 von hinten (der Seite, die auf den
31. 12. folgt) ist für den Mittwoch empfohlen, "Hilfe für Obdach-
und Arbeitslose" zu erbitten. M.M.n. gibt es in der DDR beide
Gruppen nicht.

Ansonsten keine Beanstandungen. Lizensierung nach Klärung der
Augustsachverhalte (wenn möglich) empfohlen.

Berlin, den 15. 8. 85

Der Sandmann

Er gehört neben dem Ampelmännchen zu jenen Ikonen des ostdeutschen Alltags, die erfolgreich im Westen angekommen sind. Dabei verdankt er seine Entstehung der aufmerksamen Beobachtung des West-Berliner „Klassengegners", denn der SFB hatte Anfang November 1959 verlauten lassen, eine Sandmann-Sendung ins Programm bringen zu wollen. Es war die Zeit des „Überholen ohne Einzuholen", und so schuf man in Adlershof in nur 10 Tagen den DDR-Sandmann, der seit dem 22. November 1959 mit dem „Abendgruß" bis zum Ende der DDR allabendlich die Kinder in den Schlaf verabschiedete.

Rotbefrackt und -bemützt, mit weißen Haaren und weißem Bart, bekam der Sandmann Gefährten wie etwa Pittiplatsch, Herrn Fuchs und Frau Elster, Schnatterinchen und Moppi zur Seite, die bei den Kindern ebenfalls Kultstatus hatten. Kreiert hatte ihn der gelernte Theaterbühnenbildner Gerhard Behrendt, der seit Mitte der 60er-Jahre im eigenen Puppen- und Trickfilmstudio mehr als 300 Sandmännchen-Filme produzierte.

Natürlich wurde 1990 auch der Sandmann der Indoktrination verdächtigt und seine Produktion eingestellt. Jedoch konnte man ihm nicht viel nachweisen, mal einen Besuch bei der NVA oder im Palast der Republik, keine Stasi-Verwicklungen. Im Gegenteil: Er kannte in seinen Geschichten ja keine Grenzen, flog weltoffen über Meere und Kontinente, lebte Freizügigkeit lange vor Helsinki. Nach massiven Eltern-Protesten gab der 1992 gegründete ORB dem Sandmann eine neue Heimstatt.

Und doch gab es in dieser deutsch-deutschen Erfolgsgeschichte auch Irritationen. Zunächst hatte man in Parteikreisen gerätselt, ob in der besonderen Art des „spitzen" Bartes des Sandmanns eine Anspielung auf das Äußere von Walter Ulbricht stecke. Dieser Gedanke wurde zum Glück schnell verworfen. Schon in wenigen Jahren hatte der Sandmann eine solche Kanonisierung erfahren, dass jeder Versuch eines spielerischen Umgangs es schwer mit ihm hatte.

Das bekam ein schönes Kinderbuch von Rudi Strahl und Eberhard Binder-Staßfurt 1963 zu spüren: „Sandmännchen auf der Leuchtturminsel". Die „phantasievolle Geschichte um unser Sandmännchen, das in Not geraten ist und gerettet werden muss" war avisiert als „anspruchsvoller Bilderbuchtext mit echter, moderner Bildbuchgestaltung". Tatsächlich hatte der bekannte Buchgestalter und Illustrator ein eindrucksvolles Buch gezeichnet, mit großflächigen und z. T. doppelseitigen Meeresbildern mit blauen Walfischen und brausenden Wellen. Aber sein Sandmann war ein kleines, munteres Männchen, mit lustiger Mimik, mit seinen schwarzen Stiefeln eher an den gestiefelten Kater erinnernd. Sein Hut war blau und seine Jacke rot und er sah dem (eher starren) Puppen-FS-Sandmann wenig ähnlich. Mit 40 000 Exemplaren zum Preis von 6,80 gedachte der Kinderbuchverlag seine bereits wartenden Kunden zu erfreuen. Da meldete die vox populi aus Karl-Marx-Stadt im April 1964 per Einschreiben an die Zensurbehörde im Ministerium für Kultur, dass mit diesem Buch „Volksvermögen" verschleudert worden wäre. Der zornige Volksbuchhändler, seit 1930 Genosse, teilte mit, dass er mit diesem Buch die Bevölkerung nicht bedarfsgerecht beliefern könne. Die Käufer würden das Buch kategorisch ablehnen: der Zeichner habe sich nicht in die Psyche der Kinder hineinversetzt, vor einigen Bildern fürchteten sich die Kleinen, auf den meisten sei das Sandmännchen gar nicht zu erkennen. Er hätte kein Buch verkaufen können. Im Ministerium sah man sich zu eigenen Umfragen veranlasst, deren Ergebnis man den Buchhändler nach acht Wochen wissen ließ. Tatsächlich sei das Buch nicht leicht verkäuflich, weil „sich das Sandmännchenbild durch die Sendung des DF und durch die Spielzeugindustrie bei Kindern wie bei Erwachsenen so fest eingeprägt hat, dass von ihnen nur noch dieses eine vorgezeichnete Sandmännchenbild akzeptiert" werde. Man räumte ein, dass Binders Sandmann weniger wirkungsvoll und gelungen erscheine. Jedoch sei das ganze Buch anspruchsvoll und interessant. Das war es tatsächlich (wie jeder sich an der lieferbaren Ausgabe von 2005 überzeugen kann), und das bewährte Team schob mit „Sandmann sucht die neue Stadt" 1968 noch einmal nach. Zwar wurde 1965 die vom Verlag vorgesehene Nachauflage zurückgestellt, dafür durfte „Sandman in the lighthouse" 1969 aus England die stets begehrten Devisen einbringen.

Simone Barck

Hexenmeister ohne Geheimschrift

Wer kennt nicht das Problem, die jährlich auszurichtenden Kinder-Geburtstage unterhaltsam gestalten zu sollen? Geplagte Eltern erinnern sich der Schnitzelschlachten vergangener Tage und zermartern ihr Hirn nach lustigen Spielen und einfachen Zauberkunststücken. Woher bekam man zu DDR-Zeiten Informationen über die gängigen Spielregeln und Zaubertricks? Bei dieser Art Ratgeber-Literatur gab es in der DDR klare Defizite. Und bei den wenigen vorhandenen Titeln zeigten sich sogleich die Tücken dieser Art von Gebrauchs-Literatur.

1956 war im Altberliner Verlag Lucie Groszer das Buch „Wir zaubern" von Hans Gerhard Stumpf, Herausgeber der Zeitschrift „Zauberkunst" und Leiter von magischen Zirkeln, herausgekommen. Der zuständige Lektor und Verlagsgutachter, in diesem Falle kein geringerer als Johannes Bobrowski (zu diesem Zeitpunkt als Dichter noch wenig in der Öffentlichkeit bekannt) hatte das „Büchlein" gelobt, weil es „durchgehend mit wenigen, einfachen Mitteln durchführbare Kunststücke" enthielt. Der „Zauberkünstler" müsse „allerlei Geschicklichkeit, Konzentration und Fleiß" aufbringen. So werde auf „sinnvolle Weise Scherz und gute Laune" verbreitet. Wenngleich die vom Verfasser gewählte Ausdrucksweise häufig etwas gespreizt anmute, scheine das für die Wirkung der Kunststücke anscheinend unerlässlich und entspräche der Tradition der Zauberkunst. Der Gutachter habe einige Versuche erprobt (!) und halte die Texte, zu deren Variationen die Kinder aufgefordert würden, für brauchbar.

Mit seinem „Geselligkeitsbüchlein" (ebenfalls von Stumpf) scheiterte der bewährte Kinder- und Jugendbuchverlag Lucie Groszer im Jahre 1961. Seit der 1957er Kulturkonferenz der SED war eine „sozialistische Offensive" im Gange, und die Kriterien der Begutachtung waren politisch-ideologischer gefasst worden. Obwohl das Verlags-Gutachten das Buch „zum eisernen Bestand eines jeden Ferienlagers" erklärt und die „Fülle von Spielen, Kunststücken und Knobeleien" hervorhebt, ließ es erkennen, wie sehr man sich um das Buch habe kümmern müssen. Das Manuskript sei völlig umgearbeitet worden, „da der Autor zu kindertümelnd, gewollt märchenhaft und im Stile ‚alter Hexenmeister' erzählte." Das hatte aber nicht gereicht, denn zwei Gutachten aus dem pädagogischen Bereich waren scharf ablehnend ausgefallen. Statt „Geselligkeit von heute" werde „spießbürgerlicher Zeitvertreib" geboten. Das Niveau sei miserabel, die Zauberkunststücke stammten von anno tobak. Über den Wert und Unwert von Schnellsprechversen, Streichholzspielen und Zahlenkunststücken könne man ja allenfalls noch streiten, Münzen und Bierdeckel schienen schon weniger geeignet und Kartenkunststücke förderten wohl mehr die Betrugstüchtigkeit als das logische Denken. Das Manuskript strotze von häufigen Geschmacklosigkeiten und gesellschaftlichen Anachronismen (würde nicht an einer Stelle ein Volkspolizist auftauchen, merkte man nicht, dass der Autor ein Zeitgenosse sei). Den Gipfel allerdings stellten die „Tips für Geheimschriften" dar, deren Verbreitung wohl kaum erwünscht sein könne und es empfehle sich „auf jeden Fall eine Anfrage bei Ministerium für Staatssicherheit". Auch nach der Entfernung sämtlicher Kartenkunststücke und Bierdeckeltricks war der „leidige Stumpf" nicht zu drucken.

Weite Verbreitung erfuhr hingegen das 1963 im Tribüne-Verlag des FDGB erschienene „umfassende Sammelwerk" von Rudolf Dietze „Was spielen wir?", das sich bis 1977 in 150 000 Exemplaren verkaufte. In diesem „eine absolute Lücke" schließenden Buch waren rund 300 Gesellschaftsspiele „zur Unterhaltung im Klubhaus, Ferienheim und Familienkreis" zusammengetragen. Bevorzugt war „humanistisches Gedankengut". Für die als „reine Glücksspiele" verpönten Würfelspiele war die Altersgrenze mit 14 Jahren hoch angesetzt, aber man wollte „nennenswerten moralischen Schädigungen" vorbeugen. Und nachdrücklich hieß es: „Hasardspiele um Geld haben in unserer Gesellschaft nichts zu suchen."

Simone Barck

Kunstdruckpapier

Das wissenschaftliche Publikationswesen heute: Redaktions- und Lektoratsarbeit überlassen Verlage den Textverarbeitungsprogrammen der Wissenschaftler. Die Auflagenhöhe übersteigt kaum deren Eigenbedarf, es geht darum, viele teure Titel in Zwergauflagen herzustellen, deren Vertrieb ohne Werbung in einem Quartal erledigt werden kann, um Lagerraum für den nächsten Schub zu schaffen. Zielgröße ist weniger der wissenschaftliche Diskurs als die Subvention durch den Druckkostenzuschuss.

In der DDR standen andere, mehr marktwirtschaftliche Gesichtspunkte im Vordergrund. Gutes Papier und Satzkapazitäten waren knapp, nicht jede Qualifikationsschrift musste publiziert werden. Man favorisierte zusammenfassende „Wissensspeicher" und kollektiv verfasste Grundlagenwerke. Der „gesellschaftliche Nutzen" stand im Mittelpunkt, der Absatz der Bücher war dafür der Indikator.

Der Akademie-Verlag pflegte zugleich verdienstvoll seltene Orchideen, deren Produktion im Westen zu teuer gewesen wäre, und wurde so zum größten Exportverlag der DDR, in dem auch westdeutsche Wissenschaftler gern publizierten. In Ostberlin gedieh das „Journal für Hirnforschung" von Prof. Dr. med. Prof. med. h. c. Dr. med. h. c. Dr. med. h. c. Dr. rer. nat. h. c. Dr. phil. h. c. Hon. D. sc. (Ozon) Dr. Dr. Dr. med. h. c. Oskar Vogt aus Neustadt im Schwarzwald, der einst Lenins Hirn zerschnibbelt hatte. Hier fand sich ein Hort für „Ostjakische Grammatik und Chrestomathie" wie für „Cervidenreste aus den altpleistozänen Ilmkiesen von Süßenborn". „Je spezieller, also je kleiner der Interessentenkreis für ein Werk auf der Welt ist, desto mehr Devisen bringt es der Ostzone", so das Motto, das den DDR-Wissenschaftlern den Erhalt abgelegener Nischen sicherte. Wenn es nicht um Devisen ging, interessierten sich die Planökonomen des DDR-Buchhandels anders als ihre westdeutschen Kollegen weniger für die Absatzergebnisse als für den unverkauften Rest, der die zentrale Auslieferung in Leipzig blockierte. Anfang der 60er waren die Lager des Akademie-Verlages so voll, dass die HV Verlage und Buchhandel von Akademikern radikale Kürzungs- und Werbemaßnahmen verlangte.

Der Leiter des Instituts für griechisch-römische Altertumskunde, Professor Johannes Irmscher, führte den Abwehrkampf mit den Verlagsökonomen mit bemerkenswertem Einfallsreichtum. Als 1963 altertumswissenschaftliche Publikationen makuliert werden sollten, veranstaltete er Werbeaktionen im Fernsehen. Manche Werke wurden auch auf Kosten des Repräsentationsfonds der Akademie an ausländische Gäste verteilt, und wer seine 100 Scheine für die Buchlotterie, eine zukunftsweisende Form des Papier-Recyclings, gesammelt hatte, erhielt als Prämie nicht die gefürchtete Gotsche-Kassette, sondern Lukrez' „Gipfel der antiken Atomistik".

Mit Mühe rettete Irmscher ein Buch über die koptischen Christen, indem er eine Intervention des Generalkonsuls in Ägypten bewirkte, doch die „Benennung und Funktion von Körperteilen im hebräischen Alten Testament" kam aus der Mode. Nicht einmal die Reihe „Lebendiges Altertum" fand die Gnade des Akademie-Verlages, da „die erste Forderung, die man an eine populärwissenschaftliche Schriftenreihe stellen muss, dass sie nämlich populär ist, noch nicht erreicht werden konnte". Zugkräftigere Titel waren „Topographien über historisch bekannte Anziehungspunkte für Touristen" oder „Das Sexualleben der Griechen und Römer".

Im Akademie-Verlag spielte die Zensur eine vergleichsweise geringe Rolle. Doch um den Umfang der Geschichtszeitschrift „Klio" halbieren zu können, kritisierte sie den hohen Anteil an Westautoren und von Beiträgen zur Kirchengeschichte und Patristik. Der Herausgeber Irmscher verzögerte die Verhandlungen, bis noch einmal ein Heft im alten Umfang ausgeliefert war. Dann akzeptierte er die Kürzung, aber nur, um gleich darauf einen „Klio"-Sonderband für den internationalen Historikertag in Wien zu beantragen. Im folgenden Jahr bot der 60. Geburtstag des Akademie-Präsidenten den Anlass zu einer Sondernummer, damit war das zweimalige Erscheinen im Jahr für die Zeitschrift als Regelfall akzeptiert. Allerdings sollte teures Kunstdruckpapier nur noch für Bildtafeln zur Verfügung stehen. Zum Glück fand Irmscher eine für das internationale Ansehen der DDR höchst bedeutsame Ausgrabungskampagne in Bulgarien, die unbedingt dokumentiert werden müsse. So glänzte die nächste „Klio" – sie bestand aus lauter Bildtafeln.

Siegfried Lokatis

Meister Blasius

Drei Jahre war es 1962 her, dass kein Anglerkalender mehr erscheinen konnte. 1958 hatte die Zensurbehörde dem Sportverlag das Manuskript mit dem grausamen Vorwurf zurückgeschickt, dass der Kalender nur rein fachliche Abhandlungen enthalte, statt sich um gesellschaftliche Belange zu bemühen. Entsprechend der Linie des V. Parteitags gelte es, die „Jünger Petri" ihrem „oftmals beschaulichen Isoliertsein" zu entreißen, doch dieser Kalender sei nach der Devise „so unpolitisch wie möglich" gestaltet. Zwar konnte man auch später nicht behaupten, dass „der Horizont aller Angelsportler über das Rund der Bratpfanne oder über den eigenen günstigen Platz am Fischwasser hinausgewachsen" sei. Doch inzwischen war bei der Casting-WM 1961 deutlich geworden, dass die DDR im Sportangeln

„absolut an der Weltspitze" lag, und die Fanggründe trübten sich wieder günstig für angelsportliche Literatur.

Das „Jahrbuch des Anglers" 1963 sollte beweisen, dass sein Sport mehr bedeutete als „Flucht aus der Gesellschaft oder schrullige Eigenbrötelei". Er enthielt nicht nur die Beiß- und Fangzeiten, Fischtafeln und die Anleitung zum Bau eines Angelkahns, sondern erging sich auch über „die Bedeutung des Angelsports für die Volksgesundheit" und die „Entwicklung des Angelsports in der DDR". „Möge es darüber hinaus eine Brücke sein zu den Sportanglern in der Bundesrepublik sowie zu allen Freunden einer sportgerechten Fischweid im Ausland", wünschten die Herausgeber.

Was in aller Welt konnte der Zensor an Angelbüchern auszusetzen haben? Nun, da gab es schon die eine oder andere Gräte zu schlucken. Kurz zuvor war ein Band mit internationalen Anglergeschichten abgelehnt worden, in dem zwar Hemingway vorkam, aber Scholochow fehlte. Die Übersetzung hatte erhebliche Mühe gekostet, und trotzdem versetzte sie den Gutachter in tiefes Grübeln. War es nicht besser, von Flusskrebsen statt von Süßwasserkrabben zu sprechen? Verbarg sich hinter der französischen Chevesne womöglich der Döbel (squalis cephalus)? Jedenfalls musste es statt „Lachskunz" Jakobslachs oder Butterlachs heißen. Es war auch „nicht üblich von einem ‚Anhieb des Bisses' zu sprechen. Der Fisch wird angehauen oder angeschlagen."

Den Wind als „Meister Blasius" bezeichnet zu sehen, fiel deutlich unter das vom Gutachter geforderte Niveau. „Wir befinden uns ja hier nicht auf einer Anglerversammlung, sondern dürfen unter keinen Umständen vergessen, dass jedes derartige Druckerzeugnis die Umsetzung in eine vertretbare literarische Form fordert."

Auch das „Handbuch des Anglersports" von Wolfgang Zeiske genügte, so rügte der Gutachter, zunächst „nicht den Anforderungen, die man gemeinhin zu stellen" habe. Zwar bevorzugte es zu Recht die „sportlich höher stehende Spinnangelei auf Raubfische im Gegensatz zu der wenig humanen und zumeist kunstlosen Köderfischangelei". Denn diese war nur „in völlig verkrauteten Gewässern" gestattet oder „zur Beseitigung alter vergrämter Raubfische, die großen Schaden anrichten und auf andere Weise nicht mehr zu überlisten sind".

Besonders gelobt wurden auch die „Hinweise auf eine den Umständen entsprechende sportliche Bekleidung, die das Anse- hen unserer Sportfreunde in der Öffentlichkeit nicht verletzt". Was jedoch störte und gestrichen werden musste, waren die westdeutschen Fische. Die Angler wollten zwar „die Beschrei- bung der Fische, die nur oder vorwiegend in westdeutschen Ge- wässern vorkommen" erhalten und begründeten diesen Wunsch damit, dass es sich schließlich um ein Handbuch und „um eine Systematik aller 14 in heimischen Gewässern vorkommenden Fischarten" handele. Aber mit solchen Argumenten kamen weni- ge Monate nach dem Mauerbau bei der Zensur weder der Autor noch die Fische durch.

Gerügt wurde auch, dass Frauen nur als „geduldetes Anhäng- sel" vorkämen, gerade einmal gut genug, um für den Herrn der Rute die Fische zu schuppen. Dabei gäbe es hervorragende Spe- zialistinnen an der Flugangel. Tatsächlich lag die Frauenquote im Deutschen Anglerverband damals noch unter zwei Prozent. Sie konnte, nicht zuletzt auch mit Hilfe der Zensur, die darin fortan ihre angelpolitische Aufgabe erblickte, immerhin auf fünf Prozent angehoben werden.

Siegried Lokatis

Losungen

Was musste ein verantwortlicher „Gutachter" nicht alles beden- ken bei einem Buch, das in der DDR verfasst wurde und in Mil- lionenauflage in Dutzenden Sprachen weltweit erschien! Einer Schrift gar, die in den kuriosen Bereich der Religion gehörte! Diese Schrift - die „Herrnhuter Losungen" - enthielt für jeden Tag zwei Bibelsprüche sowie eine Liedstrophe oder ein Gebet.

Das Manuskript dieses jährlich erscheinenden Andachtsbuchs stellte die weltweit vernetzte Freikirche der Brüder-Unität im Sächsischen Herrnhut her. Dort „losten" einige Jahre im Voraus die „Brüder" für die kommende Ausgabe die Bibelverse aus einer alten, silbernen Schale. Gemäß einer Herrnhuter Tradition redete Gott durch das Los-Ziehen direkt zu den Gläubigen. Das Losungsbuch erfreute sich im Arbeiter- und Bauernstaat bei einer Auflage von 340 000 Exemplaren pro Jahr „zunehmender und anhaltender Beliebtheit", wie einer der Gutachter 1967 verwundert feststellte. Doch eine Auflagenerhöhung wurde trotz steigender Nachfrage stets verweigert.

Kurzum: Das Losungsbuch bereitete den zuständigen Damen und Herren vom Ministerium für Kultur jedes Jahr aufs Neue Kopfzerbrechen. Penibel überprüften die Zensoren die Bibelstellen, wogen und glichen Datum und Gehalt der Losungen miteinander ab. Dialektik war gefragt.

Die Bibelverse waren ihrer Natur nach oft provokant – aber sie waren eben per Zufall ausgelost. „Nur gewisse Zufälle geben zu denken", so ein Zensor. Einer der „Gutachter" konnte es nicht fassen, trotz seiner zornigen Abmahnungen immer wieder auf den Begriff der „Gottlosen" zu stoßen, den er durchaus für nicht Sozialismus-kompatibel hielt. Unmöglich konnte der Zufall so oft die Gottlosen ins Spiel bringen. Und warum müsse ausgerechnet das Gebot, man solle nicht seines Nächsten Acker begehren, genannt werden, sinnierte eine Zensorin: „Jedenfalls steht wohl außer Zweifel, dass man hier eine kleine Lanze für die armen, enteigneten Gutsbesitzer zu brechen sucht." Warum erschien just zum Jahrestag des Mauerbaus das Psalmwort „Machet die Tore weit und die Türen in der Welt hoch"? (Dazu der Zensor scharfsinnig: „Assoziation: ‚Macht das Tor auf!'") Noch schlimmer: Ebenfalls um diesen historischen Tag hieß es „Mit meinem Gott kann ich über Mauern springen", wozu im Gutachten vermerkt ist: „Auch über die Berliner?"

Dialektik, Fein- und vor allem Scharfsinn war besonders in Hinsicht auf den internationalen Rahmen der Publikation erforderlich. Auch das Andachtsbuch sollte im Ausland von der DDR künden, eine offensichtliche Zensur aber würde ein „unrealistisches Bild" von ihr vermitteln. So verhinderte die internationale Verbreitung der Schrift tatsächlich immer wieder einen staatlichen Eingriff. Gleichwohl, was musste außenpolitisch nicht alles bedacht werden – selbst die Zielgruppe der Länder, um deren Anerkennung die SED buhlte. Ein Gebet etwa, das der Losungsleser pro-israelisch auslegen könnte, kommentierte der „Gutachter": „Ich fürchte, dass sich dieser Zug nicht gut mit unseren freundschaftlichen Beziehungen zur arabischen Welt vereinen lässt."

Dialektisch war gerade auch die Wahrheit. Dem „realistischen" Weltbild der Staatsvertreter stand auf Seiten der Brüder-Unität die Heilige Schrift gegenüber. Trotz aller Drohungen des Ministeriums für Kultur: Die Herrnhuter änderten nie einen der von Gott autorisierten Bibelverse. „Eine nachgerade abergläubische Qualität", vermerkte ein Zensor bitter. So blieb das beanstandete Psalmwort: „Die Gottlosen lauern auf mich, dass sie mich umbringen." Doch das Gebet für die Verfolgten und Inhaftierten – das ja nicht ausgelost, sondern von Menschenhand eingefügt war – verschwand. Ebenso die Fürbitte für die Fremden und Ausländer, die „gewiss für die Türken in der BRD" angemessen sei, wie das Gutachten vermerkt, jedoch in der DDR „keinen Sitz im Leben" habe. Zensur hatte schließlich Wahrheit zu konstituieren.

„Im Ganzen erscheint diese Sammlung tatsächlich lediglich ,fromm'", vermerkte eine Zensorin. Also: „Erscheint"! Ihrem großmütigen Verdikt folgte eine lange Liste von Beanstandungen. Es war schwer für die Zensoren, abzuwägen zwischen Verachtung und Verantwortung. Frömmigkeit war schließlich ein unbotmäßiger Anspruch auf die Wahrheit. So hieß es denn in einem Brief des Verlags über ein Gebet: „gestrichen: ,Sende dein Licht und deine Wahrheit'".

Hedwig Richter

Orangenalarm

Was heute in Überfülle vorhanden ist, gehörte in DDR-Zeiten zur begehrten Bückware im Buchhandel und Zeitungsvertrieb. Die sogenannte Ratgeber-Literatur hatte für ihre vorwiegend weiblichen Adressaten im Leipziger Verlag für die Frau eine erfolgreiche Institution gefunden. Hier erschienen bereits seit 1945 Magazine für Mode, Haushalt, Küche, Wohnung, Koch- und Backbücher, Gewürz- und Kräuterfibeln. Diese Literatur spiegelte über 40 Jahre die Problematik einer real-sozialistischen Konsumpolitik, die es immer wieder und bis zum Schluss mit Versorgungsmängeln zu tun hatte. Was helfen sollte, mit dem Mangel umzugehen, war paradoxerweise selber Mangelware.

Das Interesse an Zeitschriften und Büchern auf diesem Gebiet war groß und konnte nie befriedigt werden. So reichten in den 60er-Jahren die 300 000 Exemplare der einzigen Verbraucherzeitschrift „Guter Rat" nicht aus, neue Abos gab es erst gar nicht. Diese Zeitschrift wirkte engagiert als Vermittler zwischen dem oft beklagenswerten Warenangebot und den Wünschen der Verbraucher. So stimulierte sie zum Beispiel den Improvisationsgeist der Bürger, wenn sie Bauanleitungen für individuell gestaltete Möbel gab, die sich vom Unisono der VEB-Schrankwand-Produktion erfreulich abhoben. Oder sie kritisierte energisch das unzureichende Warenangebot und fragte bei den jeweiligen Herstellern nach. So fand sie Ende der 60er-Jahre heraus, dass die leidige Tapeten-Misere ihren Grund in der zu wenig flexiblen Planwirtschaft hatte. Die bequeme Industrie produzierte die alten ornamentalen Muster weiter, obwohl die Käufer längst dezente Muster und einfarbige Tapeten verlangten. Man behalf sich damit, die Tapeten verkehrt herum zu verkleben.

Einen Balanceakt hatte die Zeitschrift bei all ihren Empfehlungen zu leisten, denn sie durfte an Materialien und Zutaten ja nur das Verfügbare angeben.

Ab den 70er-Jahren gewannen die beliebten Koch- und Backbücher (nicht zuletzt wegen einer verlagseigenen Versuchsküche) sowie die zahlreichen thematischen großformatigen Sonderhefte an inhaltlicher Breite und gestalterischem Format. Zur Mitarbeit wurden Wissenschaftler vom renommierten Institut für Ernährungswissenschaft in Potsdam-Rehbrücke und auch Schriftsteller wie beispielsweise Heinz Knobloch herangezogen. An Heft-Titeln wie „100 internationale Rezepte", „Meisterköche empfehlen", „Iß und bleibe schlank", „Mixen mit Pfiff" war der Weg der DDR-Gesellschaft in den modernen Konsum deutlich ablesbar. Der „Fischkoch" Rudolf Kroboth und der „Fernsehkoch" Kurt Drummer waren landesweit beliebte Instanzen. Geschätzt wurden auch die von Ursula Winnington kulturhistorisch aufbereiteten Rezepte und einsame Spitze blieb Sydney Gordons Rezept für die Szechuan-Ente. Auf geringere Begeisterung stießen hingegen 1973 Rezepte für Känguru-Schwanz und Schwalbennestersuppen.

Die Verlagsproduktion wurde von der Abteilung Naturwissenschaften der HV „begutachtet", was meist ohne Komplikationen verlief. Zuweilen verlangte die Behörde mehr „Gesellschaftliches", mehr „Politisches" in den Texten. Denn auch „Modeplaudereien und Rezepthinweise müssen unter gesellschaftlichem Standpunkt gesehen werden". Direkte Eingriffe gab es, wenn „Bedürfnisse geweckt wurden, die der tatsächlichen Versorgungslage nicht entsprechen". So 1969 in dem Heft „100 internationale Rezepte" mit Aalen, Hummer, Zander, Knoblauch und ähnlichem. Wegen seiner „elitären Tendenzen" wurde der Verlag gerügt, das Heft erschien jedoch mit nur kleinen Änderungen in 290 000 Exemplaren.

Das Ministerium für Handel und Versorgung verlangte in dem beliebten „Großen Kochbuch" (1970) folgende Änderungen: „Reduzierung" sei erforderlich bei den Nennungen von Südfrüchten, Mandeln und Nüssen, ebenfalls beim Anteil von Kalbfleisch, völlig zu streichen seien Krebsfleisch, Hummer, Kaviar. Noch in den 80er-Jahren löste ein Beitrag im „Guten Rat" einen „Orangenalarm" im ZK aus, weil die Autorin ihren Leserinnen stressmildernd empfohlen hatte, „Südfrüchte" bereits im November zu kaufen. Leider gab es diese wieder einmal erst kurz vor Weihnachten.

Simone Barck

Frischfisch

Betritt ein Gast den Gastraum, wird er freundlich begrüßt und nach Möglichkeit vom entsprechenden Leiter oder einem Mitarbeiter plaziert. Falls zu bestimmten Hauptgeschäftszeiten alle Plätze besetzt sind, hat es sich als zweckmäßig für die Gäste und Bedienungskräfte erwiesen, wenn am Eingang eine Tafel aufgestellt wird, auf der die Gäste darauf hingewiesen werden, dass sie sich gedulden möchten und bei freiwerdenden Plätzen vom Personal Plätze zugewiesen bekommen.

Das „Lehrbuch für Kellner" von 1976 (Band 2 Fremdenverkehrslehre/Psychologie), dem dieser Ratschlag entnommen ist, bedauerte zwar, dass leider „noch zu oft hohe gastronomische Leistungen durch gedankenlose Unaufmerksamkeiten, Unhöflichkeit oder Taktlosigkeit der Bedienungskräfte gemindert" würden, zweifelte aber nicht an der grundsätzlichen Überlegenheit der das Trinkgeld verachtenden sozialistischen Kellnerpersönlichkeit gegenüber den „Berufskollegen in kapitalistischen Gaststättenunternehmen".

Tatsächlich gab es im Gaststättenwesen der DDR eine Reihe komplizierter, spezifischer Umgangsregeln, die inzwischen in Vergessenheit zu geraten drohten. So sollten SED-Funktionäre bei offiziellen Zusammenkünften mit „Genosse" und ihrem höchsten Titel angeredet werden, bei privaten Anlässen unbedingt ohne Titel nur mit „Genosse", in Anwesenheit von Gästen aus kapitalistischen Ländern hingegen keinesfalls mit „Genosse", sondern auf bürgerliche Weise mit „Herr" und mit Titel.

Eine andere Regel lautete: „Degenerierende Tanzmusik und Tanzausübung, die den ästhetischen Eindruck vermissen läßt, lehnen wir ab."

Als grundlegendes Standardwerk, um „das Niveau in unserem Gaststättengewerbe noch weiter zu heben", galt Alfred Köllings „Fachbuch für Kellner", dessen dreizehnte Auflage 1983 im Leipziger Fachbuchverlag erschien. Besonders lesenswert ist die erste Auflage von 1955, die sich trotz der bis 1958 geltenden Lebensmittelrationierung aufreizend opulent über alle möglichen westlichen Tafelgenüsse ausbreitete. Den heimischen, „in guten Jahren recht angenehmen Tischweinen" aus Sachsen und Thüringen widmete sie nicht ohne ironische Untertöne ganze zehn Zeilen, während auf nicht weniger als acht Seiten die besten Lagen an Rhein und Mosel abgefeiert wurden. Die Erzeugnisse aus den sozialistischen Bruderländern wurden hingegen wie folgt abgekanzelt: die tschechischen Produkte seien „durchaus trinkbar", unter den „in ihrer Güte sehr verschiedenen" rumänischen Tropfen dominiere der „saure Landwein", die bulgarischen Weine hätten gar „erst in jüngster Zeit im Rahmen unserer Handelsabkommen" Bedeutung erlangt.

Dieser unter dem Motto „aus unserer deutschen Heimat" vermutlich auch auf den westdeutschen Buchmarkt spekulierende Trend war Anfang der 60er-Jahre entschieden passé. Stattdessen stellte das Lehrbuch „Das Fachrechnen in der Gaststätte" 1963 die folgende Aufgabe:

Die Stadtküche der HOG „Sachsenhaus" liefert anlässlich einer Sozialistischen Eheschließung zu einem Essen folgende Getränke außer Haus: 6 Flaschen Plattensee Riesling je 6,70 DM, 12 Flaschen Freyburger Haineberg je 9,22 DM, 9 Flaschen Gamza Pavlikeni je 6,20 DM, 8 Flaschen sowjetischer Sekt je 22,25 DM.

Es war die Zeit, als ein Bier 51 Pfennige kostete (aber wie viel dann 37 Glas?) und die Gutachter noch die raucherfreundliche Frage diskutierten, ob die Tabakwarenkunde zum Arbeitsgebiet einer Kellnerbrigade gehöre. War es nicht „übertrieben bei einem Spezialgetränk aus Kaffee, Weinbrand und 16 ml Kaffeesahne den Fettgehalt berechnen zu lassen" und gab es überhaupt jene trapezförmigen Hotelzimmer, deren Fläche bestimmt werden sollte?

Selbstverständlich verlangte die Zensurbehörde auch für „Fachrechnen in der Gaststätte" die üblichen Gutachten. Sie sorgten dafür, dass die durchzurechnenden Rezepte ernährungspolitisch vertretbar waren und verlangten, die überflüssige Zinsrechnung einzudämmen, um mehr mit den Zahlen des Siebenjahrplans zu arbeiten.

Tatsächlich war in der Urfassung noch „keine klare Linie zu erkennen, die geeignet wäre, einen sozialistischen Menschen zu erziehen", zumal sich die Gutachter nicht einmal einig werden konnten, ob nach dem Rostocker Usus die Schorle im Glas oder vielmehr Wein und Selters, wie im maßgeblichen Mitropa des Leipziger Hauptbahnhofes üblich, getrennt zu servieren seien. Der unappetitliche Ausdruck „tote Fische", darüber waren sich immerhin alle einig, hatte im Buch nicht zu suchen. Er wurde ersetzt durch „Frischfisch".

Siegfried Lokatis

Eine Brigadefeier

Was war es, das viele Dresdner Ausstellungsbesucher 1977/78 so anregte und begeisterte, aber auch abstieß und empörte? Es waren die in den 70er-Jahren zunehmenden „Problembilder", die vieles thematisierten, was in der eingeschränkten Medien-Öffentlichkeit der DDR nicht vorkam. In dem sich herausbildenden neuartigen Dialog mit der Kunst mischten sich aber die zum Teil bildkünstlerisch traditionellen Erwartungen der Betrachter mit den modernen und verfremdenden Formsprachen der Künstler. Insbesondere bei Gegenwarts-Sujets aus der Arbeitswelt oder der Freizeit, bei gewohnten Genres wie zum Beispiel dem Brigade-Bild, kam es daher zu starken – zustimmenden wie aber eher noch kritischen – Reaktionen.

Um Sighard Gilles Diptychon „Brigadefeier-Gerüstbauer"
hatte es bereits nach der Veröffentlichung in einer Illustrierten
so viel Protest gegeben, dass man sich von kulturministerieller
Seite veranlasst sah, dem Maler (Jahrgang 1941, Leipziger Schule) nahe zu legen, sein Bild nicht auf die VIII. Kunstausstellung
nach Dresden zu schicken. Gille lehnte das empört ab, sah er
sich doch bei dieser starken Resonanz eher als nicht „staats-
typischer Brigademaler" bestätigt. Es war nicht die Darstellung
der „Gerüstbauer", zweier rustikaler, korpulenter Arbeiter-
figuren mit entblößtem Oberkörper, sondern die feucht-fröhliche
„Brigadefeier", die massenhafte Reaktionen provozierte, denn
diesbezüglich verfügten die meisten Betrachter über eigene Erlebnisse und einschlägige Erfahrungen.

Das Bild zeigt eine Gruppe von Männern und Frauen zu
offensichtlich vorgerückter Stunde, einander umarmend, mit
erhobenen Gläsern. Ein leerer Bierkasten verweist auf den
Alkoholisierungsgrad. Auf dem Tisch steht ein junger Mann in
Showpose, der einen Lampion befestigt. Eine blond gelockte,
in ein rosa dekolletiertes Kleid gekleidete junge Frau trägt
auf ausgestreckten Händen zwei üppige Cremetorten herein.
Eine leicht karikaturistisches Bild von einer Feier, wie sie so
oder ähnlich wohl tausendfach in den Brigaden stattgefunden
haben. Das wollten jedoch viele genau so nicht abgebildet
sehen.

Von dem sich entfaltenden Sturm der Entrüstung, dokumentiert in einer Mappe von Beschwerdebriefen im Kulturministerium, bekommen wir Kenntnis durch den Text „Das Bild
vom Bild" von Daniela Dahn, damals Fernsehjournalistin und
schon als originelle Feuilletonistin bekannt. Die Lektüre dieser
Briefe verschlug ihr die Sprache. Da wurde das Bild „entschieden abgelehnt", weil es „unsere Werktätigen" mit „entstellten
Gesichtern" zeige. Die Darstellung einer „wohlverdienten Brigadefeier" als „undisziplinierte, wüste Sauferei und Völlerei" sei
ein „Geschmiere". Und außerdem würde „die Rolle der Frau in
unserer sozialistischen Gesellschaft" herabgewürdigt.

Daniela Dahn fährt zu einigen der sich beschwerenden Brigaden und diskutiert mit ihnen über das Bild. Schnell stellt sich heraus, dass die meiste Empörung nicht von den Arbeitern, sondern von Angestellten und Anderen kam. Die Einblicke in das Brigadeleben offenbarten manches Widersprüchliche. Ein Chemiefacharbeiter verstand die ganze Diskussion nicht. Ob typisch oder nicht, sei doch egal, das Bild sei real. Entgegen der Vermutung einiger Beschwerdeführer, der Maler sei noch nie bei einer „richtigen" Brigadefeier gewesen, bei der es nur frohe und zuversichtliche Gesichter gebe, hatte Gille ein reales Vorbild gehabt: eine Bauarbeiterbrigade aus Eilenburg, die nun von Dahn aufgesucht wird, um ein Bild von diesen Vertretern der angeblich durch die Darstellung Gilles „diskriminierten Arbeiterklasse" zu gewinnen. Erstaunt erfährt sie: die Brigade-mitglieder kennen weder das Bild noch die Diskussion darüber, wenngleich sie der Maler nach Dresden eingeladen hatte. Sie hatten wohl weder Zeit noch Lust, sahen das Ganze als nicht so wichtig an. Man sei mit „Bauen, planmäßig, sonderplanmäßig, schwarz" beschäftigt.

Dann hört sie vom Selbstmord von Kurt, auf dessen Datsche besagte Feier stattfand. Ob ihn seine Eifersucht zu dem abge-bildeten „Tortenengel" durchdrehen ließ, bleibt offen. Dahns Text wollte damals keine Redaktion drucken. Als Teil einer Feuilletonsammlung kam er 1980 unter dem Titel „Spitzenzeit" zur Druckgenehmigung ins Ministerium. Vom Mitteldeutschen Verlag in den Gutachten ausdrücklich auf die Problematik hin-gewiesen, sieht der zuständige Leiter jedoch kein Problem und vermerkt handschriftlich: „Warum nicht?"

Simone Barck

Nach dem Plenum

Der Vorsitzende des Staatsrates der DDR und Erster Sekretär des ZK der SED, Walter Ulbricht, empfängt am 25.11.1965 Schriftsteller zu einem Gespräch. Im Präsidium (v. r. n. l.) haben Platz genommen: Alexander Abusch, Walter Ulbricht, Anna Seghers, Erich Honecker, Dieter Noll, Karl Kayser und Horst Sindermann.
Quelle: Bundesarchiv, Bild 183-D1125-0012-001, Fotograf: Ulrich Kohls.

Sauberer Staat

Die SED-Parteiführung sah auf ihrem berüchtigten 11. Plenum (15. bis 18. 12. 1965) die DDR als „sauberen Staat" gefährdet und insbesondere die Jugend durch „Beat-, Sex- und Gammler-Propaganda" beeinflusst. Unter der Losung gegen Dekadenz und Unmoral, mit den Kampfbegriffen Skeptizismus, Nihilismus, kleinbürgerlicher Individualismus und Pornografie wurde die aktuelle Kunstproduktion aus Literatur, Film, Fernsehen, Theater und Musik einer zensorischen Tiefenprüfung unterworfen. Auf der Strecke blieben dabei zwölf Defa-Filme, von denen „Das Kaninchen bin ich" (Kurt Maetzig/Manfred Bieler) und „Denk bloß nicht, ich heule" (Regie: Frank Vogel, Drehbuch: Manfred Nestler und Jochen Freitag) den Teilnehmern des Plenums vorgeführt wurden, ein Novum an politstrategischer Inszenierung. Zur Aufführung gelangte zwar noch „Spur der Steine" (Frank Beyer/Erik Neutsch), wurde aber im Sommer 1966 verboten.

Im Fernsehen, über dessen Schockzustand am Jahresende 1965 der Witz kursierte, dass es zwei Programme gäbe, ein gedrucktes und ein gesendetes, traf es „Strafsache gegen Wellershof" (Rolf Schneider), eine hochdramatische und künstlerisch ambitionierte Produktion über die betrügerischen Abrechnungssysteme in der Bauwirtschaft. Verschoben wurde die Ausstrahlung des Mehrteilers „Columbus 64" von Ulrich Thein, weil er „mit starkem Einschlag von Sex" einen „gebrochenen Helden" zeige und das Leben und Probleme in der Wismut „politisch falsch" darstelle.

Zur Prüfung angewiesen wurden die allgemein hohen Produktionskosten und „übertriebenen" Honorarzahlungen an die Künstler. Zu ahnden seien auch die Verantwortlichen für die für eine halbe Million Valuta angekauften ausländischen Spielfilme, die nicht den „unverrückbaren Maßstäben" des DDR-Staates entsprächen und daher nicht gezeigt werden könnten.

Der von Politbüromitgliedern kreierte Begriff „Kaninchen-Filme" ging auf Manfred Bielers Drehbuch und Roman „Maria

Morzeck oder das Kaninchen bin ich" zurück, der bereits im Herbst 1964 nach einem aufwendigen Begutachtungsverfahren, an dem auch die Stasi „literaturkritisch" mitgewirkt hatte, nicht die oberste Ebene der Zensur passiert hatte. In dem Manuskript werde ein Bild der DDR gezeichnet, „das in wichtigen Einrichtungen wie Schule, Gerichtswesen, kommunale Verwaltungen usw. von Unmoral durchsetzt ist, wo der Ehrgeiz einzelner Funktionäre bestimmend ist, und nicht die Interessen der Werktätigen. Die Heldin bahnt sich ihren Weg, ohne die Hilfe der Gesellschaft und gegen ihre Umwelt".

Das in der Tradition des Döblinschen Berlinromans stehende Buch hatte mit seiner sympathischen Hauptfigur Maria und ihrer scheiternden Liebesgeschichte zu dem Richter Deister, der ihren Bruder wegen „staatsgefährdender Hetze" in den Knast gebracht hatte, zunächst die vom Eulenspiegel Verlag gewonnenen Gutachter gewonnen. Sie betonten den „kess, salopp und anmutig charmanten Erzählstil". Auch der Fachgebietsleiter in der HV neigte zunächst bei einigen Änderungswünschen zum Placet, was ihm dann eine Parteirüge einbrachte. Nur die Stasi-Zensoren hatten die „Gefährlichkeit der Aussage" sogleich erkannt. Diese widersprüchliche Behandlung des Manuskripts wertete Kurt Hager als bedenklichen „Grad der Aufweichung bei einigen Mitarbeitern im Verlag und im Ministerium für Kultur". Und Bieler war ja bereits früher „oppositionell" aufgefallen, auch durch seinen „Bonifaz oder der Matrose in der Flasche" (Aufbau-Verlag 1963), einer eigenwilligen, höchst fantasievollen Prosa mit einem skurrilen Helden mit pazifistischer Grundhaltung zwischen West und Ost. Wegen „Dekadenz" war die Auflage auf 5 000 Exemplare gedrosselt worden.

Aber das stärkste Stück hatte sich Bieler mit der Komödie „Zaza" (Zentralamt zur Aufbewahrung verdienter Genossen) für das Maxim-Gorki-Theater geleistet, das ihm als „unspielbar" zurückgegeben worden war. „Dieses unserer Republik feindliche und verlogene Stück stellt einen direkten Angriff gegen die Partei dar, entstellt in gröbster Weise die Entwicklung in der DDR seit 1945, verhöhnt unsere Genossen und tritt das Bild großer historischer Persönlichkeiten der Arbeiterbewegung in den Schmutz." Der sich damit auf „gegnerischen Positionen" bewegende Autor entwich nach Prag und nach dem Einmarsch sowjetischer Panzer 1968 nach München, wo er sich zu einem anerkannten Erzähler etablierte.

Simone Barck

Kahlschlag

Ende November 1965 hatte Irmtraud Morgner an einen Freund im westlichen Ausland geschrieben: „Pogromstimmung in den Zeitungen, eine neue Kampagne gegen die Schriftsteller ist im Gange ... Natürlich habe ich bereits eine Schlacht mit Vertretern des Ministeriums für Kultur (Zensur) meines Buches wegen hinter mir. Diese Vorwürfe! Niederschmetternd. Weitere Schlachten stehen bevor. Man zehrt sich nur auf dabei, aber das tut man ja auch so. So verheizen wir unsere besten Jahre." Am 15. Februar 1966 wies sie die ihr vom Kulturministerium mitgeteilten Ablehnungsgründe zurück. Mit der immer wieder vorgebrachten, unkünstlerischen Forderung nach Totalität könne man jedes Buch angreifen.

Irmtraud Morgner war mit ihrem dritten Buch „Rumba auf einen Herbst" in den kulturellen „Kahlschlag" des 11. Plenums des ZK der SED geraten. In dem über 300 Seiten starken Manuskript lässt sie ihre Roman-Figuren im krisenhaften Herbst 1962 eine intellektuelle und psychisch-moralische Bestandsaufnahme vornehmen. Große Menschheitsfragen wie Krieg und Frieden, Wissenschaft und Technik werden aus der jeweiligen Figuren-Perspektive diskutiert und mit den individuellen Existenzproblemen in Beziehung gesetzt. „Wie soll man leben in der sozialistischen Gesellschaft?" Die Autorin plädiert für große Gefühle und Leidenschaften, für Sinnlichkeit und eine für Frau und Mann gleichermaßen lustvolle Sexualität, für Fantasie und Träume als Korrektive gegenüber überanstrengter Rationalität.

Sowohl in der Figurengestaltung wie der Schreibweise geht die Autorin höchst moderne Wege.

Zunächst sind die Weichen gut gestellt: Auf Grund positiver Gutachten wird am 4.12.1965 die Druckgenehmigung erteilt. Aber am Heiligen Abend 1965 hat der verantwortliche HV-Abteilungsleiter nichts Besseres zu tun, als anzuweisen: „Ich halte den Roman von Irmtraud Morgner für so problematisch, dass ihn mehrere Genossen der Abteilung ansehen und diskutieren sollten." Nun, nach dem 11. Plenum, sind mit den Stichworten Skeptizismus, Pessimismus, Nihilismus jene Anklagepunkte gefallen, die jetzt auch diesem Manuskript zum Verhängnis werden. Mängel des Textes seien: Anhäufung pessimistischer Lebensauffassungen, missverständliche Details und viele „Stellen", durch die sich die positive Absicht der Autorin ins Negative kehre. Sie bediene sich einer düsteren, sehr intellektualistischen Schreibweise und beantworte die Frage nach dem Sinn des Lebens nicht im herkömmlichen Sinne eindeutig positiv: „skeptizistisch durch und durch bis zum Nihilismus, ein Buch des enthemmten Individualismus".

Eine letzte Spur des Manuskripts findet sich auf einer Aktennotiz vom 20.3.1966. Irmtraud Morgners energischen Bemühungen, ihr Manuskript zurückzubekommen, war kein Erfolg beschieden. Ihr verblieb ein „kaum leserlicher Durchschlag", und erkämpfen musste sie sich das ihr zustehende Ausfallhonorar noch ein Jahr später genauso wie die Rückgabe der Rechte.

Das Lehrstück mit der Zensurbehörde aber verarbeitete sie auf eine originelle und subversive Art, die in der DDR-Literatur ihresgleichen sucht. In ihrem Roman „Leben und Abenteuer der Trobadora Beatriz nach Zeugnissen ihrer Spielfrau Laura", Berlin 1974, montiert sie rund 150 Seiten aus dem nicht veröffentlichten Rumba-Roman in Form von sieben Intermezzi, die genau gekennzeichnet sind als „Abschriften der schönen Melusine im Jahre 1964" aus Irmtraud Morgners Roman „Rumba auf einen Herbst". Darunter sind gewichtige Passagen zum Stalinismus-Problem in der DDR. Außerdem löckt sie gegen den sozialistisch-realistischen Erzählkanon und karikiert das Zensurgeschäft, indem sie dem Verlag die Form des „operativen Montageromans" anpreist, als „Romanform der Zukunft" und „geradezu ideales Genre zum Reinreden". Mit einer solchen Prosa werde es möglich, „alle Wünsche des Verlages in Form von Zahlen, Streichungen und Zusätzen" zu berücksichtigen. Der ihr eigene Humor machte ihr ein Ver-Lachen der Zensur auf diese originelle Weise möglich.

Erst zwei Jahre nach ihrem Tod konnte man sich 1992 von dem aus ihrem Nachlass sowie anderen Quellen mühsam rekonstruierten Roman „Rumba auf einen Herbst" (herausgegeben von Rudolf Bussmann im Luchterhand Verlag, Hamburg und Zürich) einen Gesamteindruck verschaffen.

Simone Barck

Rummelplatz

Schriftsteller seien Leute, die nicht zurechtkommen mit der Welt und sich selbst und deshalb schreibend versuchten, die Welt und damit sich selbst zu bewältigen. Als er dies 1968 notiert hatte, war Werner Bräunig (1934–1976) bereits mitten in seiner großen Lebenskrise und zunehmend vom Alkohol krank; er hatte sein eigenes biografisches und literarisches Dilemma beschrieben. Dabei hatte alles so verheißungsvoll begonnen.

Nach einer ziemlich wirren Jugendzeit – in der Nachkriegszeit war er wegen Schmuggelei sogar für zwei Jahre im Gefängnis – galt er seit seinem bekannten Aufruf „Greif zur Feder, Kumpel!" auf der 1. Bitterfelder Konferenz 1959 als hoffnungsvolles Talent aus der Arbeiterklasse; er studierte und lehrte am Leipziger Institut für Literatur Johannes R. Becher. Er veröffentlichte positiv aufgenommene Gedichte und Geschichten, darunter den vor allem in der Wismut spielenden Band „In diesem Sommer" (Mitteldeutscher Verlag 1960), in dem bereits der konfliktreiche Stoff des Wismut-Imperiums („Staat im Staate, und der Wodka ist das Nationalgetränk") und seine Rolle als „Menschenschmelz-tiegel" gestaltet wurde. Niemand nahm Anstoß an den deftigen Schilderungen des Kumpel-Lebens. Nur fünf Jahre später jedoch geriet Bräunig mit seinen realistisch-drastischen Darstellungen des Wismut-Alltags unter und über Tage – nun als Teil eines groß angelegten „Gesellschaftsromans" – ins Zentrum des ideologischen Scherbengerichts des 11. Plenums des ZK der SED im Dezember 1965: Der in der vom Schriftstellerverband herausgegebenen Zeitschrift „Neue deutsche Literatur" (10/1965) veröffentlichte Auszug „Rummelplatz" avancierte zum negativen Paradebeispiel in der Kampagne gegen Skeptizismus, Nihilismus und Pornografie.

Gerügt wurde eine „falsche, verzerrte Darstellung des schweren Anfangs in der Wismut", insbesondere „antisowjetische Tendenzen" wurden verurteilt. In einer inszenierten Debatte zwischen Bräunig und einigen gegen diesen Auszug protestierenden Wismut-Kumpeln suchte sich der Autor gegen „einige handfeste Ziegelsteine" zu wehren. Aber die Lust zur weiteren Arbeit war ihm so gründlich vergangen, dass er sie Ende 1966 einstellte.

Als im Jahre 1981 posthum ein Band mit Texten Werner Bräunigs in Halle herauskam, waren darin 170 Seiten „Rummelplatz" (aus einem zirka 700 Seiten umfassenden Manuskript) enthalten. Aber sein Lektor Heinz Sachs hatte, ohne dies kenntlich zu machen, eine um die seinerzeit kritisierten Passagen gekürzte Fassung abgedruckt, und wir erfahren nicht, ob das noch vom Autor befürwortet worden war. Zu den entfallenen Abschnitten gehörte unter anderem der folgende: „Aber nicht die Tage der Siege brachen an, sondern die Russen kamen, zogen ein auf Panjewagen und in ausgefransten Mänteln, sie paßten genau in die Landschaft, wie sie nun war: Hunger, Seuchen, Ruinen, Flüchtlingstrecks."

Sachs' Nachwort erwähnte nur nebulös des Autors „tiefe Betroffenheit", Mittelpunkt einer Auseinandersetzung geworden zu sein, „die sich an den Möglichkeiten der weiteren Entwicklung unserer Nationalliteratur und an den dabei auftretenden

Hemmnissen entzündet hatte". Das war der Außengutachterin zu wenig. Sie forderte vergeblich, die Kritik am 1965 veröffentlichten Abschnitt in ihrer „strategischen Richtigkeit und zeitlichen Bedingtheit" eindeutig zu benennen.

In einem Interview zwei Jahre vor seinem Tod verneinte Bräunig entschieden, ein Opfer des 11. Plenums geworden zu sein, und er bezeichnete die damaligen Auseinandersetzungen „zwar als recht heftig, aber immer freundschaftlich". Als Gründe für sein Scheitern am Roman gab er an, dem selbst gesetzten Anspruch nicht genügt zu haben. Er habe falsche, für ihn nicht machbare Vorstellungen vom „großen Gesellschaftsroman" gehabt, der nur zu einem Teil in der Wismut handeln sollte. Sein Gegenstand sei die „Entwicklung von Angehörigen verschiedener Klassen und Schichten". Geplant sei eine weit verzweigte Handlung mit Schauplätzen in beiden deutschen Staaten, wofür er eine Unmenge Studien angestellt habe. Schließlich jedoch sei ihm die „Konzentration auf einen wesentlichen Punkt" nicht gelungen und er habe sich über seine Methoden, sein „reflexionsbetontes Schreiben" erst klar werden müssen.

Seit im Jahr 2006 das lange verschwunden geglaubte Manuskript im Aufbau-Verlag erschienen ist, kann man sich selbst ein Bild machen von dem literarischen Rang des viel zu früh verstorbenen Autors.

Simone Barck

Oobliadooh

Wenige Bücher haben in der DDR über zwanzig Jahre auf eine Druckgenehmigung warten müssen. Dazu gehört der Roman „Der Weg nach Oobliadooh" von Fritz Rudolf Fries. Als er unmittelbar nach dem 7. Oktober 1989 in der Ausgabe des Berliner Aufbau-Verlages in die Buchhandlungen kam, fand diese kleine literaturpolitische Sensation infolge der gesellschaftlichen Umbrüche des Herbstes 1989 kaum Beachtung. Ganze 23 Jahre hatte dieser geniale Erstling des inzwischen renommierten Schriftstellers gebraucht, um die Zensurbehörde zu passieren. Worin hatten die offensichtlich anhaltenden Provokationen dieses 1966 im Suhrkamp-Verlag Frankfurt a. M. herausgekommenen Romans gelegen? Für den damals dreißigjährigen Autor hatten sie das Ende seiner wissenschaftlichen Karriere in der DDR bedeutet. Sie waren nicht nur in Einzelheiten begründet, sondern in einem ganzen Geflecht literarisch-ästhetischer wie politisch-ideologischer Text-Merkmale, die das Buch als „absolut modern" auswiesen.

Der Roman erzählt die Geschichte von Arlecq und Paasch, zweier Freunde und Examenskandidaten der Romanistik und

Zahnmedizin in Leipzig 1957/58. Fries nimmt das damals gängige Modell „Ankunft im Alltag" auf, kehrt es jedoch um: Seine Figuren kommen zwar am Ende im Alltag an, aber nicht im Sinne des Musters „Ankunft im Sozialismus". Der Schluss bleibt offen. Arlecq und Paasch sind keine vorbildhaften Studenten, sie führen ein Lotterleben zwischen Träumen, Lieben und Trinken. Ihre große Leidenschaft ist der Jazz, der nicht nur das Leitmotiv „I knew a wonderful princess in the land of Oobliadooh" nach Dizzie Gillespie abgibt, sondern der den Text insgesamt sprachlich und rhythmisch strukturiert. Oobliadooh wird zum Synonym für die Suche der Protagonisten nach dem Sinn ihres Daseins, zur Sehnsucht und zum Traum vom glücklichen Leben – zu einer Utopie, die weder zeitlich noch örtlich zu fassen ist, wenngleich Arlecq und Paasch die von ihnen durchlaufenen Stationen jeweils an dem Maßstab Oobliadooh messen.

Erzählt wird die Geschichte sowohl auktorial als personal, gekonnt werden innerer Monolog und Montageprinzip gehandhabt. Ein virtuoser Einsatz verschiedener Sprachen und Redeweisen – Umgangsprache, Englisch und Spanisch, Wissenschaftssprache, politische und journalistische Sprache – gewährleistet die bleibende Lebendigkeit des Buches. Der sich durch das Buch ziehende zentrale Spruch „Das kotzt uns alles an" bringt die Lebenshaltung der Protagonisten auf den Punkt, ihre Kritik am Bestehenden und ihre verweigerte Anpassung. Die ironisch-freche Haltung, mit der sich die Figuren in den Realitäten der Endfünfziger-Jahre in Dresden, Leipzig, Ost- und West-Berlin bewegen, hebt sich vom meist ernsten Grundton der üblichen „Ankunfts"-Literatur ab. Arlecq und Paasch sind auf der Suche nach ihrer Individualität, damit bewegen sie sich genau entgegen gesetzt zur gesellschaftlich proklamierten Richtung „Vom Ich zum Wir". Für Arlecq, der an einem Roman schreibt, ist die literarische Betätigung ein wichtiger Teil der Identitätssuche. Was die beiden vor allem verabscheuen, ist dieses „scheißblöde Fortschrittsgequassel".

Der Suche nach Oobliadooh, und damit nach „etwas, das außerhalb, auch räumlich, des eigenen Bereichs steht", gelten auch die weiteren Bücher des Autors. Mit seinem durch fantastische Motive geprägten Erzählen, gespeist aus den literarischen Traditionen Spaniens und Lateinamerikas, bleibt Fries ein erstaunlicher Solitär in der DDR-Literatur. Ob auf „Seewegen" oder per „Luftschiff", ob im chinesischen Gewand oder im spanischen Kostüm, in fernen Ländern und in „neuen Welten", immer suchen seine Figuren nach Oobliadooh.

In seinem neuesten Buch „Hesekiels Maschine oder Gesang der Engel am Magnetberg" (Verlag Das Neue Berlin 2004) verdichten sich die fantastischen Strukturelemente – Traumszenen, Engelsvisionen oder göttliche Erscheinungen – zu einer biblisch-mythischen Dimension. Die Hauptfiguren, ein Liebespaar, bewegen sich zwischen Panama, Israel, Russland, der DDR, dem wiedervereinten Deutschland auf ihrer Suche nach Oobliadooh. Auch in den himmlischen Sphären mit Gott, mancherlei Engeln und Hundefängern suchen sie vergeblich. „Es gibt kein Paradies. Die Erinnerung ist Hölle und Paradies zugleich."

Simone Barck

Kleinode

Vieles ist schon über die Folgen des 11. Plenums des ZK der SED im Dezember 1965 bekannt geworden. Filme wurden verboten und Bücher wurden verhindert. Dass dabei nicht nur Werke von DDR-Autoren wie etwa Irmtraud Morgners Roman „Rumba auf einen Herbst" betroffen waren, sondern auch Texte des literarischen Erbes, zeigt die Editionsgeschichte von Diderots „Les Bijoux indiscrets" (Die geschwätzigen Kleinode). Dieses skandalumwitterte, satirisch-erotische Buch des jungen Diderot war von dem Aufklärungsforscher Manfred Naumann nach einer alten Übersetzung bearbeitet worden und lag per 16. Dezember 1965 – das Plenum tagte noch – als Druckgenehmigungsantrag des Eulenspiegel Verlages in der Zensurbehörde im Ministerium für Kultur.

Diderots Roman von 1748 enthielt die Geschichte vom Herrscher Mangogul und seiner Geliebten Mirzoza, in der zur Vertreibung der Langeweile mittels eines Zauberrings die intimsten Teile der Frauen, die „Kleinode", über ihre erotischen Abenteuer zum „Schwatzen" gebracht werden. Der motivische Rahmen und die literarische Struktur, basierend auf orientalischen und französischen libertinistischen Vorbildern, konnte kaum verbergen, dass hier zeitgenössische Personen und absolutistische Gegenwart gemeint waren. So stand Mangogul für Ludwig XV., Mirzoza für Madame de Pompadour, die Stadt Banza für Paris und in Congo war Frankreich leicht zu erkennen. 1754 wurde das Werk auf den Index gesetzt. Der Autor hatte rund 100 Tage in der Festung Vincennes zu büßen.

Für die Literaturkritik und Literaturwissenschaft stellten die „Kleinode" mit ihrer Enttabuisierung des Sexualbereichs eine bleibende Herausforderung dar. Dabei ließen sie sich nicht als „Jugendsünde" und „Eselei eines jugendlichen Bohemiens, der sein Genie an einen unwürdigen Gegenstand vergeudet" (M. Naumann) abtun. Die philosophischen und wissenschaftsgeschichtlichen Dimensionen des Textes geben einen detaillierten Einblick in Diderots aufklärerische Kritik am geistigen und gesellschaftlichen Leben. In moderner Diskurs-Form werden zur Klärung der Frage, „ob die weibliche Tugend ein Hirngespinst" sei, Standpunkte, Thesen und Ergebnisse aus den Wissenschaften und den Künsten sowie Befunde aus dem Alltag zur Diskussion gestellt.

Bei der bleibenden Herausforderung dieses Textes wäre es eher untypisch gewesen, wenn bereits der erste Versuch, ihn in der DDR herauszubringen, von Erfolg gekrönt worden wäre. Es sah jedoch zunächst so aus, denn der mit Eulenspiegel „profilgerecht" gewählte Verlag hatte klug die philosophisch-materialistische und gesellschaftskritische Grundhaltung in den Vordergrund gestellt und den Text gegenüber reaktionären Bewertungen als Pornografie und billiger Amüsierliteratur abzugrenzen verstanden. Nicht vorhersehbar war der reaktionäre „Geist" des 11. Plenums, in dessen Namen alle eingereichten Manuskripte einer „Prüfung" unterzogen wurden. Bei den „Kleinoden" fühlte sich Bruno Haid als Zensurchef durch eine Schlussbemerkung im positiven Außen-Gutachten bestärkt, die Veröffentlichung zu verweigern. Da war den „zuständigen Stellen des Partei- und Staatsapparates" empfohlen worden zu prüfen, ob die „Publikation im gegenwärtigen Augenblick unserer Literaturdiskussion opportun" sei.

Nun macht das Gerücht die Runde, dass dieses Gutachten das Buch verhindere. Das möchte die romanistische Gutachterin nicht auf sich sitzen lassen und verbittet sich bei Bruno Haid, als „Ausweichsündenbock in prekären Zeiten" missbraucht zu werden. Sie übernimmt die Verantwortung für die Veröffentlichung, bei der zum Jahresende eine „fälschliche Zusammenbringung mit den unerfreulichen und zu recht kritisierten Erscheinungen in unserer Gegenwartsliteratur" kaum mehr möglich sein werde. Das bezog sich vor allem auf die Kritik an Werner Bräunigs „Rummelplatz", deren Pornografie-Vorwurf sich auf eine einzige Szene gründete. Es blieb jedoch bei der Ablehnung, denn Haid sprach den DDR-Lesern die Fähigkeit ab, den gesellschaftskritischen Gehalt der „Kleinode" zu erkennen. Außerdem gab es gerade mal wieder nur Papier für „das Allernotwendigste", und dazu konnte man diesen Titel wohl wirklich nicht zählen. Ganze zehn Jahre blieb das Manuskript liegen, bis es 1976 im Eulenspiegel Verlag, nun gleich in 15 000 Exemplaren und mit höchst grotesk-deftigen Farbtafeln von Klaus Ensikat, erschien.

Simone Barck

Lex Heym

Als beim Frühstück das Telefon klingelte, legte der Sohn des Verlegers Wolfgang Tenzler den Hörer gleich wieder auf. „Angeblich ein Minister." Es war wirklich der Buchminister Klaus Höpcke, der beim Leiter des Buchverlags Der Morgen anfragte, ob er bereit sei, einen Roman Stefan Heyms zu verlegen. Es handelte sich um ein besonders „heißes Eisen", das auch 1973, im toleranten Klima des VIII. Parteitags, nur auf Grund der persönlichen Empfehlung Erich Honeckers an Kurt Hager veröffentlicht werden konnte. „Der König David Bericht" war ein Meisterwerk historischer Camouflage, das scheinbar die redaktionellen Mechanismen bei der Entstehung des Alten Testaments behandelte, aber in Wirklichkeit mit dem „alle Abweichungen ausschließenden ... Einen und Einzig Wahren Bericht und Autoritativen, Historisch Genauen und Amtlich Anerkannten Bericht usw." die Heilige Schrift der SED, die achtbändige „Geschichte der deutschen Arbeiterbewegung" von 1966 verspottete. Die Ohnmacht des schließlich totgeschwiegenen Historikers Ethan im Autorenkollektiv König Salomons, der pfiffige Umgang einer „verantwortlichen" Untersuchungskommission mit „weißen Flecken", dem Historiker versperrte Archive, spitzfindige Diskussionen über diverse Arten, (nicht) die Wahrheit zu sagen – das waren für den Kenner der poststalinistischen Parteigeschichtsschreibung bekannte Phänomene, zumal König Salomo sächselte, also mithin Walter Ulbricht gemeint war. Damit konnte Honecker durchaus leben.

Stefan Heym war der listigste und erfindungsreichste Virtuose im Spiel mit der Zensur. Seine Vorliebe für das zensurpolitisch brisanteste Gebiet, für Themen aus der Geschichte der

Arbeiterbewegung von „Lassalle" bis „Radek" zeugt von furchtloser Provokationslust.

Schon im Januar 1956 plädierte er auf dem IV. Schriftstellerkongress dafür, die staatliche Kontrolle durch die „Zensur des Herzens", die Selbstzensur des verantwortungsbewussten Schriftstellers zu ersetzen. Seine Texte schützte er vor Eingriffen, indem er sie zunächst auf Englisch bei „Seven Seas" publizierte, einer hauptsächlich für den Export bestimmten Verlagsreihe, die seine Frau als Abteilung von Volk & Welt betrieb. Heym erstaunte die Leser der Berliner Zeitung mit der Rubrik „Offen gesagt" und versetzte den Zensor im Amt für Literatur mit der Ankündigung in Schrecken, das alles sei nur ein Test für sein nächstes Buch über den 17. Juni, in dem er „unverschämt offen" sein werde. 1960 unterlief er wegen dieses Buches mit dem ominösen Titel „Der Tag X" den Begutachtungsmechanismus des Druckgenehmigungsverfahrens, indem er 50 Exemplare des 700 Seiten starken Manuskriptes im Selbstverlag herstellte und an die „führenden Genossen" und Kulturpolitiker verschickte. Es gibt kein besseres Beispiel, um der Jugend die Schrecken eines Lebens ohne PC und Kopiergerät auszumalen. Heym beschaffte sich illegal ein Ormig-Gerät nebst „Matrizen, Papier, Farbstoff, Filze, ganze Kanister voll Spezialspiritus". Zensoren mögen es nicht, wenn der Dienstweg verletzt wird: „Der Tag X" konnte in der DDR erst 1989 erscheinen. Allerdings war da längst eine westdeutsche Fassung bei Bertelsmann erschienen.

Stefan Heym war schon beim „Kahlschlag" auf dem berüchtigten 11. Plenum 1965 angeprangert worden, weil der Aufsatz „Die Langeweile von Minsk" – in dem er den Abbau „eines ganzen Sortiments sozialistischer Tabus" gefordert hatte – in der Hamburger „Zeit" erschienen war. Die Bindung an eine Schweizer Literaturagentur verschaffte ihm einen erweiterten Publikationsspielraum, den er konsequent nutzte: Wegen der Publikation des Romans „Collin" bei Bertelsmann wurde er 1979 zu 9 000 Mark Geldstrafe verurteilt, ja ein eigener Paragraf gegen Devisenvergehen, die „Lex Heym", wurde ins Strafgesetzbuch eingeführt.

Seine Kritik der Zensurpraxis der DDR verpackte er gern im historischen Gewand. Gutachter taxierten Heyms „Schmähschrift", die Geschichte von der Drangsalierung Daniel Defoes, als feindliche „Verkappung und Mummenschanz zur Tarnung eines ganz anderen Anliegens" und eine „Schmähschrift wider uns". Jede Zeile stecke „voller bösartiger Anspielungen und Bezüge", selbst 1703, die Quersumme der Zahl des Jahres, in dem die Handlung spielte, ergebe elf, was der bei einem solchen Autor besonders misstrauische Zensor als raffinierte Anspielung auf das 11. Plenum deutete.

Siegfried Lokatis

Impressum

Die Berliner Zeitung bekommt einen neuen Chefredakteur. Der ist erstaunt, welche Freiheiten sich die Redakteure herausnehmen, entdeckt auf einem Schreibtisch gar Kafkas Erzählungen und doziert, wir befinden uns offenbar in der DDR der frühen 60er-Jahre: „Die Verwandlung eines Menschen in einen Käfer ist für uns keine annehmbare Lösung." – „Ihr Start hier, Herr, der war wirklich hundsmiserabel", bescheinigt ihm prompt ein Mitarbeiter. Tatsächlich verschwindet der Chef „fast spurlos aus dem Gedächtnis der Rundschau, und die Zeitung arbeitete weiter, wieder besser jetzt, ohne ihn." Sein Nachfolger macht es besser und findet sich fabelhaft zurecht. Er versteht den „Kampagnen-Zyklus" und „die kleinen Brigaden-Kriege" wie die „großen Schlachten um eine zusätzliche Reinemachfrau". Leider macht er es allzu gut und bleibt deshalb ebenfalls nicht lange.

„Das Impressum" von Hermann Kant handelt davon, dass der Nachfolger „des Nachfolgers des Nachfolgers des Nachfolgers" des ersten Chefredakteurs kein Minister werden, sondern bei der Zeitung bleiben will, wo er als Botenjunge angefangen hatte. Eine Anspielung auf den Aufstieg Joachim Herrmanns? Ist das der auslösende Grund, weshalb „Das Impressum" nach der Manuskriptabgabe im März 1969 ein halbes Jahr lang den Aufbau-Verlag und die Studenten-Zeitschrift „Das Forum", die Hauptverwaltung Verlage, das ZK und den Kurt Hager in Aufregung hält, um dann für (glücklicherweise: nur) zwei Jahre auf Eis gelegt zu werden? Vielleicht. Es gibt viele Gründe für diesen hartnäckigen „Schmorfall".

So erklärt der Chefzensor Bruno Haid dem Autor, sein Roman sei erstens philosemitisch, zweitens antisemitisch und drittens pornografisch: „Du brauchst nicht über die drei Stellen nachzudenken. Wenn du sie herausnimmst, gibt es andere. Das Buch ist kaputt." Der Leiter der Zensurbehörde war allerdings hauptsächlich über den Vorabdruck des unzensierten Romans im „Forum" empört, der die Druckgenehmigung zu präjudizieren drohte. Er wurde unter einigem Hin und Her nach wenigen Nummern angehalten. Bei Kants „Aula" war ein solcher Vorabdruck noch gut gegangen, aber inzwischen saß Haid die Erfahrung des 11. Plenums im Nacken, die öffentliche Hinrichtung von Werner Bräunigs „Rummelplatz" im Dezember 1965.

Tatsächlich erfand jedes neue Gutachten, und es gab wenigstens zwanzig davon, Bemerkungen, Einschätzungen und Stellungnahmen, brachte jedes der zahlreichen klärenden Gespräche, die den zunehmend beratungsresistenten Autor zu Änderungen, am besten gleich zu einem anderen Buch hätten bewegen sollen, auch neue Einwände. Die Gräfin Lehndorff (d. i. Dönhoff) käme zu gut weg und die Passage mit der Parteiaufnahme sei ein „burlesker Ulk". „Nadelstiche gegen unsere Politik" und „Ressentiments verschiedenster Art" wurden konstatiert, hier sei „politisch unterschwellig gedacht und geschrieben" worden. Die Kulturfunktionärin Johanna Rudolph, die sich fälschlich als „Penthesilea" porträtiert glaubte (in Wirklichkeit war eher Lilly Becher gemeint), störte bereits der erste Satz. Erika Hinckel, Kurt Hagers kluge Vorzimmerdame, sah den Pferdefuß in der Banalisierung und Entheroisierung von 20 Jahren DDR-

Geschichte, in der Decouvrierung der politischen Phrase. Relativ spät kam man einer „antidogmatischen Konzeption" auf die Spur und stieß sich am Stalin-Bild. Imprägniert mit ironischer Schutzschicht erwies sich das Werk als zu schlüpfriger Aal. Den skandalösen Hauptfehler des Romans mochte keiner gern formulieren: Er stellte den Führungsanspruch der gealterten Eliten in Frage, der Moskau-Fraktion Walter Ulbrichts wie der Buchenwald-Veteranen in der SED-Spitze. Sollte jetzt etwa jeder Minister werden können? Das war mit sozialistischer Demokratie denn doch nicht gemeint.

Die Philologen-Frage, wie viele der monierten „Stellen" schließlich im Buch geblieben seien, kann nur der Vergleich mit der Erstfassung des Manuskripts klären. Gut, die Hochzeit mit Fran wurde ursprünglich durch eine fehlgeleitete sowjetische Granate gestört, nicht durch ein Bündel westdeutscher Flugblätter aus einem Fesselballon. Doch daß Hansi Wackerle ursprünglich Hansi Nackerle hieß, dürfte die ästhetische Substanz des Romans langfristig kaum beeinträchtigen. Zensurgeschichtlich wirkte das „Das Impressum" 1972 als Fanal für eine Literaturpolitik ohne Tabus, jedenfalls wenn man, wie Hermann Kant, fest auf sozialistischem Boden stand.

Siegfried Lokatis

Poesiealbum *127*

Allen
Ginsberg

Beste Leserin

Und wenn da wieder wer kommt und mir sagt:
„Gib schon Ruh. Laß gut sein."
Ich kann es nicht.
Weil ich weiß, dass Stalin noch immer ein Mausoleum besitzt,
Solang seine Erben unter uns umgehn auf Erden.

Dieser Schluss von Jewgenij Jewtuschenkos 1961 verfasstem Gedicht „Stalins Erben" musste alle jene provozieren, die seit dem XX. Parteitag der KPdSU nur halbherzig von den stalinistischen Praktiken in Politik und Gesellschaft abgerückt waren. Das traf auf die SED-Führung zu, die verdächtig schnell erklärt hatte, es habe in der DDR keinen Personenkult gegeben und keine unschuldig Verurteilten. Auch der zweite Entstalinisierungsschub nach dem XXII. Parteitag der KPdSU war schnell ins Stocken geraten. Zwar war im Dezember 1962 in der Zeitschrift „Nowyj mir" mit Alexander Solschenizyns „Ein Tag im Leben des Iwan Denissowitsch" die Epoche der russischen Lagerliteratur sensationell eingeleitet worden. Und auch „Stalins Erben" war von Chruschtschow zum Druck genehmigt worden. Jedoch bereits im März 1963 setzte derselbe zum vulgären Rundumschlag gegen Kunst und Literatur an, in dessen Folge vor allem Ilja Ehrenburg wegen seiner Memoiren und Jewtuschenko wegen seiner Gedichte der „ideologischen Koexistenz" und der „einseitigen Darstellung des Personenkults" angeklagt wurden.

Auch Ulbricht, konfrontiert mit dem ihn empörenden „Schrei nach Lagerliteratur" in der DDR, hielt im April 1963 ein Scherbengericht über die ostdeutschen Künstler für angebracht. Es brodelte heftig in intellektuellen Kreisen, und die Forderungen, es dem sowjetischen Beispiel gleichzutun, ließen sich nicht mehr überhören. Wozu hatte man schließlich immer gepredigt bekommen: „Von der Sowjetunion lernen heißt siegen lernen!"

Franz Leschnitzer, antifaschistischer Emigrant und Majakowski-Übersetzer, erst 1959 aus Moskau in die DDR übergesiedelt, hatte im November 1962 eine Übersetzung von „Stalins Erben" angefertigt, deren Abdruck im „Neuen Deutschland" von Hermann Axen mit dem Bemerken abgelehnt worden war, man überlasse diese „Sensation" gerne der „Prawda". Nach kurzer, erregter Prüfung in den obersten Zensurbehörden war eine deutschsprachige Veröffentlichung von Solschenizyn verworfen worden, obwohl es ein positives Gutachten der Slawistin Nyota Thun gegeben hatte. Weder „Stalins Erben" noch „Iwan Denissowitsch" kamen bis 1989 in der DDR heraus.

Hingegen erschien 1962 der erste deutschsprachige Gedichtband Jewtuschenkos bei Volk & Welt, herausgegeben und übersetzt von Franz Leschnitzer. Seine Gedicht-Auswahl „Mit mir ist folgendes geschehen" geriet in die anlaufende Lyrik-Welle mit den ein Massenpublikum begeisternden Veranstaltungen „Jazz & Lyrik". Die mit 700 geplante Auflage war auch nach Erhöhung auf 12 000 Exemplare sofort vergriffen. Davon gingen allerdings 8 000 nach Westdeutschland, wo das Interesse an der antistalinistischen Dichtung der Jewtuschenko-Generation ebenfalls enorm war. Das hatten schon die auf der Frankfurter Buchmesse anwesenden Verlagsmitarbeiter gespürt, als ihnen die Druckfahnen des Jewtuschenko-Bandes geklaut wurden. Sein Eintreten für Wolf Biermann, sein Protest gegen die Niederschlagung des Prager Frühlings und die Ausweisung von Solschenizyn machten die Herausgabe seiner Bücher auch für seinen DDR-Verlag Volk & Welt zum risikobehafteten Unternehmen. Erst in den 80ern konnten die DDR-Leser den Estraden-Dichter auch persönlich kennenlernen.

Der Band von 1962 enthielt mit „Babij Jar" („Großmütterchenschlucht") ein eindringliches Gedenken an die faschistischen Massenmorde an russischen Juden im September 1941 bei Kiew. Seine Ablehnung des Antisemitismus machte Jewtuschenko für immer zur Zielscheibe rassistischer und nationalistischer Angriffe.

Mit wütigem, schwieligem Haß,
So hassen sie mich – wie einen Juden.

Und deshalb bin ich
Ein echter Russe.

Jewtuschenko, der durch seine provokanten Auftritte auch im Ausland für Aufsehen sorgte und in den USA zum „superstar poet" avancierte, hielt den Auflagenrekord von 250 000 Exemplaren eines einzigen Gedichtbandes. Dabei hatte er durchgängig einen nervigen Kampf um seine Veröffentlichungen in der Sowjetunion zu führen und dabei manches Zugeständnis machen müssen. Er hatte die Zensur als seine „beste Leserin" erlebt und in seinem autobiografischen „Wolfspaß" (Volk & Welt 2000) alle ihre schmutzigen Tricks gebrandmarkt.

Simone Barck

Schwarze Bohnen

Es war ein kleines Gedicht mit dem Titel „Schwarze Bohnen", das die damals 32-jährige Lyrikerin Sarah Kirsch 1968 in die literaturpolitischen Schlagzeilen geraten ließ. Beschrieben werden in ihm alltägliche Verrichtungen an einem Nachmittag in Bejahung und Zurücknahme: ein Buch zur Hand nehmen, an den Krieg denken. Und:

nachmittags mahle ich Kaffee
nachmittags setze ich den zermahlnen Kaffee
rückwärts zusammen schöne
schwarze Bohnen ...

Erschienen war das Gedicht in der umstrittenen, von der dominierenden literaturpolitischen Linie verdammten Anthologie „Saison für Lyrik" im Aufbau-Verlag. Maßgebliche Literaturfunktionäre erblickten darin wieder mal einen Versuch, die Kriterien des sozialistischen Realismus außer Kraft zu setzen. Statt wesentliche „soziale Probleme des internationalen Klassenkampfes" zu gestalten, würden hier von 17 Autoren (darunter Volker Braun, Heinz Czechowski, Adolf Endler, Bernd Jentzsch, Rainer Kirsch, Günter Kunert und Rainer Kunze) vor allem real-sozialistische Widersprüche thematisiert, abseitige Schauplätze und Randerscheinungen behandelt. Es fehle den Gedichten an „hymnischem Gestus", von sozialem Pathos ganz zu schweigen. Vorherrschend wären Züge von Pessimismus und Resignation, kleinbürgerlich-anarchistische Haltungen, und es wäre eine zunehmend elitäre Selbstverständigung zu beobachten. Bei solcherart Einschätzungen war es erstaunlich, dass der Band die Zensurbehörde überhaupt passiert hatte und wir es hier mit einem der eher seltenen Fälle von Nach-Zensur zu tun haben.

Dass angewiesen wurde, den Restbestand der Anthologie zu makulieren, hatte jedoch vor allem mit dem Einmarsch sowjetischer Truppen in die Tschechoslowakei und der „Abrechnung" mit dem Prager Frühling auch in der DDR zu tun. Was im Frühjahr noch gerade durchgegangen war, musste den Funktionären jetzt als alarmierendes Zeichen von „Aufweichung und Liberalisierung" erscheinen. Noch auf dem Schriftstellerkongress 1969 wurden die „Schwarzen Bohnen" wegen ihrer „spätbürgerlichen Position der Aussichtslosigkeit", als Beispiel für die „Verlorenheit im Gedicht" angeprangert.

Es sollte einige Jahre dauern, bis 1973 wieder etwas von Sarah Kirsch herauskam – und zwar gleich drei Bücher: der Erzählungsband „Die ungeheuren bergehohen Wellen", der Frauen-Protokollband „Die Pantherfrau" und der (nach „Landaufenthalt", 1967) zweite Gedichtband „Zaubersprüche". Mit diesen Publikationen gab sich Sarah Kirsch als unverwechselbare Sprachkünstlerin in Prosa und Dichtung zu erkennen. Die Rede vom Sarah-Sound (Peter Hacks) erwies sich bei aller Ironie als zutreffender Hinweis darauf, dass hier eine Dichterin singulär und innovativ am Werke war. Mit den „Zaubersprüchen" (1974 auch in der Bundesrepublik erschienen) nahm sie ihren Platz in der deutschsprachigen Lyrik des 20. Jahrhunderts ein, ganz im Sinne der von ihr verneinten Trennung der Literatur der beiden deutschen Staaten.

Franz Fühmann widmete diesem „zauberhaften Buch" 1975 ein gewichtiges interpretatorisches „Vademecum für Leser von Zaubersprüchen", in dem er die „magische Macht" dieser Poesie bekräftigt und den literaturpolitischen „Binsenweisheitlern" mit kongenialer Analyse der gegenständlichen, metrischen, orthografischen und lexikalischen Besonderheiten dieser Dichtung begegnet. In der Märchenwelt der Sarah Kirsch, die ihre Gedichte als „Fachliteratur für Hexen" verstanden wissen möchte, bewegen sich außer den Hexen Könige und Engel, Tiere und Pflanzen, spiegeln sich Flüsse und Seen, die Farbe Blau dominiert.

Der Auswahl-Band „Musik auf dem Wasser" bei Reclam 1977, herausgegeben von Elke Erb (2. berichtigte und erweiterte Auflage 1989), sollte das letzte in der DDR erschienene Buch von Sarah Kirsch bleiben, denn die Repressalien nach ihrer Unterschrift gegen die Biermann-Ausbürgerung machten ihr ein Verbleiben in dem früher von ihr als „klein und wärmend" beschriebenen „Ländchen" DDR nicht länger möglich.

Simone Barck

Anthologie gestrichen

Die provozierende Bilderwelt und die sprachlichen Evokationen expressionistischer Kunst und Literatur stellten für die Kulturpolitik der SED, die Erbe-Konzeption und den sozialistisch-realistischen Kanon bis weit in die 60er-Jahre hinein eine Herausforderung dar. Seit der Formalismus-Kampagne Anfang der 50er-Jahre zählte der Expressionismus offiziell zu den als „dekadent" befehdeten Kunstrichtungen.

Erst 1969 kam eine Sammlung expressionistischer Lyrik im Aufbau-Verlag heraus. Dabei hatten sich Dichter wie Stephan Hermlin und Erich Arendt bereits weit früher um die Veröffentlichung expressionistischer Texte bemüht. Zeugnis davon geben die Unterlagen einer von Arendt für den Leipziger Insel Verlag vorbereiteten umfangreichen Anthologie, deren Drucklegung er

„nach Jahren verlorener Zeit" im April 1961 erwartete. Dies ist die letzte Spur eines nicht erschienenen Buches, dessen Genehmigungsverfahren sich über ein Jahr hingeschleppt hatte. Als es zum Abschluss gekommen schien, flammte eine neue Expressionismus-Debatte auf, in der der Chef der Kulturkommission beim Politbüro Alfred Kurella hochoffiziell noch einmal das Dekadenz-Verdikt aus den 30er-Jahren auftischte. Trotz des Einspruchs des bekannten sowjetischen Germanisten Ilja Fradkin war die Anthologie in diesem Kontext nicht mehr zu legitimieren.

Erich Arendt, Jahrgang 1903, der seine ersten Gedichte im expressionistischen „Sturm" veröffentlicht hatte, wollte mit der – in ihrer Art einmaligen – Sammlung von 800 Gedichten von rund 85 Autoren „diese für die Entwicklung unserer Dichtung entscheidende Epoche einem interessierten Lesepublikum zugänglich" machen und zugleich „nach einem wissenschaftlichen Ermessen, eine umfassende grundlegende Zusammenstellung für Forschung und Literaturwissenschaft" geben. Alle Teilnehmer des „hundertstimmigen Konzerts" sollten daher vertreten sein. Von Becher (mit 37 Gedichten) über Gottfried Benn (mit 28 Gedichten), Ivan Goll (mit 20), Else Lasker-Schüler (mit 29) bis zu Paul Zech (mit 14).

Das Verlagsgutachten von Johannes Bobrowski würdigte im August 1960 das Unternehmen als „höchst verdienstvoll" und akzeptierte die Auswahl in ihren Proportionen. Der vom Amt beauftragte Außengutachter I. M. Lange, wie Arendt Zeitzeuge der expressionistischen Bewegung, begrüßte zwar auch die Anthologie, sah jedoch hinsichtlich der Aufgabe „Stärke und Schwäche der Expressionisten und ihrer Ideologien aufzuzeigen, wie auch darauf einzugehen, was daraus geworden ist" erheblichen Veränderungsbedarf. Das Nachwort solle mehr aus der Perspektive „von heute" geschrieben sein und müsse deutlicher die politisch orientierten und die rein formal experimentierenden Vertreter des Expressionismus gewichten. Der Vorschlag, die Zahl der Gedichte des umstrittenen Gottfried Benn („die widerlichen Krankenbilder") zu reduzieren, hingegen den „reinen Dada-Quatsch von Ball, Hülsenbeck oder dem üblen Clown Schwitters" ganz zu streichen, kamen Erich Arendt auf altbekannte Weise sektiererisch vor. Zur Absicherung seiner Position verwies er auf Absprachen mit dem verstorbenen Johannes R. Becher, „einem ehemals größten Expressionisten", der seine Auswahl und Auffassung grundsätzlich für gut befunden habe. Nach dessen „sachkundigsten und berufensten Kriterien" habe er lediglich einige „Eintagsfliegen" entfernt.

I. M. Lange fühlte sich nun seinerseits düpiert und fragte im Februar 1961 beim Amt an, ob er sich solche Anwürfe als „Sektierer" gefallen lassen müsse. Er wünschte, dass die Zensurbehörde für einen Lektor, der doch bisher stets zu ihrer Zufriedenheit gearbeitet habe, auch offen eintrete. „Denn sonst dürfte die Arbeit, die er bisher getan hat, ihm kaum noch Freude machen."

Wie oft in solchen kontroversen Fällen suchte das Amt Auskunft bei einem dritten Gutachten, das eine wesentliche Kürzung des „noch nicht voll ausgereiften Vorhabens" vorschlug, um die „positiven Elemente" des Expressionismus zu betonen. Mit der Einschätzung seiner jahrelangen Arbeit als bloßes „Rohmaterial für einen Sammelband" war für Erich Arendt die Grenze des Zumutbaren überschritten. Im Insel Verlag war zwar noch gelegentlich von einer Weiterarbeit an der Anthologie zu hören, doch sie verlief im Sande.

Simone Barck

Subjektivität

In der noch nicht geschriebenen Lyrik-Geschichte der DDR wird der Name von Bernd Jentzsch einen wichtigen Platz einnehmen. Nicht nur als Autor, sondern auch als Herausgeber, Lektor und Übersetzer war er seit Anfang der 60er-Jahre bis zu seiner erzwungenen Ansiedelung in der Schweiz nach der Biermann-Ausbürgerung 1976 höchst intensiv und produktiv mit der Lyrik-Entwicklung in der DDR verbunden.

Als Jüngster aus der später „Sächsische Dichterschule" genannten Lyriker-Generation hatte er 1961 mit gerade mal 21 Jahren

einen eigenen Gedichtband („Alphabet des Morgens") im Mitteldeutschen Verlag veröffentlicht. Das war noch vor der wenig später
einsetzenden spektakulären Lyrik-Welle gewesen, mit der eine für
DDR-Verhältnisse singuläre Öffentlichkeitsdimension erreicht wurde. Jentzsch war bei seinen Auftritten vor allem durch sein Gedicht
„Über das Randalieren aus akademischen Gründen" aufgefallen.
Das Jahr 1963, an das er sich später, 1992, als das „lange Jahr des
öffentlichen Gedichts" erinnerte, zeigte den selbstbewussten An-
tritt einer neuen Lyriker-Generation mit Volker Braun, Sarah und
Rainer Kirsch, Karl Mickel, Heinz Czechowski, Adolf Endler und
anderen, die mit Originalität und engagierter Übersetzungsarbeit

auch international für Aufmerksamkeit sorgten.

Bernd Jentzsch engagierte sich als Lektor im Berliner Verlag
Neues Leben für die junge Dichtung mit der Reihe „Auftakt",
ab 1964 „Auswahl. Neue Lyrik – Neue Namen". Zugleich schuf
er mit dem „Poesiealbum" eine populäre Lyrik-Reihe, in der er
für über 100 Hefte verantwortlich zeichnete. Auf je 32 Seiten,
mit doppelseitiger Grafik und dem gleich bleibenden Preis von
90 Pfennig, brachte das „Poesiealbum" die „wertvolle Dichtung
der Vergangenheit und Gegenwart, besonders aber auch die neue
sozialistische Lyrik der DDR" heraus. Im „Poesiealbum", das mit
meist 10 000 Exemplaren auch im Abonnement durch die Deutsche Post zu bekommen war, standen Brecht, Heine, Ovid, Whitman, Neruda, Jessenin und Lorca neben Erich Arendt, Stephan
Hermlin, Inge Müller, Thomas Brasch und Richard Leising.

In seiner Arbeit hatte Jentzsch reichlich Erfahrungen im Umgang mit der Zensur sammeln müssen. So hatte zum Beispiel
seine anspruchsvolle Anthologie „Das Wort Mensch. Ein Bild
vom Menschen in deutschsprachigen Gedichten aus drei Jahr
hunderten" eine „lange und bösartige Geschichte", bis sie 1972
erschien. Wegen der „Subjektivität", aber auch „mangelnder
Parteilichkeit" und „Originalitätssucht" seiner Auswahl wurde
der Herausgeber mehr als ein Dutzend Mal zu Veränderungen
genötigt. Die Eingriffe betrafen sowohl Klassiker-Texte wie von
Goethe, wo die Zensurbehörde in einem Epigramm über die

„Fürsten Germaniens" eine Anspielung auf Ulbricht unterstellte, als auch und vor allem „dekadente" Dichter wie Gottfried Benn. Als politisch missliebig mussten Günter Grass, Erich Fried und Wolfdietrich Schnurre herausgenommen werden. Als „anstößig" fielen der Streichung anheim: Wolf Biermann, Reiner Kunze und Dieter Mucke. Bei den vorgesehenen Gedichten Peter Huchels, der 1971 nach jahrelangen Schikanen endlich hatte ausreisen dürfen, musste reduziert werden.

Eine andere Anthologie – von schweizerischer Dichtung des 20. Jahrhunderts – war es, die Bernd Jentzsch im Oktober 1976 einen Arbeitsaufenthalt in der Schweiz ermöglichte. Nach seinem „Offenen Brief" an Erich Honecker, in dem er gegen die Ausbürgerung Biermanns und den Ausschluss Kunzes aus dem Schriftstellerverband „leidenschaftlich und unwiderruflich" protestierte, wurde er zur „Fahndungsfestnahme" ausgeschrieben. Erst 1986 konnte er unbehelligt in die DDR einreisen. Da war seine Mutter, die den Repressionen der Stasi ausgesetzt gewesen war, bereits acht Jahre tot. Im Visier der Stasi war Jentzsch bereits seit 1968, die durch seine „Aktivität als Lektor" im Verlag Neues Leben einen „Konzentrationspunkt negativer und feindlicher Lyriker der DDR" gebildet sah. 1973 wurde er von ihr als „politisch unzuverlässig" und „mit unerlaubten Westkontakten" charakterisiert, 1975 ein umfangreicher Vorgang „OV-Prosa" angelegt.

1992 war Jentzsch Gründungsdirektor des Deutschen Literaturinstituts der Universität Leipzig. Hier, wo er einst bei Georg Maurer Dichter wie Klopstock und Hölderlin schätzen gelernt hatte, gab er jetzt die „alte Lust, sich aufzubäumen", weiter.

Simone Barck

Absolute Provokation

Der Kopfbogen des Druckgenehmigungsantrags war mit energischer Geste durchgestrichen. Deleatur! Das Manuskript von Heft 3/1978 der Zeitschrift „Temperamente. Blätter für junge

Literatur" stellte nach beiliegender Stellungnahme des Leiters des FDJ-Verlages Neues Leben eine „absolute Provokation" dar und war der Höhepunkt von eskalierenden Auseinandersetzungen um die 1976 so verheißungsvoll neu gegründete Zeitschrift.

Denn es war schon ein kleines Ereignis gewesen, dass in der statisch verfassten Zeitschriften-Landschaft der DDR ein neues Journal zugelassen wurde, in diesem Fall unter der Ägide des FDJ-Zentralrats. Mit den „Blättern für junge Literatur", so der Untertitel von „Temperamente", wollte man die „vernachlässigte Arbeiter- und Bauernjugend" erreichen und zugleich jungen und bisher unbekannten Schreibenden die Möglichkeit zum Publizieren bieten. Die Gründungsmannschaft, neben Karl-Heinz Jakobs, Fritz-Jochen Kopka, Michael Berger, Jochen Laabs, Richard Pietraß auch Joachim Walther und Frank Hörnigk, wollte „Erfahrungen einer jungen Generation von Lesern und Autoren" zusammenführen, „Grunderlebnisse einer Generation, die mehr zu tun hat, als die Tapete in das Haus zu kleben, das Kommunismus heißen wird."

Die Zeitschrift sollte avantgardistisch und aufklärerisch, gefühlsstark und radikal, verspielt und kämpferisch, aber dezidiert mit sozialem Gewissen daherkommen. Dazu wählten die Akteure eine lockere, bunte Machart, die in Gestaltung und Layout originell und mit frechen Aphorismen anregend wirkte. Es dominierten unbekannte Namen, von denen Texte zur Arbeitswelt, Alltag und Freizeit, Schule und Ausbildung, zu Problemen des Erwachsenwerdens und der Sexualität bevorzugt wurden. Dabei war ein kritischer Grundgestus nicht zu übersehen, der für eine starke Leserresonanz sorgte. Ein wichtiger Akzent lag auf der von Jugendlichen bevorzugten Science-Fiction und Krimi-Literatur.

Nachdem bereits die ersten Hefte als „politisch nicht ausgewogen" und voller Ressentiments gegenüber der Kulturpolitik aufgefallen waren, und Heft 1/1977 fast neu zusammengestellt werden musste, entließ der Verlag 1978 gleich die gesamte Redaktion wegen „konterrevolutionärer Plattformbildung". Die Stasi, die vor allem Jakobs, aber auch andere Beteiligte wegen ihres Protests gegen die Biermann-Ausbürgerung observierte, sah die Zeitschrift ausschließlich Nachwuchsautoren vorstellen, die „eine dem Sozialismus fremde Literatur" schufen.

Worin bestand nun die „absolute Provokation" des „makabren bis peinlichen" Hefts 3/1978? Helga Königsdorf gestalte in „Bolero" einen Mord wegen Ehebruch, Ilf und Petrows „Heliotrop" hinterlasse Ratlosigkeit, Uwe Saeger führe uns einen Affen vor, der als Mensch im Sozialismus nicht leben könne, weil ihn sein Schöpfer zum Ideal gemacht habe, er lande folgerichtig auf der Müllkippe. Die „Masche unveränderter Protokollaufnahmen" werde laienhaft weitergeführt (Renate Wullstein), der Uwe Greßmann-Komplex sei zu breit geraten. Als politisch unverantwortlich habe man das Interview mit dem sowjetischen Autor Valentin Rasputin zu werten und der Beitrag des polnischen Autors Edward Redlinski komme einer politischen Diffamierung gleich. In der Rubrik „Vorrat", in der regelmäßig Texte aus dem internationalen und internationalen Erbe gebracht wurden, sei ausgerechnet an Novalis statt an die proletarisch-revolutionären Schriftsteller (anlässlich des 40. Jahrestages der Gründung ihres Bundes, des BRPS) erinnert worden.

In der Folge kümmerte sich der Zentralrat der FDJ direkt um die Zeitschrift, nach einem Intermezzo mit versierten kulturpolitischen Funktionären geriet sie in den 80er-Jahren in gemäßigtere Bahnen. Da man sie in Zeiten der sich entwickelnden Underground-Literatur unbedingt als integrierendes Medium erhalten wollte, mussten FDJ- und SED-Funktionäre es hinnehmen, dass die junge Literatur mit ihren alten politischen und auch ästhetischen Maßstäben nicht übereinstimmte. Das zeigte der hier waltende Realismus in der kritischen Schilderung der Arbeitswelt in den Betrieben, der Benennung von sozialen Unterschieden und dem dokumentarischen Aufzeigen vom Versagen von Partei- und Gewerkschaftsfunktionären im „Umgang mit den Menschen". Das letzte Heft der Zeitschrift (4/1990) fragte schließlich, ob DDR-Autoren gelogen haben.

Simone Barck

Private Gefühlsausbrüche

Es sei dahingestellt, ob er nicht doch ein Genie war – die literarische Öffentlichkeit bekam keine Chance, das zu beurteilen. In der Zensurbehörde galt P. G. R. als unerträglicher Querulant. Eben erst, Anfang 1959, hatte er sich wieder bei Minister Abusch beschwert, dass er seit zehn Jahren vergeblich versuche, seine Gedichte bei einem DDR-Verlag unterzubringen.

22 Seiten lang war der Brief, die fünf Anlagen mit Fotos, Zeichnungen und 45 Seiten voller Gedichte nicht mitgerechnet. P. G. R., der als „grundbescheidener Mensch" den Vergleich mit „mindestens Leonardo da Vinci" ablehnte, fühlte sich, „die Vielfalt der Vielfalt in Person", nicht nur zum Dichter, sondern auch als Bildhauer, Maler, Grafiker, Schauspieler und Schubert-Sänger berufen. Um es mit seinem Vorbild Fischer-Dieskau aufzunehmen, fehle ihm nicht mehr als ein wenig Ausbildung und Praxis. Er beklagte die „leiernde und gerade hinaus geplärrte" Nachäfferei und die „Schluckauf-Vorschläge" der Schlagersänger und litt unter den „Exzessen" eines Louis Armstrong. Er zerrupfte aber auch Reime des Staatsdichters Becher, Satzabläufe Goethes und Hexameter Homers.

„Es gibt Leute im Ausland, die mich für einen der bemerkenswertesten, wenn auch zurzeit noch unter der Oberfläche lebenden deutschen Lyriker der Gegenwart halten, ja solche, die mir mehr Ehre vorausgesagt haben, als ich hier auch nur anzudeuten wage." „Feinsinn ohnegleichen", „Übermaß an Takt" und „geniale Schlichtheit" attestierte er sich und war „voll des Staunens" über seine Werke, deren Skala „vom zartesten Hauch eines Liebesgedichtes bis zum brutalen Faustschlag in ein gesellschaftliches Problem" reiche. So legte er dar, dass „primitive lyrische Versuche" und die wie in einer Bonbonfabrik „zerhackte Prosa" anderer gedruckt worden seien, nicht hingegen seine Zeilen aus der „Hühnerromantik":

Gack, gack! Was heißt Vergissmeinnicht?
Verzog die Henne das Gesicht

und zwang verächtlich einen Klecks
aus ihrem Federsteißgewächs.

Es ist schwer zu sagen, was die Zensoren mehr verstörte, die Kostprobe:

In seines Schädels glänzendem Gerunde
sott des Jahrhunderts konzentrierte Kunde

oder der folgende Frontalangriff:

Wahrheit kennt kein Surrogat!
Wer sie niederschießt ist wert
– als des Teufels Lohnsoldat –
Daß er selbst zur Hölle fährt!

Wie der Dichter drohte, warteten Tausende solcher „ihrer Freiheit beraubten" Gedichte darauf, „aus der muffigen Schubladenluft in die frische Atmosphäre der Öffentlichkeit hinüberwechseln" zu können.

Der Zensor antwortete ungerührt, die Verlage hätten mit ihrer Ablehnung vollkommen Recht, und das gelte auch für die Zeichnungen. Der „Umschlag von der künstlerischen Selbstbetätigung zur wahren Kunst" gelinge eben nicht jedem, sondern nur dem wirklichen Talent. Doch P. G. R. gab nicht auf. Weil der Künstler, der inzwischen als Biologe am Forschungsinstitut Manfred von Ardennes arbeitete, jetzt recht unverhüllt mit der Flucht in den Westen drohte, wurde ihm im April 1961 die seltene Ausnahmegenehmigung erteilt, 500 Exemplare des Gedichtbandes „Hundert private Gefühlsausbrüche" für den „Privatgebrauch" im Selbstverlag zu drucken. Die Literaturbehörde sah sogar großzügig über einige ideologische Mängel hinweg. P. G. R.s Forderung nach „einer allgemeinen totalen Abrüstung" ignorierte die Rolle des „sozialistischen Friedenslagers" und „lähmte die Widerstandskräfte".

Der Rat des Stadtbezirks Dresden-Ost war aufmerksamer und ließ den Druck nach der ersten öffentlichen Lesung anhalten. Als sich der Dichter beim Ministerium für Kultur über diese Eigenmächtigkeit mit dem Argument beschwerte, auch Gedichte von Goethe und Schiller könne man „so oder so auslegen", bedauerte die Zensurbehörde nur „bei aller Toleranz", dass „die damalige Begutachtung" nicht gründlich genug gewesen sei. „Was seinerzeit versäumt wurde, musste jetzt nachgeholt werden."

Der materielle Schaden des Autors war mit 3 000 Mark für damalige Verhältnisse erheblich, nicht zuletzt, weil er seine Gedichte selbst illustriert hatte. Heute sind die höchstens 25 überlebenden Exemplare der „Hundert privaten Gefühlsausbrüche" dank der Zensur eine Rarität.

Siegfried Lokatis

Grenzwacht

Paul
Nizan

Aden

∿∿∿
Spektrum

Pamphlet

Abenteuer eines Zwerges

1958 verschärfte das Ministerium für Kultur der DDR die Zensurpraxis und begann damit, nicht nur „feindliche" westliche Bücher, sondern auch die Literatur aus den sozialistischen „Bruderländern" zu kontrollieren. Beispielsweise witterte man in Ost-Berlin, dass der führende tschechische Buchexporteur ARTIA Prag seine deutschsprachige Produktion auf die „dekadenten" Lektürebedürfnisse des westdeutschen Gegners abgestimmt hatte. Die „tschechischen Freunde" hatten seit Jahren kein einziges Buch aus der DDR lektoriert und waren „sehr bestürzt", als es – zehn Jahre vor dem Prager Frühling – hieß, dass viele ihrer Bücher „der politischen Konzeption der DDR entgegenstünden".

Der Leiter von ARTIA erhielt aus Berlin ein Gutachten, von dem man sich dort eine heilsame pädagogische Wirkung versprach. Man war „sehr interessiert zu wissen, wie das Gutachten in Prag aufgenommen wird". Da es dort einen Sturm der Empörung auslöste und der bilaterale Literaturaustausch bis auf Weiteres zum Erliegen kam, blieben Gutachten fortan strikt intern.

Der Autor des kritisierten Märchenbuches „Lüttepitt oder unglaubliche Abenteuer eines wirklichen Zwerges", Ludvik Askenazy, war der Schwiegersohn Heinrich Manns und in der Tschechoslowakei entsprechend angesehen. Aber auch der DDR-Gutachter war spürbar von der Geschichte begeistert:

„Man muss A. bestätigen, dass er mit Fantasie und dichterischer Kraft mit feinsten Pinselstrichen bis ins kleinste Detail hinaus eine Wunderwelt der Vergangenheit wieder aufleben lässt, wobei alle bekannten Märchengestalten zauberhaft schön erneut auf die Bühne treten; Könige und Prinzessinnen, Zwerge und Zauberer, sprechende Tiere, Pflanzen und Steine, himmlische und unterirdische Paläste; alles erhält Leben und Sprache, Farbe und Gestalt, selbst der Wind, der Duft einer Blume, die Seifenblase und der flüchtige Gedanke. Im Märchen wird auch edlen Gefühlen und Charaktereigenschaften Raum gegeben, wie dem Pflichtbewusstsein zur Durchführung einer übertragenen und übernommenen Aufgabe, wie der Hilfsbereitschaft in gemeinsamer Not oder der echten Freundschaft gleich gestimmter Menschen."

A. zeige „auf eine den Kindern sehr verständliche Art" und pädagogisch geschickt die Schrecken des Krieges. Doch „trotz allem farbigen Glanz und fantasievoller Fabulierkunst" fand der Gutachter, dass das Märchen aus drei Gründen abgelehnt werden müsse:

Erstens gebe der Autor „gewissen revisionistischen feindlichen Einflüsterungen" Raum. „Angriffe auf Parteiorgane und Funktionäre und vor allem auf die Agitation und Propaganda der Partei" würden umgemünzt in „Anspielungen, Redewendungen, Verallgemeinerungen, in Traum und Sehnsucht nach ‚Befreiung vom geistigen Zwang' usw." Allerdings wäre es möglich, solche Stellen „ohne Einbuße an poetischem Gehalt" bei einer Überarbeitung zu streichen. Zweitens würden die Pygmäen „als Menschenfresser und sozusagen als Halbmenschen hingestellt", wo doch neueste Forschungen ergeben hätten, dass dieser Volksstamm zwar sehr primitiv produziere, aber auf urkommunistischer Grundlage, und „im Gegensatz zu den zivilisierten und pomadisierten imperialistischen Ungeheuern" weder ausbeute noch Kriege anzettele und somit den „wirklichen und modernen Menschenfressern von heute weit überlegen" sei. Drittens sei das Werk tief pessimistisch, glaube nicht an den Fortschritt, und „Menschen und Zwerge, die in verschiedenen Gesellschaftsformen lebten", zeigten die gleichen Charaktereigenschaften. „Alle Menschen bzw. Zwerge" seien „Karrieristen, Neider, Intriganten oder Dummköpfe." Es sei bedauerlich, dass das Märchen weder von den „Großbauten des Kommunismus" noch von der Eroberung des Weltalls durch den Sputnik handele, und sich ein so fähiger Dichter sperre, „das Neue zu zeigen". „Statt die heutigen, doch so lebendigen, der breitesten Entfaltungen aller Fähigkeiten des Kindes, seinem Drang nach Aneignung auch der technischen Errungenschaften entsprechenden pädagogischen Maßnahmen zu erläutern, erzählt A. die grausame Bestrafung des dicken faulen Jungen aus dem Stamm der Pygmäen, der seiner Faulheit wegen, weil er keine Schularbeiten gemacht hat, geschlachtet, gekocht und aufgegessen wird."

Siegfried Lokatis

Bestien in Blue Jeans

Was an Büchern importiert, übersetzt und in einem DDR-Verlag gedruckt werden durfte, musste zunächst die landesüblichen Prüfungsprozeduren, ein literaturpolitisches Einbürgerungsverfahren überstehen. So entstand im „Leseland" ein spezifischer Kanon zugelassener Autoren einer „humanistischen" Weltliteratur. Anfang der 60er-Jahre war dieser deprimierend eng gefasst, die als „westliche Dekadenz" gehandelte literarische Moderne von der Bildfläche verschwunden. In der Druckgenehmigungsakte „Ca" begegnet man einigen solcher „problematischen" Autoren: Erskine Caldwell, Italo Calvino, Albert Camus und Truman Capote. Damals war unvorstellbar, dass sie einmal alle und sogar verstärkt durch Elias Canetti und den kubanischen Großmeister des magischen Realismus, Alejo Carpentier, unter „C" die Verlagsbibliografie von Volk & Welt zieren würden.

„Amerikanischer Schriftsteller. Unter der Maske des kritischen Realismus in Pornografie absinkende Elendsbeschreibung" war beispielsweise 1954 der Ablehnungsgrund für ein Buch Erskine Caldwells. Auch 1965 galten die „grellen Szenen" in Caldwells „Tabakstraße" als „kaum noch erträglich, zumal wenn bei diesen schmutzigen, demoralisierten Menschen das Sexuelle sich nach vorn schiebt, was häufig geschieht". Die Volk-&-Welt-Lektoren griffen zu einer typischen Argumentation: Die „Vertiertheit" einer „bis zur Bestialität verstumpften" Farmerfamilie zeige das „scheußlich logische Ergebnis der Umwelt, der kapitalistischen Wirtschaft". Das „Fehlen einer ermutigenden Aussicht auf den gesellschaftlichen Ausweg" sei „für die „Leserschaft unserer DDR" unerheblich, da „schon die Anprangerung solcher Verhältnisse im herrlichen Amerika einen hohen Aussagewert" sichere.

Italo Calvinos „Baron auf dem Bäumen", der sich 53 Jahre lang von Ast zu Ast schwang, katapultierte die zuständige Zensorin in einen „Zustand ständigen Übelseins". Sie glaubte tatsächlich zunächst, es mit einem Autor des 19. Jahrhunderts zu tun zu haben. Dieses „Garn" könne nur ein „allen heutigen Menschheitsproblemen abseits Stehender" gesponnen haben. „Falls aber Calvino ein heutiger Schriftsteller ist, erscheint mir die Übertragung und gar die Drucklegung dieses Buches in der DDR unmotivierbar." Ein anderer Gutachter, der sich an einen „Tarzan-Schmöker" erinnert fühlte, suchte „in dem Unsinn verwirrt und verbissen einen tieferen Sinn, um schließlich zu dem Schluss zu gelangen, dass ein solcher fehlt." Wie wurde Calvino dennoch Hausautor von Volk & Welt? Ursprünglich Kommunist, hätten ihn die „Ereignisse von 1956", also der sowjetische Einmarsch in Ungarn, „etwas verwirrt", lautete die Argumentation, und nur deshalb sei er aus der KPI ausgetreten. Sein Verlag betonte jedoch, dass er sich danach „anständig verhalten" und nicht in den antikommunistischen „Chor der Ehemaligen" eingestimmt habe, eine „von unserem Standpunkt aus gesehen verurteilungswürdige" Haltung, die aber nicht verböte, Calvinos „progressiv orientierte" Werke zu veröffentlichen.

Auch bei Albert Camus hatte zwar nach dem 17. Juni 1953 und 1956 unter dem Einfluss der großbürgerlichen Presse der „politische Instinkt" versagt, doch zu Unrecht werde Camus vom „Schubladendenken der bürgerlichen Literaturwissenschaft" mit Sartre und dem Existenzialismus in einen Topf geworfen. Der Verlag plädierte auch in diesem Fall auf mildernde Umstände. Der Pessimismus des Autors sei erkrankungsbedingt und auf schlechten literarischen Einfluss zurückzuführen. Ein Gutachter verfiel sogar darauf, Camus als Opfer des preußischen Militarismus aufzumachen, weil dessen Familie 1871 aus dem Elsass nach Algerien vertrieben worden sei. In der „Pest" sah der

Gutachter eine Allegorie auf den Niedergang Frankreichs und der kapitalistischen Welt. Die Handelnden lebten zwar noch im Absurden, aber sie versänken nicht mehr darin.

Truman Capotes Klassiker „Kaltblütig" wollte man als „Produkt einer kranken Gesellschaft" rezipiert wissen, in der, siehe Kennedy, „Mord als politische Waffe benutzt" werde. Das Opfer sei zwar ein wohlhabender Farmer, doch im „Rahmen der imperialistischen Ausbeutergesellschaft" von guter sozialer Gesinnung und erinnere an Tolstoj. Als durchschlagend erwies sich das Argument, dass die mörderischen „Bestien" in Blue Jeans gekleidet seien.

Siegfried Lokatis 201

Aktenzeichen XY

21 Zensurakten zum Buchstaben „K" beginnen mit Kafka und Kant, und erst bei Kuczynski, Kunert und Kunze ist das Ende in Sicht. Hingegen sind die Buchstaben XY in einem einzigen, alarmierend dünnen Ordner versteckt, der sich überdies hauptsächlich mit den Autoren „Wr-Wy" beschäftigt. Der einzige „Autor mit X" ist Xenophon. Gegen die „Anabasis" hatte der Zensor „keine Einwände".

Sonst regieren in der Akte Autoren aus dem Reich der Mitte. Chinesische Literatur wurde in der DDR der 50er-Jahre auf vielfältige Weise gefördert, obwohl der Absatz schwierig war: „Die Leser schrecken vor den stets ähnlich klingenden Namen zurück." Als Hauptproblem galt der Mangel an Übersetzern. Anfangs behalf man sich mit russischen oder englischen Übertragungen als Vorlage. Nur so ist es zu erklären, dass 1958 die Gedichte Mao Tse-Tungs für den V. Parteitag der SED von Rolf Schneider übertragen werden konnten.

1954 hatte der Kiepenheuer-Verlag die Übersetzung von Wu Djing-Dsis „Der Weg zu den weißen Wolken" – einer klassischen Satire auf die Bürokratie des alten China – in Auftrag gegeben.

Lag es an der Platz sparenden Zeichenschrift oder an dem dünneren Papier? Jedenfalls hatte sich Kiepenheuer entschieden mit dem Umfang des Werkes verschätzt und musste 14 280 Mark Übersetzungshonorar bezahlen. Die Übertragung erwies sich jedoch, wie der Verleger stöhnte, „zu unserem größten Leidwesen" drei Jahre später als unbrauchbar, und alle Korrekturversuche schienen die Qualität nur noch weiter zu mindern.

Ein neuer Anlauf wurde unternommen, und 1962 konnte das Manuskript endlich zur Druckgenehmigung eingereicht werden. Der zuständige Gutachter verdiente sich mit der folgenden Parodie eine Zulage:

Sehr geehrter Kollege Brotgeber, die in erhoffter Beschleunigung absolvierte Durchleuchtung terminüberunterschreitend vorlegend, beeile ich mich, weheklagend in Erwägung zu geben, ob die gelegentlich des Mammut-Ms. ‚Der Weg zu den weißen Wolken' dekretierte Honorierung von DM 350.- für 1 080 S. = 67,5 Bogen nicht gegen die sonst vom Ministerium praktizierte Regelung, die dem Durchleuchter meinem Klippschülerrechnen nach doch 472, 50 DM zuspräche, deprimierend abfällt, womit trotz aller Erschütterung in geziemender Beflissenheit grüßt

Blasche.

Bei Yä Scheng-Taus „Flut des Tjiäntang" forderte Carola Gärtner-Scholle umfangreiche „Raffungen". Der Held dieses frühen chinesischen Gegenwartsromans, Huan-dschi aus Shanghai, folge „begrenzt schulreformerischen Gedankengängen" und erhebe sich „trotz aller fortschrittlicher Tendenzen" nicht über seine „kleinbürgerliche Ideenwelt". „Vor allem werden in der Übertragung allzu große Breiten empfunden. Die schulreformerische Periode und Bestrebungen des Helden mitsamt dem Liebesroman gehen über 260 Seiten, seine entscheidende Wandlung zum gesellschaftlichen Kämpfer nur durch 150. Und auch in den letzten für uns wertvollsten Passagen sind noch längere Perioden mit fantastischen Traumvorstellungen des Helden enthalten, die – wörtlich übertragen – auf den nicht-chinesischen Leser abstrus und komisch wirken müssen." Die „weit ausgesponnenen Empfindsamkeiten zwischen Junglehrer und Junglehrerin" wirkten in der Übertragung „unerträglich. Die ebenfalls allzu breit ausgeführten Dialoge muten teilweise an, wie für Kinder geschrieben." Dass der Held nicht im Kampf, sondern an Typhus, einer „Zufallskrankheit" sterbe, und sich die Junglehrerin zum „enggeistigen Hausmütterchen" wandele, wirke „ideologisch nicht überzeugend und propagandistisch ungünstig". Als „krassen Kitsch" bewertete sie vor allem die Stelle, dass „die ebenmäßige Nase geheimnisvoll unter den Augen hervorlugte": „So was können wir unseren Lesern doch nicht antun!"

Als sich die Wu Tschön-On-Übersetzerin Johanna Herzfeld das „preiswürdige Verdienst" erwarb, die „Erschließung der Nationalliteratur des alten China in seiner wahren Gestalt von der monopolistischen Fesselung an die bourgeoise Vermittlung befreit und zum Können der fortschrittlichen Intelligenz des neuen Deutschland erhoben zu haben", war es zu spät. Infolge der in den 60er-Jahren einsetzenden sowjetisch-chinesischen Spannungen waren chinesische Titel in der DDR kaum noch publizierbar.

Siegfried Lokatis

Das kommt mir spanisch vor

Der Lektor des Akademie-Verlags hätte gern gewusst, was eigentlich in dem Manuskript geschrieben stand, das er in spanischer Sprache für den Druck vorbereiten sollte. Der Titel „Historia de la Independencia de America Latina" passte jedenfalls nicht zum Inhalt, der offenbar mehr mit der Geschichte Ecuadors, mit Pizarro und den alten Inkas zu tun hatte.

Für die Geschichte Südamerikas war Anfang der 60er-Jahre in der DDR der berühmte Leipziger Historiker Walter Markov zuständig, ein Freund Ernst Blochs und Hans Mayers, der zugleich als Herausgeber und Verlagsgutachter auftrat und schließlich sogar als Zensor ausgeguckt wurde. Er hatte das Manuskript Neptali Zúnigas nicht gerade euphorisch befürwortet. Die Arbeit entspreche „niveaumäßig den Arbeiten anderer südamerikanischer Universitätsprofessoren" und „auch die Langatmigkeit in manchen Passagen des Buches sei durchaus üblich", hieß es da. Der Autor sei „kein Stern erster Größe, nicht einmal in Ecuador". Man könne nicht verlangen, dass jede These stimme, doch sei „der Grundtenor fortschrittlich", „der Autor sogar versucht, sich einen Marxisten zu nennen". Das Buch würde jedenfalls in der DDR keinen Schaden anrichten, solange es nicht

übersetzt werde, was auch billiger sei.

Das waren keine Gründe, ein Buch zu drucken. Aber Professor Zúniga war als Bruder eines befreundeten Gewerkschaftsführers persönlicher Gast des Politbüromitglieds und FDGB-Chefs Herbert Warnke. Und während des Gastaufenthaltes des lebenslustigen Südamerikaners waren Kosten aufgelaufen, für die der Akademie-Verlag nun Devisen erwirtschaften sollte: Taxirechnungen, eine Reise nach Schweden und, wie böse Zungen verbreiteten, Alimentezahlungen. Doch erst als sich der Politemigrant als aufsteigender Stern am Himmel Ecuadors, ja sogar als Freund des neuen Präsidenten Ibarra entpuppte, wiegte sich der Akademie-Verlag in der Hoffnung, mit Hilfe des von höchster Stelle protegierten Buches den südamerikanischen Markt erobern zu können. Leider existierte vorerst nur ein einziges, mangels geeigneter spanischer Typen schwer lesbares Schreibmaschinenmanuskript, das nicht nur als Vorlage für die Herstellung dienen, sondern zunächst einmal der Zensurbehörde vorgelegt werden sollte. Diesem Manuskript war ein langer Marsch bestimmt.

Als alles fertig gesetzt war, stürzte der Präsident, die üblichen Telegramme wurden ausgetauscht, der Druck angehalten. Das Werk sollte gerade eingestampft werden, als die Nachricht eintraf, dass jetzt der Bruder Zúnigas „großen Anteil am Sturz der alten Regierung" gehabt habe, und es genüge, die Widmung an Präsident Ibarra auszutauschen.

Inzwischen war Markov der Gedanke gekommen, man könne die Auflage auf 20 000 erhöhen, wenn das Vorwort mit den Vorstellungen der kubanischen Freunde abgeglichen werde. Zu diesem Zweck wurde das Manuskript der Übersetzerin Lene Klein in Havanna zugeleitet, die das „Neue Deutschland" als kompetent empfohlen hatte. An deren Stelle antwortete jedoch ihr empörter Gatte. „Als politisch denkender Mensch und Genosse" forderte er, das Werk sofort zu makulieren. Es zitiere Franco-Historiker, und überhaupt solle der Verlag lieber die Geschichte der deutschen Arbeiterbewegung ins Spanische übersetzen lassen. In Kuba vertrete man klare ideologische Standpunkte und schätze es nicht, wenn die revolutionären Verdienste Ecuadors übertrieben würden.

Nachdem auf einer Messe auch ein peruanischer Genosse Bedenken äußerte, hielt der Verlag ein weiteres Gutachten für notwendig. Dessen Verfasser, ein reisefreudiger Argentinier, fand, dass Zúnigas Thesen möglicherweise für die Anden richtig seien, jedoch nicht die Verhältnisse am Rio de la Plata berücksichtigten. Dann verschwand der argentinische Gutachter von der Bildfläche, sodass an das einzige existierende Imprimat nicht mehr rechtzeitig heranzukommen war. Der Titel und 14 000 Mark wurden ausgebucht, der Bleisatz eingeschmolzen. Das war 1963. Der Autor in Quito erfuhr von all dem nichts.

Die Akte Zúniga schließt mit einem Brief, den der Akademie-Verlag 1972, fast zehn Jahre später erhalten hat. Absender ist das Generalkonsulat von Ecuador in Paris. Verfasser ist Professor Neptali Zúniga. Er wollte erfahren, wann sein Buch erschienen oder ob es immer noch im Druck sei.

Siegfried Lokatis

Satire hilft uns

„Kadersorgen im Paradies" lautet der Titel einer hübschen Geschichte Vlad Ioviţăs, in der der Herrgott mit seinen Engeln auf die Erde hinabfliegt, um einen Nachfolger für den übermüdeten Grenzwächter Petrus zu suchen. Auch an der Mauer des Paradieses braucht man die Zensur: „Die Taubstummen sind die besten Wächter, Petrus. Ihnen kann man voll vertrauen." Doch geht bei der Suche so ziemlich alles schief. Die Engel verfangen sich mit ihren Flügeln in den Drachenleinen der Kinder. Der liebe Gott selbst ist zerstreut, seine Wunder funktionieren nicht. Schließlich wird ein abgemusterter Soldat angeheuert, der Petrus' Schilderhäuschen zum Plumpsklo umfunktioniert, im Paradies Wodka brennt und schließlich einen Engel schwängert. – „Gott der Herr schluckte fassungslos."

206

Mit Iovitas „Kadersorgen im Paradies" startete 1968 die neue Taschenbuchreihe von Volk & Welt. Die Novelle aus der sowjetischen Moldau-Republik war der 7. Band der legendären, schließlich fast 300 Nummern umfassenden Spektrum-Reihe mit ihren von Lothar Reher gestalteten schwarzen Umschlägen, die der literarischen Moderne in der DDR optisch zum Durchbruch verhalfen. Günter Grass, Sigmund Freud, James Joyce und viele andere feierten im Spektrum ihre DDR-Premiere. Im Westen weniger bekannt, doch im „Leseland" umso beliebter waren die hier vorgestellten Spektrum-Autoren „mit I".

Fasil Iskanders „Das Sternbild des Ziegentur" verspottete eine „Neuererkampagne", die Propagierung einer „staatswichtigen" Kreuzung aus Ziege und Steinbock („Tur"). Der abchasische Ich-Erzähler wird als Redakteur gefeuert, weil er versehentlich pseudonym verfasste Gedichte seines Chefredakteurs verreißt. Ohnehin hängt ihm das „pseudojugendliche Vokabular unserer Zeitungen, ihr ständiges saft- und kraftloses Wackerseinwollen" zum Halse heraus. Chefredakteure erstarren „wie Kaninchen unter der Hypnose einer Losung". „Die Gebietskonferenz über die Ziegenturisierung der Kolchose unserer Republik war auf hohem Niveau durchgeführt worden." Dem Ziegentur werden von der Zensur mehrfach umgeschriebene Hymnen gewidmet, Erholungsheime und Kaffeestuben sind nach ihm benannt – sein Sternbild erscheint am Himmel. „Möchte mal wissen, was unsere Feinde zu dem Ziegentur meinen." „Scheinen vorläufig zu schweigen." –

Leider verweigert der Ziegentur die Fortpflanzung, hasst alle Ziegen und erweist sich überhaupt als gewöhnlicher Steinbock. Im Kaukasus gibt es Prostituierte, und der Kolchoseverwalter schläft: „Als er hörte, dass jemand hereinkam, machte er das eine Auge auf, registrierte mein Erscheinen und schloss es dann wieder."

Gutachter und Zensoren waren begeistert und fanden „Das Sternbild des Ziegentur" kritisiere überwundene Erscheinungen der Chruschtschow-Ära, die, „in die gesellschaftliche Waagschale geworfen, diese nicht zur Neigung" brächten: „Iskanders Satire hilft uns."

Wem Iskanders Satire zu „brav und bieder" dünkt, dem sei Ireneusz Iredynskis 1978 erschienene „Manipulation" ans Herz gelegt. Ein versoffener polnischer Künstler, der sich auf die Herstellung vereiterter Beine mit Krampfadern spezialisiert hat, reist in die Schweiz. Er trägt über der Igelfrisur mit Kreuz einen Zylinder, Pelzumhänge und Damenblusen. Seine polnischen Mitfliegenden halten ihn deshalb für einen deutschen „Homo":

„Ich würde ihm ganz was anderes rasieren", schwärmte Józek.
„Besser gleich abschneiden. Kastrieren, diese Hinterlader und basta." Zwecks größeren Nachdrucks schnipste mein Nachbar mit dem Finger.
„Dann wüsste ich nicht, womit ich dich vögeln sollte", sagte ich.
„Oh, Sie sind Pole ..."

In der Schweiz versteht ihn keiner, weil er nur polnisch spricht. Bis auf einen jungen Mann, der bei ihm einzieht und seine revolutionär-terroristischen Freunde mitbringt. Der Künstler säuft und unterhält sich mit einer lebend verschluckten Fliege – eine surreale Fassung des inneren Monologs. Schließlich kommt es bei der Vernissage zu einem „satanischen Happening": Die gefesselten Gäste werden mit stinkenden Tierdärmen voller Kot behängt, ein Auto und eine Bombe explodieren.

„Trotz des Fehlens positiver Lösungen wird das Buch in den Händen unserer Leser seine richtige Interpretation finden", fand der Gutachter. „Es diskutiert überlebte, unserer Gesellschaft schon fremde Verhaltensweisen."

Siegfried Lokatis

Mittags auf der Sonnenseite

Hin und wieder brachte der Verlag Volk & Welt, bedrängt von seinen sowjetischen „Freunden", Bücher heraus, für die das von Autoren wie Aitmatow, Bulgakow und Charms verwöhnte Sowjetunion-Lektorat die letzte Begeisterung vermissen ließ. An Pjotr Proskurins 1981 erschienenen, „von oben verordneten sowjetischen Blut-und-Boden-Roman" mit dem Titel „Heilig sei er, dein Name" – worin das Genie der russischen Seele und speziell Stalins (neuerdings auch als Atomphysiker!) gefeiert wurde – erinnert sich die zuständige Lektorin Antje Leetz beispielsweise nicht ohne Schaudern.

Dazu eine zweite Meinung des Gutachters Werner Tzschoppe: „Am bedenklichsten ist die Fabel, die als solche eigentlich nicht existiert. Das Ganze setzt sich aus miteinander verschürzten Großepisoden zusammen und erweckt den Eindruck, dass sich der Autor hier übernommen hat. Und dies ist natürlich für den Leser, der sich an die Lektüre von 1 200 Seiten gemacht hat, eine sehr starke Anforderung – gelinde gesagt."

Einen Extremfall an Missachtung dürfte die Reaktion der Verlagsgutachter auf das Ansinnen darstellen, „Mittags auf der Sonnenseite" von Wadim Koshewnikow (1974) befürworten zu sollen. Der Autor verfügte als Chefredakteur der Zeitschrift „Snamja" über den notwendigen Einfluss, sein Buch behandelte die letzte Kriegsphase, den schwierigen Übergang zur Friedenswirtschaft nebst der „Wechselbeziehung zwischen den Leistungen der Arbeiterklasse im Krieg und in der Produktion". Er zeigte, so warnte eine sowjetische Rezension, „wie Heldentaten vollbracht wurden, wie der Heroismus zur Massenerscheinung wurde", kurz wie „‚der Stahl' edler sowjetischer Charaktere ‚gehärtet wurde'."

Leider fand sich unter den etwa zwanzig möglichen Gutachtern und Lektoren des Verlages kein einziger bereit, das für den Druckgenehmigungsantrag benötigte positive Gutachten zu verfassen und seinen Namen dafür herzugeben. Weil seine Gutachter streikten und der Verlag aus nicht ganz deutlichen Gründen nicht um die Drucklegung herumkam, sah sich der Lektoratsleiter Leonhard Kossuth genötigt, selbst in die Bresche zu springen.

Dass dem Druckgenehmigungsantrag nur das Verlagsgutachten und kein einziges Außengutachten beigefügt war, war ein Ausnahmefall und in keiner Richtlinie vorgesehen. Der Verleger Jürgen Gruner entschuldigte ihn mit dem vielsagenden, den Zensor vermutlich ungemein erheiternden Argument, dass die Entscheidung für die Herausgabe des Titels „die Berücksichtigung kulturpolitischer, verlegerischer Aspekte", von in vielen Diskussionen erarbeiteten „prinzipiellen Gesichtspunkten" erfordere, „die von einem freischaffenden Gutachter in der Regel nicht zu erwarten" seien.

Seltsamerweise fiel auch das als Befürwortung gemeinte Verlagsgutachten Leonhard Kossuths eher zurückhaltend aus. Er beklagte „die langen langen Dialoge über grundsätzliche Lebensfragen" als „eine gegenseitige Agitation Gleichgesinnter" und stöhnte über Liebesszenen, in denen „jede Gefühlsregung sofort in Treueprüfungen und prinzipiellen Klärungen erstickt" werde. Als „Hauptquelle der Langeweile" tadelte Kossuth die Verselbstständigung eines „wuchernden Räsonierens über Charaktere, Probleme etc. Das liest sich über viele lange Kapitel hinweg so wie Konzeptionsentwürfe, Rechenschaftsberichte, Agitationsreden etc." Insgesamt stimmte er dem Urteil eines Kollegen zu, dass es „eine ausgesprochene Quälerei" sei, sich durch den Text hindurchzulesen: „Einen Lesererfolg kann der Roman nicht haben, eher wird er - in hoher Auflage herausgebracht - den Lesern weitere Romane ähnlicher Thematik vergraulen, und nur in Ausnahmefällen wird ihn jemand freiwillig zu Ende lesen."

„Was also macht man mit einem solchen Buch?" Da der Verlag den Roman schließlich herausgeben müsse, plädierte der

leitende Lektor „ohne Schwanken für eine sehr kleine Auflage".
Denn, so lautete ein einsames positives Argument, für Teilneh-
mer an Diskussionen mit sowjetischen Schriftstellern sei die
Kenntnis des Buches „ein echter Gewinn". Da die „sehr kleine
Auflage" bei Volk & Welt immerhin 10 000 Exemplare bedeute-
te, stellt sich die Preisfrage: Wer hat dieses Buch gelesen?

Siegfried Lokatis

Lala

Den Lesern Stanislaw Lems bietet sich seit 1989 ein instruktiver
Zeitvertreib. Sie können das Werk des Genies noch einmal ent-
decken, indem sie seine Science-Fiction-Romane, Erzählungen
und Essaybände mit der Fassung vergleichen, die im jeweils anderen Teil Deutschlands erschienen ist. Der westdeutsche Leser
wird sich beispielsweise fragen, weshalb „Solaris" in der DDR
mit zwanzigjähriger Verspätung erst 1983 erschien.

1962 wurde dessen Übersetzung mit dem Argument abge-
lehnt, alle Lesarten des Romans mündeten in „Pessimismus und
Negation". Die Unbegreiflichkeit von Solaris säe nihilistische
Zweifel an der Erkennbarkeit der Welt. Ein späteres Gutachten
konstatierte, dass die literarische Logik „auf sehr wackligen Fü-
ßen" stünde. Nach der Vernichtung der Traumfrau müsste der
Planetenozean Solaris doch eigentlich eine neue produzieren.
Ob der Leser das Ganze „als makabre Möglichkeit oder als
Heiterkeit auslösenden Blödsinn" auffasse, das hinge von dessen
seelischer Konstitution ab, fand die kluge Lektorin Jutta Janke.

Die „Rückkehr zu den Sternen" hatte sie 1961 als „allzu
seicht" abgelehnt, eine Ansicht, die der Autor übrigens später
teilte. Das Ganze sei viel zu abstrus, um noch diskutabel zu ein.
Die Hoffnung, in absehbarer Zeit ein lesbares Buch zu erhalten, müsse der Verlag wohl aufgeben, Lems Weg als utopischer
Schriftsteller führe bergab. Über das kafkaeske „Tagebuch,
gefunden in einer Badewanne" schrieb sie „nach angestrengter

Lektüre", man könne es „mit einigem guten Willen bestenfalls als Karikatur auf das Unwesen der Geheimdienste auffassen", es sei aber „zu befürchten, dass der Verfasser in seiner Phantasmagorie einen verborgenen philosophischen Sinn gefunden wissen möchte. Ich sehe keine Ursache, unsere Leser mit Lems Gespensterseherei zu behelligen."

Jutta Janke betreute Lem 35 Jahre lang als Lektorin. Ihr gelegentlich etwas kritisches Urteil sollte nicht darüber hinwegtäuschen, dass der Verlag Volk & Welt mit Abstand die meisten Werke Lems übersetzt und durchgesetzt hat. Das war gar nicht so einfach, weil etliche dieser Bücher in der Zensurbehörde auf Vorbehalte stießen. „Der Schnupfen" wäre um ein Haar an einem Gutachter gescheitert, der eine Schilderung des Wasserlassens als zu naturalistisch empfand und die berühmte Frage „Wem nützt es?" stellte. „Der Schnupfen" des Pessimismus könne sich leicht auf die Leser übertragen. „Der Unbesiegbare" schien dem Zensor „in ideologischer Hinsicht anfechtbar". Der Autor habe „anscheinend nie etwas vom Sozialismus gehört".

Das war nun wirklich ungerecht. Zumindest der frühe Lem war so sozialistisch, dass seine Texte ohne starke Veränderungen in der Bundesrepublik nicht publizierbar gewesen wären. Im Einzelnen ist das nicht immer leicht festzustellen, weil die Bücher bei Insel oft unter anderem Titel erschienen. So sind die „Astronauten" bei Suhrkamp/Insel mit dem DDR-Erstling „Planet des Todes" von 1954 identisch – bis auf die letzte Seite. Dass der Imperialismus die Menschheit mit sich ins Verderben ziehe, war in der Westausgabe gestrichen. Von den „Irrungen des Dr. Stefan T." hatten die Frankfurter unter dem Titel „Das Hospital der Verklärung" nur den ersten Teil publiziert, in dem keine kommunistischen Helden vorkamen. Auf den „Gast aus dem Weltraum" mit den im All kreisenden Mumien amerikanischer Bakterienkrieger verzichteten sie ganz. Besonders empfohlen sei der Vergleich der 26. und letzten Reise der „Sterntagebücher" des Volk-&-Welt-Originals von 1961, die in der westdeutschen Fassung wie auch in späteren DDR-Versionen entfiel.

Die skurrilste aller Änderungen durch den Suhrkamp-Verlag gehörte jedoch nicht zu den lässlichen Sünden des Kalten Krieges. Auf Seite 18 der Volk-&-Welt-Vorlage des „Lokaltermins" von 1985 ist im Unterschied zur Suhrkamp-Version von kriminellen Machenschaften des Nestlé-Konzerns und der giftigen Kindermilch Milmil die Rede. Ein Anwalt schlug vor, „Milmil" in Anlehnung an das französische „lait" durch „Lala" zu ersetzen. Schließlich ließen die Frankfurter den Namen des Präparats von Lem in „Lalac" ändern, um einem Prozess mit der Firma Milupa zuvorzukommen.

Siegfried Lokatis

Ohne Tabus?

Filmszene aus „Die Legende von Paul und Paula" (1973) mit Angelica Domröse und Winfried Glatzeder. Quelle: DEFA-Stiftung/Kroiss, Herbert. Abdruck mit freundlicher Genehmigung.

Bunter Vogel

Der im Jahr 1975 im Mitteldeutschen Verlag erschienene Roman „Die ganz merkwürdigen Sichten und Gesichte des Hans Greifer" scheint einer größeren Leserschaft verborgen geblieben zu sein. Auch die in anderen Fällen stets aufmerksame westdeutsche Öffentlichkeit hatte kaum größere Notiz von der 76er Ausgabe (bei der Deutschen Verlagsanstalt Stuttgart) dieses fast 400 Seiten starken Buches genommen.

Sein Autor war der 1934 geborene Germanist Dr. Gerhard Dahne, der von 1974 bis 1979 als Leiter der Abteilung Belletristik, Kunst- und Musikliteratur in der Hauptverwaltung Verlage und Buchhandel tätig war. Neben seiner hauptamtlichen Zensorentätigkeit hatte er, ein Mann mit ausgebildetem Sinn für Komik und Spaß am Fabulieren, diesen „Estraden-Roman" verfasst, der ganz von seiner literaturpolitischen Arbeit inspiriert ist.

Es gehört zu dem Witz dieses Buches, dass es am Ende gleich ein ablehnendes Gutachten des Romanschreibers mitliefert. Unter der Überschrift „Statt Realismus modernistische Flickschusterei" wird das Erscheinen dieser „Missgeburt von Belletristik" beklagt. Die größte Schande bestünde darin, dass ausgerechnet einem Arbeiter ein „derart unwürdiges und ehrenrühriges Profil maßgeschneidert" werde, was „eine ungeheuerliche Verunglimpfung der ganzen Klasse" sei.

Das sich wie ein Kaleidoskop um den Helden Hans Greifer, einen Bauarbeiter und Kranführer, gruppierende Erzählgeschehen ist gewollt nur auf einen „dünnen", zum Teil verwirrenden Faden zu bringen. Dabei werden die reale Welt und fiktive, fantastische Erzählstränge um Greifers Arbeitswelt und Ehe- und Liebesgeschichten vermischt. Der Schreibprozess mit all seinen Problemen, Zweifeln und Varianten bezüglich der Darstellung des „neuen Menschen", die vielschichtige Kommunikation des Autors mit seinem Helden ist auf moderne Weise Teil des Ganzen. Die fünf über den Text verteilten „Briefe an seinen Verleger", zu lesen als Lehrstücke vom Schreiben, Verlegen und

Lesen im Real-Sozialismus, gehen auf recht ironische Weise mit dem Literaturbetrieb in der DDR um. Was hier über „Auftragsliteratur", Helden-Gestaltung oder „Zensur" und „Zensoren" zu lesen war, suchte in der DDR-Literatur seinesgleichen. In der Hand des „gesellschaftlichen Auftraggebers ... vereinigen sich Stimulanz und Zensur in einer Weise, dass er nahezu allmächtig ist und über Gedeih und Verderben einer Literatur, eines Schriftstellers oder eines einzelnen Werkes befinden kann. Geht er nicht verantwortungsvoll, vertrauenswürdig, einfühlsam, musisch gebildet und sparsam an sein Geschäft, dann heißt es heute hü und morgen hott, und der strahlende Pegasus verwandelt sich in eine klapprige Rosinante."

In dem kunstvollen Geflecht dieses Prosagebildes, in dem Elemente von Krimi, Science-Fiction, Beziehungsdrama und parodiertem Entwicklungsroman eine unbekümmerte Mischung eingingen, war der Erzählerstandpunkt eines überzeugten, aber kritischen Sozialisten deutlich zu erkennen. Mit der Favorisierung von Märchen, Schnurren, Geschichten verschiedenster Art sowie der Vorliebe für komische und groteske Begebenheiten, mit dem Plädoyer für das „pralle Leben", zu dem das Träumen und die Utopien unabdingbar dazugehören, stellt sich der Greifer-Roman in große episch-weltliterarische Erzähltraditionen. Das vom Autor karikierte „rote Schwänzchen" blitzt bei ihm selbst nur an einigen wenigen Stellen am Horizont auf.

Kein Wunder, dass der Abteilungsleiter Dahne nach Erscheinen des Buches, von dem fantastischerweise in einem Jahr gleich zwei Auflagen zu je 10 000 Exemplaren herauskamen, schwer wegen „seiner politisch-ideologischen Positionen" gerügt wurde. Nach längeren Auseinandersetzungen war 1979 des Abteilungsleiters Bleibens auf dem „verantwortlichen Posten" nicht länger möglich. Das „Amt", in dem er als „bunter Vogel" bekannt war, musste fürderhin auf sein „Rabelaissches Lachen" (Sigrid Damm, 1992) gegen Dogmatismus jeglicher Art verzichten.

Wer wissen will, was für ein frecher Text über die heiligen Arbeiter-Helden und die Zensur-Instanzen 1975 in der DDR publizierbar war, sollte zu diesem Buch mit den überbordenden literarischen Anspielungen und anregenden historischen und ästhetischen Verschlüsselungen „greifen".

Simone Barck

Zahngeschichten

Einem Mann mit grässlichen Schmerzen wird ein Zahn gezogen, den er wegen seines bisher makellosen Gebisses noch gerne behalten hätte. Dieser Zahn erweist sich bei näherer Untersuchung im Labor als von ungewöhnlicher Konsistenz, aus einem bisher unbekannten Material, das „verblüffende Eigenschaften hat und für die Volkswirtschaft von erheblicher Bedeutung sein könnte, selbst in kleinsten Mengen". Der Mann, der von all dem nichts ahnt, wird eines Tages vor eine ärztliche Kommission beordert, die feststellt, dass alle seine Zähne aus eben diesem Material sind. Wenig später erläutert ihm ein „Herr im offiziellen Auftrag" die Kostbarkeit seiner Zähne und das gesellschaftliche Interesse an diesen. Wenn er sich von seinen Zähne trennte, werde man sich mit deren Hilfe einen ökonomischen Vorsprung vor anderen sichern können. Der Mann meint jedoch, auf seine Zähne nicht verzichten zu können, zumal er gerade heiraten will und sich seine Braut wohl dann einen anderen suchen werde. Der Herr muss unverrichteter Dinge abziehen, aber andere folgen, von denen er sich von früh bis abends anhören muss, „dass er sein schäbiges privates Wohlbehagen über die Interessen der Allgemeinheit stellt".

Endlich schwatzen sie ihm mit Argumenten, Versprechungen und Prämien einen Zahn nach dem anderen ab. Der Mann atmet ein wenig auf, der nervenaufreibende Trubel ist vorbei. Er kommt sich jedoch schrecklich unansehnlich vor und kann nur noch vorgekautes Zeug essen. Aber „das Gemeinwesen blüht", und in allen Zeitungen steht zu lesen, welch wichtigen Beitrag er dazu geleistet hat, „doch als zahnloses Männlein hat er nicht die rechte Freude daran".

Diese Parabel auf das Verhältnis von Individuum und Gesellschaft im Real-Sozialismus DDR ist eine jener Geschichten, die Jurek Becker (1937–1997) in seinem zweiten Roman „Irreführung der Behörden" (1973, Hinstorff und Suhrkamp Verlag) seinen Ich-Erzähler, den Jurastudenten Gregor Bienek zum Besten geben lässt. Der denkt sich nämlich lieber Geschichten aus, als sich in die strengen Paragrafen der Juristerei zu vertiefen. Auf diese Weise führt er die universitären „Behörden" ebenso in die Irre wie danach die Verlags- und Film-Instanzen, mit denen er seine „Geschichten" produziert. Der schnell zu Erfolg gekommene Autor gerät mit seinem Schreiben und Leben auf Grund der ihm abverlangten politischen und literarischen Anpassungen in eine existenzielle Krise, deren versöhnliche Lösung am Ende wenig überzeugend wirkt. Denn die von seiner Frau Lola formulierte Kritik an seinen Texten als zu wenig „eingreifend" und gesellschaftskritisch engagiert, trifft den Kern des tief in ihm steckenden inneren Zweifels. Bereits 1977 sah Becker diesen Roman mit „großer Distanz", er sei noch nicht bis zum Kern vorgestoßen. Ein Schriftsteller müsse aber die Wahrheit sagen und er wolle nicht mehr mit doppeltem Boden schreiben.

Wie sehr das Buch mit seiner Problematisierung der Bedingungen des Schreibens und Veröffentlichens in der DDR bereits an Grenzen gestoßen war, machte die Ablehnung des Manuskripts 1971 als „zu politisch" durch den Aufbau-Verlag deutlich. Der enttäuschte Autor ging nach Rostock, wo man im Hinstorff Verlag stattdessen eine „Alltagsgeschichte" sah, in der man sich zwar die Dialektik der sozialistischen Entwicklungsprobleme literarisch differenzierter aufgearbeitet wünschte, die aber mit ihrer Fragestellung nach einem sinnerfüllten Leben breite Leserschichten erreichen könne. Einem Vergleich mit „Jakob der Lügner" (der Roman war 1973 bereits in mehrere Sprachen übersetzt) könne dieses eher zur sozialistischen Unterhaltungsliteratur zu rechnende Manuskript notabene nicht standhalten. Die erste Auflage bei Hinstorff 1973 betrug 15 000 Exemplare, eine Suhrkamp-Ausgabe folgte im gleichen Jahr. Becker erhielt

1974 für das als systemkritisch eingeschätzte Buch den Bremer Literaturpreis. Auch sein nächster Roman „Der Boxer" (1976), nach harter Sprachkritik durch die Suhrkamp-Lektorin Elisabeth Borchers gänzlich überarbeitet, kam in beiden Verlagen heraus. Die Debatten um sein nächstes Buch „Schlaflose Tage" (Suhrkamp 1978) erfolgten in der politisch aufgeheizten Atmosphäre nach der Biermann-Ausbürgerung. Als die Verhandlungen mit Hinstorff scheitern und der Autor sein Manuskript trotz vieler Änderungen als „nicht veröffentlichungsfähig" zurückbekommt, verlässt Becker im Dezember 1977 mit längerfristigem Visum die DDR.

Simone Barck   219

Gefühl für „Stellen"

Wer sich in der alten Bundesrepublik über Verlagswesen und Zensur in der DDR informieren wollte, tat gut daran, zu einem Buch Erich Loests zu greifen. Wenn dieser Großmeister des Zensurkampfes hier so spät gewürdigt wird, so hat dieses Versäumnis den einfachen Grund, dass Erich Loest ja schon selber alles geschrieben hat, und seine zensurgeschichtlichen Klassiker wie „Der vierte Zensor" oder „Der Zorn des Schafes" kaum des wissenschaftlichen Kommentars bedürfen. Um die seit 1989 möglichen Korrekturen hat er sich selbst bemüht und nicht nur die seitdem zugänglichen Akten eingefügt („Die Stasi war mein Eckermann"), sondern für die 2003 erschienene Neuauflage des „Vierten Zensors" auch ergänzende Stellungnahmen von einstigen Antagonisten wie Klaus Höpcke, Hermann Kant und Eberhard Günther eingeholt. Günther war Leiter des Mitteldeutschen Verlages, in dem 1977 das unwahrscheinliche Kunststück gelang, das „gelbe Buch" mit dem Titel „Es geht seinen Gang" herauszubringen. Zu diesem Zweck hatte Loest einen vierstündigen Boxkampf um den Verbleib von 26 darin monierten „Stellen" geführt:

Erich, erklärte Günther, ich sag es dir klipp und klar: Wenn du auf diesem Satz bestehst, reiche ich deinen Text nicht ein. Ich nahm den Kugelschreiber und strich. Nach dem neunten Einwand sagte ich: Du, Eberhard, für mein Selbstgefühl ist es allmählich nötig, dass auch mal ein Punkt an mich geht. Der nächste nicht, erwiderte Günther, aber der übernächste – na gut. Einmal wußte Günther nicht mehr so richtig, was er gegen eine bestimmte Wendung gehabt hatte. Das da – nicht so wichtig. Das da – na, soll's stehen bleiben. Das da – und ich gestand: Eberhard, in dem Punkt hast du einfach recht.

Der Hauptkonflikt entbrannte um die vom Mitteldeutschen Verlag verweigerte Nachauflage. Der Verlag verlangte weitere Änderungen, eine schon deshalb absurde Forderung, weil „Es geht seinen Gang" längst auch in Westdeutschland publiziert worden war. Man hatte den Roman jedoch gleichsam in Sippenhaft genommen, als der Mitteldeutsche Verlag wegen eines anderen Buches, Werner Heiduczeks „Tod am Meer", in den Mittelpunkt der Kritik rückte. Heiduczek hatte darin an das Tabu der Vergewaltigungen durch Soldaten der Roten Armee gerührt und der sowjetische Botschafter Abrassimow deshalb bei Honecker protestiert. Das war ein in den siebziger Jahren ungewöhnlicher Eklat, der bei der SED-Bezirksleitung in Halle die heftigsten Reaktionen auslöste. Hier vermuteten jedenfalls später Höpcke, Günther und Kant die eigentlichen Urheber des Verbotes, während sie sich selbst, eine für ihren einstigen Hauptfeind Loest eher überraschende Einsicht, für sein Buch mehr oder weniger exponiert und dafür auch entsprechende Prügel bezogen hätten. Hermann Kant hatte, indem er mit seinem Rücktritt als Schriftsteller-Präsident drohte, eine kleine Nachauflage im Greifen-Verlag Honecker regelrecht abgepresst. Aber war es nicht die Zensur solcher „Dunkelmänner" gewesen, die Loest in den Westen trieb? Alles ein Missverständnis?

Der Auseinandersetzung um „Es geht seinen Gang" waren andere vorhergegangen. Für das Verbot des Romans „Der zwölfte Aufstand", von dem 50 000 Exemplare in den Reißwolf wanderten, war ein Vorabdruck in der „Berliner Zeitung" auslösend gewesen. „Ein Jahr Lebensarbeitszeit war ausgelöscht. Nun entstand nichts mehr, bei dem es nicht Verdruß gegeben hätte." Der Roman „Ins offene Messer" („eines meiner schwächsten Bücher") erschien „nach zermürbendem Hin und Her ... schließlich elendiglich beschnitten". Ärger bereitete der Erzählungsband „Etappe Rom", in dem Loest den bislang ausgegrenzten Karl May in der DDR wieder hoffähig machte und den kinderfeindlichen Plattenbau anprangerte. Ärger bereitete auch der autobiografisch gefärbte Roman „Schattenboxen" über die Wiedereingliederungsprobleme eines ehemaligen Bautzen-Häftlings. Es sei doch ratsam, mahnte ein Cheflektor im Auftrag der HV, das von der Nazizeit her (!) belastete Wort „Bautzen" aus dem Text zu streichen. Loest willigte ein, die beanstandeten Stellen zu entfernen. Später, bei der Korrektur der Druckfahnen, wurde „Bautzen" unbemerkt wieder in andere Passagen eingefügt.

Siegfried Lokatis

Menschenfreunde

Wenn man sie beim Spazierengehen inmitten des Straßenpflasters entdeckt, scheut man unwillkürlich davor zurück, sie zu betreten und bleibt stehen. Man liest auf den messingfarbenen eingelassenen „Stolpersteinen", wer hier früher wohnte, erfährt Namen und das Schicksal ihrer Träger in der Shoa. Diese stille, aber um so wirkungsvollere Form des Gedenkens verdanken wir dem Kölner Künstler Günter Demnig, der seit 2000 nicht nur in Berlin, sondern in 190 deutschen Ortschaften solche „Stolpersteine" verlegt hat, um die Erinnerung an die jüdischen Opfer, aber auch anderer Opfergruppen lebendig zu halten, getreu dem Motto „Ein Mensch ist erst vergessen, wenn sein Name vergessen ist".

Solche Erinnerungs-Zeichen gab es lange nicht in Berlin-Mitte, wo einst ein lebendiges jüdisches Leben pulste. Einem ähnlichen Anliegen hatte sich daher in besonderer Weise der Feuilletonist und Schriftsteller Heinz Knobloch (1926–2003) verschrieben, als er 1979 im Verlag Der Morgen das Buch „Herr Moses in Berlin. Auf den Spuren eines Menschenfreundes" veröffentlichte. Es richtete sich, am Beispiel Moses Mendelssohns, gegen „diese schreckliche Gleichgültigkeit gegenüber unserer Geschichte".

Knoblochs Aufforderung „Mißtraut den Grünanlagen" (gemeint war die Parkanlage in der Großen Hamburger Straße, am Ort des ältesten Jüdischen Friedhofs von Berlin) wurde zum Gegen-Code für Geschichtsverdrängung und kulturhistorisches Versagen in einer Gesellschaft, die sich fortschrittliche Traditionspflege eigentlich auf die Fahnen geschrieben hatte. In gekonnt feuilletonistischer Methodik entfaltete Knobloch seine Spurensuche in Berlin-Mitte, zog seine Kreise um den jüdischen Philosophen Moses Mendelssohn und die Berliner Aufklärer, erschloss mit dem Lebensporträt von Mendelssohn und seinen Freunden – etwa Lessing, Friedrich Nicolai, Georg Müchler und Sulzer – eine ganze Epoche.

Es war jene Zeit, in der Preußen mit Lessing als das „sklavischste Land Europas" betrachtet werden konnte. Der Werdegang des armen Dessauer Schustersohns Moses Mendelssohn zum geachteten Philosophen der Toleranz (er stand bekanntlich Lessing bei „Nathan der Weise" Pate) wird anrührend nachgezeichnet. Dabei gibt es für den gewitzten Zeitungsmann Knobloch – über 20 Jahre hat er in der „Wochenpost" die Rubrik „Mit beiden Augen" verantwortet – genügend Gelegenheiten, durch Zitate und ambivalente Kommentare seinen Lesern einen Assoziationsrahmen zu eröffnen, der zu Vergleichen und Reflexionen von damals und heute anregte. Allein die Behinderungen von Mendelssohn durch die preußische Zensur gaben reichlich Gelegenheit zu solcherart Anspielungen. Aber auch wenn über die Stadttore von Berlin, seine Grenzen, die Wichtigkeit von Pässen, die Allüren von Staatsdichtern und der Sturheit der Beamten erzählt wurde, konnte man manches zwischen den Zeilen lesen.

So gab es denn auch über „ein Dutzend Stellen", die geändert werden sollten, und das „Amt" versagte „wegen politisch anfechtbarer Stellen" zunächst sein Plazet. Nachdem wichtige Zensur-Passagen im Manuskript an eine andere, weniger auffällige Stelle verschoben, einige „kurzschlüssige Analogien und Banalitäten in der Kommentierung" verändert worden waren, blieben zwei umkämpfte „Stellen" übrig. Die eine betraf Ausführungen über die in der Spandauer Straße gelegene Heilig-Geist-Kapelle, eines der ältesten Bauwerke Berlins, das seit 1905 als Hörsaal der dazu gebauten Handelsschule und in der DDR als Mensa der Wirtschaftswissenschaftlichen Fakultät genutzt wurde. Diese sinnvolle Eingliederung und Nutzung von ältester Bausubstanz veranlasste Knobloch zu einer Attacke gegen den in Leipzig erfolgten Abriss der Universitätskirche. Auch hier hätte man das gotische Kirchlein in den Neubau der Karl-Marx-Universität einbeziehen können, hätte eine schönes Museum oder eine originelle Mensa gehabt. Aber „ein paar Atheisten hatten insgeheim religiös bedingte Bange gehabt vor einem von Menschen errichteten Bauwerk, d.h. keine Achtung vor den Arbeitern von einst und deren Hände Arbeit".

Die andere Stelle betraf den Namen Fritz Selbmanns, dessen tapferes Auftreten am 17. Juni 1953 nicht genannt werden sollte. Das Buch über den Menschenfreund Moses Mendelssohn, den Mann, der für die Gleichberechtigung und gegenseitige Achtung der Religionen eintrat, liegt inzwischen in neuer Ausgabe vor.

Simone Barck

Die Tarnkappe

Wer von uns hat nicht schon einmal den Wunsch verspürt, mittels einer Tarnkappe unsichtbar zu sein? Um damit im privaten Bereich, am Arbeitsplatz oder sonst wo den unbemerkten Voyeur spielen zu können? Oder auch um überhaupt damit seiner Fantasie freien Lauf und Träume wahr werden zu lassen? Die

Geschichte dieses alten literarischen Motivs ist lang. Bekannt seit den antiken Epen und germanischen Heldensagen und den unzähligen Variationen im internationalen Märchenschatz, fühlten sich Schriftsteller von diesem Motiv immer wieder angeregt.

Was dabei herauskam, wenn sich DDR-Autoren seiner annahmen, das zeigt eine Anthologie von fast 400 Seiten, die unter dem Titel „Die Tarnkappe. 35 Geschichten" 1978 publiziert wurde. Herausgegeben von Sonja Schnitzler und Manfred Wolter, war sie mit grotesken und hintersinnigen Illustrationen von Manfred Bofinger ausgestattet. Der für komische und satirisch-groteske Literatur zuständige Eulenspiegel Verlag hatte angesichts der in der DDR trotz einer reich entwickelten Kultur des politischen Witzes eher unterentwickelten komisch-satirischen Gegenwartsliteratur einen größeren Kreis von Autoren zur literarischen Gestaltung des Tarnkappenmotivs aufgerufen und ein erstaunliches Echo gefunden.

Es wäre nun natürlich ein Wunder gewesen, wenn bei einem solcherart ehrgeizigen Unternehmen und der besonderen Fallstricke, die man sich leicht bei diesem Motiv vorstellen kann, keine Publikationsprobleme aufgetreten wären. Das Verlagsgutachten hatte vor allem die gelungene Darstellung des „Menschen als zoon politicon in unserer Gesellschaft" gepriesen. Die Grenzen zeigten sich allerdings schnell bei zwei Texten, wenn Tabus wie Zensur und Devisenbeschaffung thematisiert wurden. Joachim Seyppel erzählte in „Der Export-Artikel" vom Despoten Harun al Raschid, der eine Geschichte, weil sie ihm fürs Inland „zu weit" gehe, zum Druck ins Ausland exportierte. Die Zensoren, den verharmlosenden Erklärungen des Autors nicht glaubend, verweigerten den Druck dieses „parabelhaften Spottliedes auf unsere Kulturpolitik". Und so konnten damals nur die Leser der „Frankfurter Rundschau" über diesen Text schmunzeln. Der zweite Text „Magdalena oder die Rache der Muse" von Gerhard Dahne, selbst an leitender Stelle in der Zensurbehörde tätig, war eine aus intimer Kenntnis gespeiste Persiflage auf das Gutachterwesen und die Diskrepanz von literaturpolitischen

Anforderungen und den literarischen Entwicklungen, gewürzt mit kräftiger Erotik. Diese freche „Selbstreferentialität" ging entschieden „zu weit" und konnte allenfalls später in der Akademie-Zeitschrift „Sinn und Form" (4/1979) den Lesern zugemutet werden.

Bei all dem Theater um diese beiden Texte waren die übrigen Beiträge weniger beachtet worden. Und so kam es, dass man hier allerlei Komisches, Fantastisches und Satirisch-Kritisches über die nur leicht maskierten und beziehungsreich verfremdeten DDR-Zustände und die Befindlichkeiten ihrer Bürger nachlesen konnte. Denn neben philosophischen und historischen Umgangsweisen mit dem Tarnkappen-Motiv, und so manchen bizarren Liebes- und herb-wundersamen Beziehungs-Geschichten (Fritz R. Fries, Christine Wolter, Irmtraud Morgner u. a.) finden wir einige Berichte, in denen eine Tarnkappe es ihren Trägern und Trägerinnen möglich macht „absolut frei zu sein" in Zeit und Raum, mühelos alle Grenzen (Wolfgang Licht) zu überwinden. Eine Erzählfigur möchte gar mittels Tarnkappe die „Sprache der Hochverantwortlichen untereinander" ergründen (Rainer Kirsch), ein anderer berichtet amüsant von einem „Institut für Anpassungskunst" (Jo Schulz), in dem das Anders-Sein, das Sich-Tarnen für alle Lebenslagen gelehrt wird. Ob die Erfahrungen des Stahlarbeiters Franz Schmidt in seiner Unsichtbarkeit (Karlheinz Jakobs) oder die schöne Geschichte von Joachim S. Gumperts Held Marull, für den seine alte, grau und abgeschabte Baskenmütze unverzichtbare Identität bedeutet, der höchst unterschiedliche kreative Umgang der Autoren mit dem Motiv ist beeindruckend und noch heute amüsant zu lesen. Bei alldem dürfen auch die „geheimen Mächte" (Joachim Walther) nicht fehlen, deren unter der Tarnkappe verborgene Schnüffel- und Überwachungsarbeit den solcherart Observierten in die Psychatrie bringt, wo man im Protokoll fachkundig notierte, seiner Erzählung fehle „jegliche Realität".

Simone Barck

Schatten eines Traumes

Es war kein Geringerer als Wolfgang Harich, der 1954 als Lektor des Aufbau-Verlags das Angebot der Wissenschaftlichen Buchgesellschaft Darmstadt für eine gesamtdeutsche Werkausgabe der Karoline von Günderrode (1780–1806) abgelehnt hatte – im Interesse der Leitkultur deutsche Klassik. Von Harich war gerade eine Goethe-Ausgabe in 24 Bänden auf den Weg gebracht worden, was selbst Becher bei seiner Klassik-Hochschätzung etwas überzogen fand, und er sah für mindestens zehn Jahre „keinen Bedarf". Erst müssten die wichtigen Klassiker-Ausgaben, zum Teil auch Ausgaben der Romantiker erscheinen, erst dann sei daran zu denken, von einer dann ja vorliegenden westdeutschen Günderrode-Ausgabe „das, was an ihr halbwegs wichtig sein mag, zu übernehmen".

Es dauerte weitaus länger, bis 1979 im Buchverlag Der Morgen „Der Schatten eines Traumes. Gedichte Prosa Briefe", herausgegeben von Christa Wolf, herauskam. Diese seit den 20er-Jahren erstmals wieder Texte der Günderrode verfügbar machende Ausgabe (Mitdruck für Luchterhand von 6 000 Exemplaren) war versehen mit einem Essay, der diese vergessene Dichterin, die sich mit nur 26 Jahren am Rhein erdolcht hatte, als eine am „Riß der Zeit" in Deutschland tragisch Gescheiterte beschreibt.

Seit Herbst 1976 hatte sich Christa Wolf in einer Krise der „Selbstverständigung", des „reinen Zurückgeworfenseins auf die Literatur" mit dem „Projektionsraum Romantik" befasst. Diese Zuwendung erfolgte vor dem Hintergrund einer in der DDR lange im Schatten der Klassik stehenden akademischen Romantik-Forschung und einer nur zögerlichen Edition romantischer Autoren, was sich erst nach Verabschiedung des Dekadenz-Verdikts (Georg Lukács) und einem breiteren Erbe-Verständnis seit den 70er-Jahren zu ändern begann – von frühen verdienstvollen Studien wie denen von Gerhard Schneider (1962) einmal abgesehen. Es war das „Unabgegoltene, Unerledigte", von Ernst

Bloch als das „wesentlichste Substrat des kulturellen Erbes" begriffen, was Christa Wolf, aber auch Gerhard Wolf, Günter de Bruyn, Brigitte Struzyk oder Sigrid Damm so an den Künstlern der romantischen Epoche faszinierte.

Christa Wolf folgte damit auch dem Hinweis von Anna Seghers auf die Günderrode. Diese hatte zuerst auf dem Pariser Schriftstellerkongress zur Verteidigung der Kultur 1935, später im Briefwechsel mit Georg Lukács, an eine Reihe von deutschen Dichtern erinnert, die sich ihre Stirnen an den „gesellschaftlichen Mauern" wundgerieben hätten. Von den Genannten – Hölderlin, Büchner, Kleist, Lenz und Bürger – war Wolf die Günderrode unbekannt gewesen und hatte sie zum Nachforschen motiviert. Ihre Auswahl „Schatten eines Traumes" betonte die Einheit von Werk und Persönlichkeit, enthielt auch einige Erstdrucke. Das von ihr in der gleichzeitig entstandenen Erzählung „Kein Ort. Nirgends" zum poetischen Kristallisationspunkt gemachte Treffen zwischen Günderrode und Kleist 1804 am Rhein hätte den biografischen Recherchen nach stattfinden können, ist aber nicht belegt.

Dieses vom Aufbau-Verlag als „poetisches Buch von intensiver Gestaltungsart" gewürdigte Werk kam im Jahr des 50. Geburtstages der Autorin heraus; selten waren sich die Begutachter in Verlag und Ministerium so einig wie bei diesem Titel: Was Christa Wolf ihre beiden Hauptfiguren über die schwierigen Beziehungen zwischen Künstler und seiner Gesellschaft sagen, denken, erinnern lasse – und Kleist und Günderrode stoßen sich an den gesellschaftlichen Mauern ihrer Zeit die Stirnen wund – das sei erregend, im menschlichen Anspruch gültig auch heute und werde zu Recht starke Beachtung finden. Das Miterleben dieser historischen Schicksale fordere und fördere heutiges Problembewusstsein. Es handele sich um eine klar und kunstvoll aufgebaute, dichte Prosa, die mühelos zwischen Gespräch, Monolog, Anschauung und Erinnerung wechsele. Sie enthalte zahlreiche Zitate und Fast-Zitate, aber hier wie auch sonst, verböten sich „einfache Aktualisierungen des Textes oder von Textausschnitten". Bei den Figuren, die nicht nur resignativ und fatalistisch gezeigt würden, bleibe es dem Leser überlassen, Partei zu ergreifen oder sich zu distanzieren. Glättende Kompromisse würden nicht angeboten.

Das traf die Interessenlagen der Leser: 25 000 Exemplare waren in der DDR schnell verkauft, 10 000 Exemplare waren für Luchterhand mitgedruckt worden.

Simone Barck

Na los! Gang rein

Diese Aufforderung eines DDR-Grenzers lässt sich Paul, der Held aus Ulrich Plenzdorfs Roman „Die Legende vom Glück ohne Ende", nicht zweimal sagen. Er fährt als Unfallgelähmter in seinem Rollstuhl ohne Papiere und Genehmigung durch den Grenzübergang Invalidenstraße für eine Liebesnacht zu seiner geschiedenen Frau, die sich auf Westtournee befindet. Auf die gleiche Weise kehrt er jedoch unbehelligt wieder in den Osten zurück, lässt sich von Laura heiraten, in der er vergeblich seine große Liebe Paula zu finden gehofft hatte, um dann für immer nach nirgendwo zu entschwinden.

Diese fantastische Szene, in der sich vor Paul die Grenztore lautlos öffnen, erwies sich als von visionärem Gehalt. Hier war historisch etwas antizipiert, was dann 1989 Wirklichkeit wurde. Wie aber war es möglich, dass 1979 im Hinstorff Verlag Rostock in Zeiten des bestgesicherten Grenzregimes ein Buch erschien, in dem etwas Derartiges zu lesen war? Hatte die Zensur geschlafen? Die uns überlieferten Akten sind denkbar dünn und betont unauffällig gehalten. Es überwiegt bei „gravierenden Einwänden" gegen eine „falsche Heldenkonzeption" die Absicht, das Buch erscheinen zu lassen.

Ursache für diese Haltung der obersten Zensurbehörde ist ganz offensichtlich das Bemühen, den seit der Biermann-Ausbürgerung laufenden Exodus von DDR-Autoren zu stoppen, in dem man Zugeständnisse bei „problematischen" Manuskripten machte. Zumal bei einem Autor wie Plenzdorf, der schon oft hätte „drüben" bleiben können, aber nie an einen Weggang aus der DDR gedacht hatte. Und das trotz erlittener massiver Zensurmaßnahmen und langjähriger Stasiüberwachung.

Plenzdorf war seit den „Neuen Leiden des jungen W." (1972 in „Sinn und Form", als Theaterstück 1972, als Buch 1973 erschienen) zu einem sehr bekannten Autor geworden und auch in der Bundesrepublik (Verfilmung 1976) wie kaum ein anderer seiner Generation umworben. Der auch internationale Siegeszug seines Edgar Wibeau, für den Jeans keine Hosen, sondern eine „Weltanschauung" sind, konnte als Aufbruchs-Zeichen der Honecker-Ära gewertet werden. Schließlich sollte es nun keine Tabus mehr geben, wenn ein sozialistischer Standpunkt eingenommen werde. Das hieß, man konnte über Partei- und Staatsfunktionäre, über die Grenze, die Armee, den Stalinismus, die Bürokratie, die sozialen Unterschiede, gar den Tod schreiben.

Während noch die Verbohrten gegen Wibeaus „Herabwürdigung der deutschen Klassik" stritten, war 1973 mit der Premiere des Films „Die Legende von Paul und Paula" (Drehbuch Plenzdorf, Regie Heiner Carow, Bühnenfassung 1974) der wohl langlebigste Kultfilm der DEFA in die Kinos gekommen. Die starke Liebesgeschichte zwischen Paul und Paula, hinreißend gespielt von Winfried Glatzeder und Angelica Domröse, erwies sich in ihrer faszinierenden sozialen Mileuschilderung mit den deutlich kritischen Akzenten zum real-sozialistischen Alltag, als ein in originellen Farben dargestelltes Plädoyer für ein selbstbestimmtes Leben gegen Lüge und Muckertum. Wie sehr diese „Geschichte, die nicht alt werden kann. Mit Themen und Helden, die immer wiederkehren. Bei jeder Generation" (Plenzdorf, 2003) gelungen war, zeigte sich nach der Wende darin, dass der Film ununterbrochen im Berliner Studiokino Börse lief.

Die Stärken des Drehbuchautors (der sich nicht als Schriftsteller sah, da alles was er schreibe, mit dem Film zu tun habe) Plenzdorf sind seine liebevolle Behandlung der „kleinen Leute", der „von unten", eine wirkungsvolle Situationskomik, die auch sprachlich umgesetzt wird, der genaue soziale Blick und eine an Döblin geschulte spezifische Berliner Mentalität und Schreibweise, die dieser Stadt noch in ihrer Geteiltheit alltäglichen Charme zugesteht. So ist Paula, die Arbeiterin in einer Kaufhalle, eine vitale Berliner Pflanze, die ihren durchaus eigenen, lust- und leidvollen Weg der Emanzipation beschreitet. Ihr tragischer Tod gehört zur „Legende".

In dem Roman von 1979 nimmt Plenzdorf den Faden an dieser Stelle wieder auf. Er schildert das Leben von Paul mit den ihm hinterbliebenen Kindern und seiner Suche nach Paula, die er in Laura zu finden glaubt. Das mysteriöse Verschwinden von Paul am Ende – in der Sprache der Gutachter: „Paul distanziert sich von allen gesellschaftlichen Bindungen" – konnte der Leser 1979 und danach als „Abschied" vom real-sozialistischen Alltag interpretieren.

Simone Barck

Der Wundertäter

Kampagnen bestimmten das Leben in der DDR. Auch die Verlage sollten bei Jahrestagen und Jubiläen „Geschenke" auf den „Tisch der Republik" legen. Und so war lange darauf hingearbeitet worden, den dritten Teil des „Wundertäters" von Erwin Strittmatter als Jubiläumsgabe zum 30. Jahrestag herauszubringen. Am Autor lag es nicht, dass dieser letzte Teil seiner Trilogie (Band 1, 1957, Band 2, 1973), an dem er ganze fünf Jahre gesessen hatte, erst im Mai 1980 herauskam. Denn bereits im Oktober 1978 hatte er nach einer ersten Diskussion im Aufbau-Verlag eine leicht korrigierte Fassung zur Drucklegung eingereicht.

Schon beim Schreiben war sich Strittmatter bewusst gewesen, dass es einen Tanz mit der Zensur geben würde. Ja, er fragte sich während der Arbeit an dem Buch wiederholt, ob er es überhaupt zum Druck einreichen solle. Denn er sah den

„Wundertäter III" „politisch, kritisch und philosophisch" für viel gefährlicher an als seinen „Ole Bienkopp", zu dessen Erscheinen es schon 1963 einer Politbüroweisung bedurft und um den es dann eine große öffentliche Debatte gegeben hatte. Aber sein Entschluss, „ohne Rücksicht auf parteipolitische Konvention" und „einzig der Wahrheit verpflichtet" die Geschichten um seinen „Wundertäter" Stanislaus Büdner in der DDR der Jahre 1950 bis 1956 zu spinnen, konnte sich doch eigentlich gestärkt wissen durch die parteipolitische Verkündigung der 70er-Jahre, dass es keine Tabus gäbe, wenn ein Autor vom parteilichen Standpunkt schreibe.

Der nun anhebende Zensur-Tanz zeigte jedoch, dass Erwin Strittmatter mit der Thematisierung von Stalinismus und dem Aufzeigen diktatorischer Strukturen in der frühen DDR und in der dominanten Geschichte um das tragische Schicksal der Bergarbeiter-Familie Risse, deren Tochter von Sowjetsoldaten vergewaltigt worden und zu Tode gekommen war, zwei ganz zentrale Tabus von Öffentlichkeit und Geschichtsschreibung zur bestimmenden Achse seiner Darstellung gemacht hatte. Der handlungsbestimmende Einfall, die Problematik des Schreibens über „so etwas" mit in die Darstellung hineinzunehmen und an den verschiedenen literarischen Versionen einer solchen Geschichte, „die alle wissen, und die niemand mehr wissen soll" die Brisanz dieses paradigmatischen Tabus breit zu entfalten – das war etwas, was nicht mit einzelnen Korrekturen zu verändern gewesen wäre. Das konnte nur als Ganzes verhindert werden.

Und so entbrennt der Kampf hinter den Kulissen zwischen Befürwortern und Dogmatikern, die sich mit ihrer stalinistischen Sozialisierung und Langzeitprägung im Roman porträtiert finden. Dabei können auch die borniertesten Dogmatiker nicht darüber hinwegsehen, dass Strittmatter hier ein höchst originell erzähltes Meisterstück gelungen ist. Eine simplicianische Hauptfigur urwüchsigen Schreibtalents mit autobiografischen Zügen, lebensvolle und sympathische Volksfiguren, komisch-groteske Charakterisierung seiner Protagonisten durch sprechende Namen wie Wummer (SED-Kreissekretär), Mehrlesen (Kulturredakteur), Umbruch (Chefredakteur), Klarwasser (Lehrer), u.ä. sowie eine dialekteingefärbte Alltagssprache in Gegenüberstellung zum „Ka(u)derwelsch" des Parteiblattes, an dem Büdner tätig ist, machen den Roman zu einer scheinbar leichten und höchst vergnüglichen Lektüre.

Während zwei Lektoren im Verlag und ein Gutachter unbedingt für das Buch sind, sieht ein zweites Gutachten, verfasst von der bei Volker Braun an anderer Stelle als „Messerle" karikierten Kritikerin, „unter dem Gesichtspunkt politischer Verantwortung" vor allem in der Risse-Geschichte „keine Akzeptanzmöglichkeit". Die zuständige Mitarbeiterin in der HV hingegen ist „bei aller Härte der Konflikte für Drucklegung", weil der Autor „von einem unbedingt parteilichen Standpunkt aus schreibt." Der „Buchminister" schiebt seine Verantwortung auf Kurt Hager im Politbüro ab, der sich seinerseits hinter Honecker versteckt. Schließlich sieht man sich nach zwei Gesprächen zwischen dem änderungsresistenten Autor und Hager gezwungen, in den „sauren Apfel" zu beißen und das Buch (Honeckers „Einverstanden" per 24. April 1980) erscheinen zu lassen. Mit der Auflage: „begleitet von kritischen Rezensionen in ausgewählten Organen". Der Roman setzte sich – nicht zuletzt wegen dieses Aufwands, trotz gezielter Abkäufe durch die NVA und andere Institutionen sowie einer stark verzögerten Nachauflage – als ein echtes Perestroika-Buch schnell durch.

Simone Barck

Blaulicht

Wolfgang Schreyer
TEMPEL DES SATANS
Roman

Wolfgang Schreyer
Der Reporter

Wolfgang Schreyer
Die Entführung

FA·R
19·66

Wolfgang Schreyer
Eiskalt im Paradies

Coveransichten von vier Titeln des Autors Wolfgang Schreyer, erschienen im Mitteldeutschen Verlag Halle. Umschlaggestaltung von „Eiskalt im Paradies" (2. Aufl. 1984), „Der Reporter" (6. Aufl. 1987) und „Die Entführung" (1. Aufl. 1979): Stefan Duda; „Tempel des Satans" (4. Aufl. 1964): BBS Heinz Kapelle, Pößneck V 15/34.

Neu-Berliner Krimis

„Das geht entschieden zu weit. Hier geht, weil es ‚nur Aben-
teuerliteratur' ist, trotzdem kein Auge mehr zuzudrücken.
Ablehnen! Und den Verlag bitten, den Leser nicht zum Narren
zu halten!"

Es gehörte zu den bleibenden Lehren des 17. Juni 1953, dass
man dem Leser etwas bieten müsse, was mit den Lockungen des
Westens konkurrieren konnte, um auf diese Weise der allgemeinen Unzufriedenheit abzuhelfen. Seitdem gab es so lesenswerte
Blätter wie „Das Magazin", die „Wochenpost" und die „Sibylle".
Als Alternative zur eingeschmuggelten Comic-Flut hatte man das
„Mosaik" aus der Taufe gehoben. Doch nichts lag dem Zensor
so schwer im Magen wie die strategische Antwort auf die amerikanische Schmutz- und Schund-Literatur, die Thriller-Produkti-
on aus dem Verlag Das Neue Berlin.

Wie litt der indignierte Gutachter bei solchen Titeln, wenn
kein direkter politischer Fehler einen Anlass bot, die Druckgenehmigung zu verweigern: „Eklatant ungekonnt." Selbst
wenn man das Gröbste ausmerze, so hören wir ihn über diesen
„vollendeten Blödsinn" stöhnen, würden „Machwerke von solch
geringer Potenz mehr schaden als nutzen. Auch hinsichtlich des
primitiven Leserkreises". „„Kreppsohlen' ist eine kriminalisti-
sche Unterhaltungsschnulze, die besonders dadurch abstoßend
wirkt, dass sie sich progressiv drapiert", klagte er über das
„widerliche" „Elaborat eines Konfektionsproduzenten": Ein von
einem „getürmten Nazi" geleiteter US-Konzern versucht mit Hilfe gedungener Verbrecher einen texanischen Gewerkschafter an
der Publikation eines Manuskriptes zu hindern. Während sich
dessen Frankfurter Verleger mit der republikflüchtigen, „seegras-
haarigen" Dirne Lilo aus Magdeburg vergnügt, versteckt sich
der Held der Handlung unter den Demonstranten des Oster-
marsches. Eine Millionärstochter „solidarisiert" sich, und beide
fliehen „nach abenteuerlichen Umständen und Schießereien mit
mehreren Toten über die Werra in die DDR".

Das Elbabenteuer „Die Entführung der ‚Antonia'" war ein echtes Kollektivprodukt des Verlages. Ein „nicht parteilich gezeichneter", versoffener ostdeutscher Kapitän („Er fällt nicht nur seiner Frau, dem Püppchen Gitta, auf die Nerven, sondern mit der Zeit dem Leser selbst ... er seufzt und säuft in einer Tour") war „nicht im Stande sich von einer unglücklichen Liebe zu lösen und durch Tätigsein für den sozialistischen Aufbau wieder zu gesunden". Stattdessen folgte er der treulosen Kleinhändlerstochter nach Hamburg, um dort seinen volkseigenen Schlepper „Antonia" zu verscherbeln. Die Mannschaft der „Antonia" spielte in der ersten Manuskriptfassung kaum eine Rolle, doch der Lektor konnte ihr „Kampfwillen" und „politische Reife" einpflanzen: In der Endfassung überwältigen die Matrosen der „VEB Binnenschifffahrt" vier Polizisten am Hamburger Kai und entführen das Schiff in die Heimat.

Die Bundesrepublikflucht von West nach Ost war in den Jahren vor dem Mauerbau ein beliebter Topos in den Spionagekrimis des Verlags „Neues Berlin". Vor der Flucht in den Westen wurde entsprechend entschieden gewarnt.

Pribilla, die „wegen Arbeitsbummelei" republikflüchtige und „sich in Ängsten windende" Hauptfigur in Fred Ungers Erzählung „Die Nacht, in der ich starb", lässt sich „in hoffnungsloser Situation" im Wartesaal in Hannover von einer Agentenorganisation anheuern. Er wird „mit riesigen Geldmitteln, mit Wohnung, Auto und Dienstmädchen versehen: ein vollständiger Unsinn und nicht ungefährlich!", warnt die Zensorin. Da er sich weigert, einen Kollegen zu ermorden, verfolgt ihn, im Bündnis mit der bundesrepublikanischen Polizei, das Mordkommando des westlichen Geheimagenten Kacmarek. „Was den Autor bewog, fast allen seinen Gangstergestalten slawische Namen zu geben, bleibt unerfindlich." „Gehetzt jagt er durch die Straßen. Bei einer Dirne findet er Unterschlupf. Sie rät ihm, zurück in die DDR zu gehen." Die engen Kontakte der Prostituierten zur KPD lösten in der Zensurbehörde eine angeregte Diskussion über die möglichen Reaktionen der westdeutschen Genossen aus. „Die besondere Gefahr liegt noch darin, dass das Buch stilistisch gekonnt und routiniert geschrieben ist", resümierte die Gutachterin. Für Krimi-Autoren war es anscheinend so gut wie unmöglich, den Wünschen des Zensors gerecht zu werden: Entweder sie schrieben zu schlecht, oder sie schrieben zu gut.

Siegfried Lokatis

Im Blaulicht-Milieu

Hatte man seinerzeit am DDR-Zeitungskiosk das Glück, das neu erschienene „Blaulicht"-Heft ergattert zu haben, so war eine kurzweilige S-Bahn-Lektüre gesichert. Bei den seit 1958 erscheinenden bunten Heften (bis 1990 immerhin 285), zunächst als „kleine Erzählerreihe" firmierend, brauchte man sich um den Absatz von jeweils 200 000 Exemplaren keine Gedanken zu machen, denn die Popularität dieser Krimi-Reihe blieb über die Jahrzehnte ungebrochen.

Zunächst kamen die kleinoktavigen Hefte im Verlag des Ministeriums des Inneren heraus, denn ihr sozialpädagogischer Auftrag lautete, einen Beitrag „zur Stärkung des Verhältnisses zwischen der Deutschen Volkspolizei und den Werktätigen der DDR" zu leisten. Wie die gleichnamige bis 1963 ausgestrahlte Fernsehserie mit dem Untertitel „Aus der Arbeit unserer Kriminalpolizei" sollten die Blaulicht-Hefte nicht „einfach" nur unterhalten, sondern „aufklärerisch" und „wirklichkeitsnah" sein.

Dies war im Genre des Kurz-Krimis (32 beziehungsweise 64 Seiten Umfang, zum Preis von 25 bzw. 45 Pfennig) gar nicht so einfach zu leisten, setzte es doch nicht nur interessante „Fälle", in die manche Autoren der Reihe von der Kripo eingeweiht wurden, sondern vor allem routiniertes Erzählvermögen mit analytisch-soziologisch geschultem Blick voraus. Das hatten Autoren der Reihe, wie etwa die einstige Lektorin Ingeburg Siebenstädt, die unter dem Pseudonym Tom Wittgen schrieb, der Leipziger Erich Loest, hier als Hans Walldorf vertreten, der Hauptkommissar Wolfgang Mittmann, der Gerichtsreporter Günter Prodöhl und der Romanist Klaus Möckel.

Auch mancher heute unbekannte Autor versuchte sich, aber trotz des Honorars von jeweils 1 500 beziehungsweise 2 500 Mark kam es immer wieder zu einem Manuskript-Mangel, was dazu führte, dass das eigentliche Serien-Profil „Krimis von DDR-Autoren" durchbrochen wurde und man Übersetzungstitel aus den Volksdemokratien einschob. Im seit 1963 zuständigen Verlag Das Neue Berlin sorgte man sich daher ständig um neue Manuskripte (so schwankte die Anzahl der Hefte pro Jahr zwischen sechs bis 13), schrieb eigens Wettbewerbe aus und „kämpfte" beständig um die literarische Qualität.

Gegenüber der ministeriellen Zensurbehörde agierten die Lektoren in den 80er-Jahren äußerst geschickt, indem sie möglichen Einwänden durch eigene prononciert kritische Beurteilung den Wind aus den Segeln zu nehmen trachteten. So wurde „Rusankes Hund" (Nr. 237, 1984) von einem der Stammautoren als „Konfektion" klassifiziert, die eigentlich hinter den Ansprüchen des Verlages zurückbleibe. Das „Superding" (Nr. 246, 1985), „mehr Gaunerkomödie als Krimi", sei trotz gründlicher Umarbeitung entsprechend den Hinweisen des kriminalistischen Fach-Gutachtens eine „konventionelle Ermittlungsgeschichte" geblieben. Die Zensorin vermerkte handschriftlich, dass weder Inhalt und Form dem Titel angemessen seien. Bei anderen Titeln sah sie die Anwendung des Begriffs Trivialliteratur noch als geschmeichelt an und rügte die oft klischeehaften Darstellungen. Bei einem für 1983 vorgesehenen Titel namens „Bewährungsprobe" sah man in der Behörde wegen seines „schlechten literarischen und ideellen Niveaus" dann doch die „Grenze des noch Möglichen" erreicht.

Aufatmen konnten jedoch Verlag und Behörde, wenn wieder mal ein Manuskript von Gerhard Johann vorlag, denn die Texte des gewesenen Pfarrers und Kirchenzeitungsredakteurs waren stets „anspruchsvolle und niveauvolle Beiträge zur Unterhaltungsliteratur". Ihm ging es eher um „das Poetische eines Falls", ihn interessierten „ungelöste moralische Fragen" als Ursachen von Straftaten.

Die Themen von „Blaulicht" spiegeln in den 80ern zunehmend die Probleme der DDR-Gesellschaft: neben klassischen Beziehungs-Delikten finden wir Jugend-Kriminalität, „A-Sozialität", Alkoholismus, Alterseinsamkeit, Verkehrsdelikte wie Fahrerflucht ebenso wie Korruption und Diebstahl in Großbetrieben und Wirtschaftskriminalität, besonders im Antiquitäten- und Altmetall-Handel. Die Fach-Gutachterin, Oberstleutnant der Kriminalpolizei und Diplom-Staatswissenschaftlerin, hatte dabei auch auf die Proportionen dieser Themen zu achten, denn generell galt die Kriminalität in der DDR als rückläufig. Es wäre interessant zu prüfen, wie und ob die von dieser Gutachterin in der Reihe unter Pseudonym veröffentlichten Titel den propagierten Maßstäben entsprachen.

Simone Barck

239

Symptomkritik

Im Leseland DDR stand die sogenannte „Abenteuer- und Spannungsliteratur" in der Gunst der Leser gleichbleibend an erster Stelle. Das betraf alle Genres, aber in besonderer Weise den Krimi, der sich nach anfänglichen Irritationen in seiner unterhaltenden und aufklärenden Funktion als legitimer Teil der DDR-Literatur etabliert hatte. Vor allem durch den Verlag Das Neue Berlin wurde dank der Reihen „Blaulicht" (Auflagen von bis zu 250 000 Exemplaren) und „DIE Delikte Indizien Ermittlungen" (seit 1970 mit Auflagen von 100 000 und mehr) ein Millionenpublikum mit dieser begehrten „Bückware" versorgt.

Ab Mitte der 70er-Jahre gewinnen die in der DDR spielenden Krimis an Realitätsnähe und soziologischem wie psychologischem Tiefgang. Als Hintergründe von Straftaten werden Karrierismus, Missbrauch von Leitungsfunktionen, Korruption und eine auf der leidigen Mangelwirtschaft basierende Wirtschaftskriminalität thematisiert. Damit konnte der Krimi zunehmend eine beachtliche „Symptomkritik" leisten. Und da es ja stets um einen „singulären" Fall ging, konnte er sich der stereotypen Frage nach dem „Typischen" entziehen, sagte aber für den mit seinem Alltags-Erleben vergleichenden Leser hinreichend „Allgemeines" aus.

Als ein gelungenes Beispiel kann Wolfgang Kienasts „Ende einer Weihnachsfeier" (1981) gelten. Die als Ehetragödie daherkommende Story gründet sich auf jahrelangen „Betrug, Urkundenfälschung, Wirtschaftsverbrechen" auf Großbaustellen. Der in das langjährige Betrugssystem einbezogene Leiter einer sozialistischen Brigade („vielfacher Aktivist, Genosse und ausgezeichneter Fachmann") tötet seine Frau, als diese ihm durch ein Sparbuch mit einigen hunderttausend Mark auf die Schliche kommt. Die Spannung der Geschichte ergibt sich durch das Agieren eines Personenensembles, in dem Kommissare und ein junger Staatsanwalt sowie dessen übergeordnete Behörden zum Teil einander korrigierend den Fall bearbeiten. Die auf Betriebsebene und im Arbeiter-Milieu spielenden Handlungsteile (etwa auf der Baustelle Boxberg) zeigen harte Realitäten und rustikale Lebensverhältnisse, vor denen die „Gewissensfrage: Arbeit mit den Menschen" verblasst. Die Verhältnisse werden vor Ort von den Kollegen des Brigadiers auf den Punkt gebracht: „Jeder sieht zu, daß er mit dem Rücken an die Wand kommt." Mancher Leser mag sich am Ende gefragt haben, warum erst ein Totschlag passieren muss, damit dieses von einer (leider nicht konkret beleuchteten) „Organisation" gesteuerte Unternehmen aufgedeckt wird.

Das Manuskript des bereits seit 1970 im Programm des Verlages mehrfach vertretenen Autors war im April 1981 genehmigt worden: „Ms. gelesen. Keine Einwände". Außen- und Verlagsgutachten sind sich einig in der positiv-kritischen Bewertung dieses mehr zu einem Gegenwarts-Roman tendierenden Textes, bei dem das „Genrespezifische des Krimis" teilweise auf der Strecke bleibe. Mit dem Hervorheben der gestalterischen Mängel rückt allerdings (ungewollt?) die Brisanz der aufgedeckten Wirtschaftskriminalität in den Hintergrund. Resümiert wird, dass der Leser in solcherart „negativen Erscheinungen unseres sozialistischen Alltags", resultierend aus „noch vorhandenen sozialen Widersprüchen", manches aus seinem Erfahrungsbereich erkennen könne.

Das schnell vergriffene Buch erregte den Zorn des Generalstaatsanwalts, der die Vertreter der Staatsgewalt als rivalisierende Personen untragbar befand. Folge dieser Nach-Zensur war, dass der Titel nicht in die auflagenstarke DIE-Reihe übernommen wurde, sowie eine „Gekürzte Fassung" von 1987. Außerdem eine „ziemliche Kaltstellung" des Autors und die „existentielle Bedrohung" der zuständigen Verlagsmitarbeiter. Denn offensichtlich war nicht wie sonst bei Behandlung von Straffällen in der DDR – auch bei den Fernsehserien „Der Staatsanwalt hat das Wort" und „Polizeiruf 110" – ein Fachgutachten des Ministeriums des Inneren eingeholt worden, dem möglicherweise die höchst kritische Gestaltung der ermittelnden Personen aufgefallen wäre. Wer sich ein Bild von der ungeschönten Fassung dieses Krimis machen möchte, kann zu der 1990er Ausgabe (textidentisch mit der Ausgabe von 1981) in der renommierten Rotbuch Krimi-Reihe greifen.

241

Simone Barck

Nicht unbedingt einer von uns

Autoren von Abenteuer-Literatur hatten es in der DDR nicht nur mit der Zensur zu tun: Sie bedrückte neben der verbreiteten literaturkritischen Geringschätzung ihrer Produktion vor allem die latente Papierknappheit, die es verhinderte, dass ihre Bücher in angemessener Menge an die Leser kamen. So waren etwa die Bücher von Wolfgang Schreyer – Jahrgang 1927 und seit 1952 auf diesem Feld tätig, sei es Krimi, Abenteuer- oder Science-Fiction-Roman – in den Bestellungen des Buchhandels stets

„überzeichnet". Die Popularität Schreyers (insgesamt 32 Titel mit sechs Millionen Auflage) resultierte zusätzlich aus den zahlreichen Verfilmungen seiner oft in Lateinamerika angesiedelten Romane, die geprägt waren von Politik, Exotik und Sex.

Für seine Trilogie über die „Abenteuer des Uwe Reuss" („Die Suche", 1981; „Der Fund", 1987; „Der Verlust", 2006) hatte sich Schreyer als Helden einen ehemaligen DDR-Bürger gewählt, der mit dem Paddelboot „Deutschland" in die BRD geflohen war. Reuss gerät auf der Suche nach einer verschwundenen jungen Frau in höchst abenteuerliches Geschehen in der karibischen Inselwelt zwischen Guerillakrieg, Rauschgifthandel und Schatzsuche. Ein Gutachter fand, dass Reuss vom literarischen Standpunkt her „nicht unbedingt einer von uns" sein müsse. Seine Abenteuerlust würden sicherlich viele der jugendlichen Leser teilen, natürlich bleibe die nicht vorhandene Möglichkeit, Abenteuer dieser Art bestehen zu können, für „unsere Jugend" ein nicht zu unterschätzendes Problem und die nicht zu befriedigende Sehnsucht nach fernen Ländern wäre ein Faktor, mit dem zu rechnen sei.

Moniert wurde die „insgesamt schlechte literarische Qualität des Manuskripts" sowie die „stark objektivistische Sicht". Der zweite Teil sei ein „unverbindlicher Abenteuer- und Unterhaltungsroman", in dem die „revolutionären Aspekte des Lateinamerika-Horizonts" an den Rand gedrängt würden. Der Verlag Neues Leben, für den Schreyer ein „profilgebender Autor" war, hatte wegen dessen großer Resistenz gegenüber zensorischen Wünschen und Eingriffen wiederholt zu klagen.

Anfang der 70er-Jahre kam es wegen des in Guatemala spielenden Romans „Schwarzer Dezember" zu „nervtötenden Debatten", so der Autor. Die Zusammenarbeit wurde abgebrochen. Wieder war die Hauptfigur ein DDR-Flüchtling, ein Film-Regisseur, der mit seinem konfliktreichen Filmprojekt „auf der Suche nach Gerechtigkeit und Wahrheit" ist. Als „Glücksfall" wertete der Autor das Erscheinen dieses Thrillers beim Mitteldeutschen Verlag 1977. Aber auch hier gab es bald Probleme. Diesmal handelte es sich um ein für Schreyer eher untypisches, mit starken autobiografischen

Akzenten versehenes Manuskript, das als „Der sechste Sinn" 1986 herauskam. Allerdings erst, nachdem die brisante Gegenwarts-Handlung in das Jahr 1999 verlegt worden war. Der Kern des utopisch-satirischen Buches geht zurück auf die Kurzgeschichte „Harmo88", in der es um Konstruktion und Bau eines elektronischen Geräts zur Partnersuche geht. Sie war 1978 in Stefan Heyms Anthologie „Auskunft" in München erschienen und außerdem im „Playboy", hier unter dem Titel „Die Partei regelt den Verkehr".

Das hatte natürlich viel Staub aufgewirbelt und dem Autor nachhaltigen Ärger mit diversen Instanzen eingebracht. Vom Ministerium für Staatssicherheit – in dessen Visier er seit seinem 1958 anlässlich von Brigitte Reimanns Problemen mit der Stasi verfassten, dekonspirierenden Dossier „Schriftstellerverband und Staatssicherheit" besonders geraten war – ganz zu schweigen. Als „feindlich" galt insbesondere sein 1978 kursierender Brief über den „Vierten Zensor".

Im „Sechsten Sinn" erleben wir die Bemühungen des Schriftstellers Andreas Woelck um die Veröffentlichung seiner Story, parallel zu den wissenschaftlich höchst umstrittenen Versuchen der Herstellung eines „Minisenders zur Anknüpfung erotischer Kontakte". Die Gutachten sahen in diesem Roman „peinlichen Exhibitionismus" walten und verlangten Änderungen beziehungsweise Striche in Passagen, in denen Schreyer die Politik der Partei, die Realität unseres Landes verzerrte und Funktionäre diffamierte. Zugleich wurde prophezeit, dass auch dieses Buch beim Publikum Anklang finden werde, insbesondere wegen seiner „freizügigen Darstellung erotischer Beziehungen". 30 000 verkaufte Exemplare bis 1989 zeugen davon.

Simone Barck

Frau Ändering und Herr Streicher

Was war eigentlich mit der Zensur noch los, wenn in den 80er-Jahren ungestraft eine „Frau Ändering" und ein „Herr

Streicher" in einem Krimi herumgeistern durften? Galten die Zensurkriterien nicht mehr oder schaute man bei diesem Genre nicht so genau hin? Die Akten zeigen einen vergleichbar hohen Aufwand zur übrigen Literatur – die seit den 70ern vorgeschriebenen Fach-Gutachten vom Ministerium des Inneren, Abteilung Öffentlichkeitsarbeit beim Führungsstab der Kriminalpolizei, konnten sogar eine besondere Hürde darstellen. Denn hier wurde geprüft, ob die „Fälle" zur Kriminalstatistik passten, ob die Personnage, insbesondere die Darstellung der ermittelnden Beamten, den gewünschten Vorstellungen von sozialistischen Kommissaren entsprachen, ob auch keine Tabuthemen wie Umweltverschmutzung, ausländerfeindliche Straftaten, jugendliche Straftäter oder Ähnliches zum Thema gemacht worden waren.

War bei den seit den 70er-Jahren pro Jahr etwa 20 herauskommenden Krimi-Titeln die Straftat in der DDR angesiedelt, so hatten die Autoren damit den schwierigeren Weg gewählt. Das galt für die Bekannten des Genres wie beispielsweise Hans Pfeiffer, Wolfgang Schreyer, auch als „roter Wallace" bezeichnet, Hasso Mager, den schreibenden Staatsanwalt a. D., Harry Thürk, Ingeburg Siebenstädt, Barbara Neuhaus sowie für die nachrückenden jüngeren Autoren. Zugleich war damit jedoch ein nicht zu unterschätzender Prestigegewinn des Genres verbunden, dessen Beliebtheit bei den Lesern in stets krassem Missverhältnis zu der vernachlässigten literaturkritischen Beachtung stand. So gab es endlich auch ein „Krimiaktiv" beim Schriftstellerverband und in einigen Dissertationen und größeren Studien zur Kriminalliteratur in der DDR war dem Krimi sein spezifischer Platz bei der kritischen „Wirklichkeitserkundung" zugewiesen worden.

Wie souverän der Krimi in den 80er-Jahren agierte, machte Jürgen Höpfners „Verhängnis vor Elysium" (1983) in der beliebten DIE-Reihe des Verlages Das Neue Berlin deutlich. Die Ermittlungen nach der Ermordung einer vermögenden Rentnerin verbindet der Autor in einer zweiten Handlungsebene mit der Problematisierung vom Krimi-Schreiben in der DDR. Eine junge, finanziell klamme Lyrikerin, die einen Krimi verfassen möchte, begleitet das ermittelnde Kriminalisten-Duo als „passive Beobachterin". Sie macht diesen Fall leicht verfremdet zum Gegenstand ihres Buches; die Suche nach dem Täter wird auf der realen wie der fiktionalen Ebene geschildert. Mit einer verwirrenden Anzahl von verdächtigen Personen werden hinreichend falsche Fährten ausgelegt, wodurch die Spannung bis zum Schluss anhält.

Am Erwägen mehrerer Mord-Varianten beteiligen sich auch „Frau Ändering" und „Herr Streicher" vom Verlag VEB Mord&Totschlag. Sie bestärken die Autorin in der Absicht, „im Besonderen das Allgemeine sichtbar werden zu lassen": Sie streichen homosexuelle Beziehungen, sie fügen der Ermordeten einen faschistischen Ehemann hinzu, sie möchten die beiden Kriminalisten mit „stärkerem Verantwortungsgefühl und Ernst" gezeichnet sehen. „Ändern Sie doch wenigstens einige Formulierungen; Sie stoßen unsere Leser vor den Kopf, glauben Sie mir. Es gibt böses Blut".

Durch seine doppelbödige Struktur, seinen innerliterarischen Diskurs über das Krimischreiben stellte das Buch, wie auch das Verlagsgutachten befand, „einen Qualitätsvorstoß in Sachen Kriminalliteratur" dar. Es transportiere „ein packendes sozial-gesellschaftliches Zeitbild". Zwei Einzelgutachten lobten die „Tendenz zum Gegenwartsbuch" und bekräftigten des Autors Frontstellung gegen „Eingleisigkeit, Formalismus und festgefahrene Strukturen des Genres". Das Gutachten aus dem Ministerium des Innern korrigierte zahlreiche Begriffe und Sachmängel und wandte sich vor allem dagegen, dass der Autor so tue, als ob die Statistik der Straftaten anstiege. So etwas wie Julklapp gäbe es nicht bei der Polizei, die Zeit und der Ernst der Aufgaben ließe keine derartigen Spiele zu.

Im Roman fragt sich der Kommissar, ob es Julklapp geben solle. Nicht nur in diesem Fall hatte sich wohl der „störrische Autor" den geforderten „Änderungen" verweigert und damit den Krimi als das „kleine Massenmedium" gestärkt.

Simone Barck

Endspiele

Wolfgang Mattheuer: „Hinter den sieben Bergen" (1973), Öl auf Hartfaser. Museum der Bildenden Künste Leipzig, Inv.-Nr.: 2305. Abdruck mit freundlicher Genehmigung von U. Mattheuer-Neustädt.

Dialog mit Hindernissen

Er war einer der produktivsten Gesellschaftswissenschaftler in der DDR, seine Bibliografie wies über 4 000 Veröffentlichungen aus. Bei den rund 100 Büchern waren manche dickleibige und vielbändige, so die 40-bändige „Geschichte der Lage der Arbeiter", die zehnbändigen „Studien zur Geschichte der Gesellschaftswissenschaften" oder der Sechsbänder „Geschichte des Alltags des deutschen Volkes". Es war jedoch ein eher schmales Werk, das Jürgen Kuczynski (1904–1997) Anfang der 80er-Jahre in einen über mehrere Jahre dauernden Kampf mit der Partei-Zensur verwickelte. Dabei war es nicht so, dass es vorher keine Schwierigkeiten mit manchen seiner Schriften und mit seinen stets streitbaren öffentlichen Auftritten gegeben hätte. In seinen diversen autobiografischen Auskünften über seine politische und wissenschaftliche Sozialisation hat er für die DDR-Zeit seine existenzielle Situation auf die Formel von der jeweiligen Gnade und Ungnade seitens der Parteiführung gebracht.

Warum und wie er trotzdem seinen sozialistischen Idealen und marxistischen Überzeugungen treu geblieben war, das versuchte er fast 80-jährig in 19 Briefen an seinen Urenkel zu begründen und zu erläutern. Die Antworten auf die fiktiven Fragen – der Urenkel war gerade mal drei Jahre alt – sah Kuczynski als „Vorrat" für die Zukunft an. Es waren des Autors bilanzierende Lebensfragen und zugleich jenen Fragen ähnlich oder gleich, die ihm „Lehrlinge und Studenten gegenwärtig" stellten.

Der „Dialog mit meinem Urenkel. Neunzehn Briefe und ein Tagebuch" beleuchtete DDR-Geschichte aus der Perspektive eines privilegierten Wissenschaftlers von internationalem Rang, der als Parteimitglied (erst der KPD, dann der SED) des öfteren reglementiert worden war. Es bietet noch heute ein Lehrstück zum Thema Intellektuelle und Partei, macht das gespaltene Verhältnis der SED zu den Partei-Intellektuellen einsehbar.

Der Radius der „Briefe", deren Manuskript Ende 1977 im Wesentlichen abgeschlossen war, reichte von Fragen zum eigenen Werdegang und zur Familie über Generationsunterschiede oder wissenschaftliche Schulen bis zu den Nachfragen nach der „Großartigkeit des Sozialismus" oder der Begründung für die vorbehaltlose Verehrung der „Völkergemeinschaft der Sowjetunion". Mit letzterer war der ihn „wirklich berührende Schlag" verbunden gewesen: man hatte ihn 1950 auf Wunsch der SMAD aus eindeutig antisemitischen Gründen als Präsident der Gesellschaft für deutsch-sowjetische Freundschaft „brutal" abgesetzt. Damit war natürlich ein Tabu berührt, wie überhaupt der Komplex „Stalinzeit" und „Stalinismus" die Zensur herausfordern musste.

Für heutige Leser werden die Passagen dazu eher verharmlosend wirken, aber sie zeigen an, was Anfang der 80er-Jahre öffentlich zugelassen war, wie generell das Buch, als es nach einem Gezerre von mehreren Jahren 1983 endlich herauskam, als verlässlicher Gradmesser für den Zustand der politischen Öffentlichkeit dienen konnte.

Außer den Stalinismus-Passagen wurde im Aufbau-Verlag, in dem das Buch als „dialektisch anregende Lektüre" firmierte, vor allem um zu kritische Aussagen zum (undemokratischen) Zustand der SED und zur Rolle der Geschichtswissenschaft (als zu abstrakt, einseitig und sogar verfälschend) „gerungen". Nach Korrekturen des Autors ging das Manuskript 1981 zur Druckgenehmigung, die von Klaus Höpcke als „interessant und wichtig" befürwortet wurde. Bis Juni 1983 lag es bei Kurt Hager, der (vergeblich) weitere Änderungen forderte. Hager, den der Autor in seinem Buch als „nahen und hilfsbereiten" Genossen nennt, erweist sich nun als sturer Dogmatiker, für den Kuczynski nur noch „Verachtung" (1992) empfindet, den er 1996 sogar als „Verbrecher" sieht.

Die Wirkung des Buches, in dem sicher – so Konrad Wolf 1980 dazu – „manches zu sehr verplaudert wirkt", steigt, als es Anfang 1984 ex cathedra an der Humboldt-Universität als das „republikfeindlichste Buch seit Bestehen der DDR" bezeichnet wird. Die 2. Auflage erscheint auf persönliche Weisung Erich

Honeckers; bis 1989 werden es 260 000 Exemplare. Im „Fortgesetzten Dialog mit meinem Urenkel" von 1996 unterzieht sich Kuczynski in seinen Antworten auf 50 neue Fragen einer weitgehenden Selbstkritik, zugleich kann die Substanz mancher Antworten auch heute bestehen. Vielleicht sollten die Urenkel das prüfen?

Simone Barck

Schelme unter sich

Es gehörte zu den Steckenpferden des bekannten Wirtschaftshistorikers Jürgen Kuczynski, auf die wissenschaftliche Kritik zu schimpfen und die Meinung zu propagieren, dass diese weit hinter der Literaturkritik her hinke. Auch ließ er des öfteren verlauten, dass man über die Gesellschaft DDR etwas Substanzielles eher aus der Belletristik als aus den historiografischen Büchern seiner Fachkollegen erfahren könne. Er beklagte den gering entwickelten „Meinungsstreit" und die „oft herrschende Totenstille in unseren Zeitschriften". Als 1982 seine diesbezüglichen „Bemerkungen zur Kritik" unter dem Titel „Ich bin der Meinung" im Mitteldeutschen Verlag Halle-Leipzig erscheinen sollten, war der renommierte Leipziger Revolutionsforscher Walter Markov um ein Gutachten gebeten worden. Die stattdessen im Verlag eintreffende „honorarfreie Antwort" stellte ein Meisterstück an souveräner Ironie und kritischer Kollegialität zugleich dar.

Eingangs benannte Markov die an ihn gerichtete Bitte um ein Gutachten als ein „schlagendes Beispiel für eine gewisse Fragwürdigkeit des Begutachtungsverfahrens: meine Meinung über Kuczynskis Meinung über Meinungen von Rezensenten über Bücher? Was soll dabei herausspringen? Doch nicht ein Entscheid darüber, ob drucken oder nicht drucken?"

Der Autor sei bekannt genug, um bestimmte Vorfragen vom Tisch zu wischen, ein durch Jahrzehnte in hohen Funktionen bewährter Genosse, er kenne seinen Marx und Lenin aus dem Effeff und wisse zu schreiben. Ob manchmal zu schnell (und zu viel?) sei sein Bier. Er spare nicht mit Einwänden, die spitz sein können, doch sei davon auszugehen, dass er sie helfend denkt. Nichts berechtige, ihm anderes zu unterstellen. Dass deshalb jede seiner Aussagen unbestreitbar sein muss, sei von ihm so wenig wie von jedem anderen Sterblichen zu verlangen. Das Recht auf Irrtum stehe ihm ebenso wie jedem der von ihm gerügten Rezensenten zu. Natürlich weiß Markov, dass manche K.s Streitlust auch Streitsucht nennen. „Geschmackssache, aber wem schadet sie? Ärger erhält jung, und warum sollte man auf einen Schelm nicht anderthalben setzen?"

Kuczynski wisse „Lobendes über uns Ältere" (Ernst Engelberg, Hermann Ley, Walter Markov) zu sagen und lege sich mit den Jüngeren an. „Vielleicht sieht er darin eine Art Erziehungsaufgabe, und im angesprochenen Detail würde ich ihm oft recht geben. Es gilt schon allerlei – auch in den angegebenen Richtungen – zu monieren. Dass sich daraus – wohl unbeabsichtigt – das Bild einer Generationsspannung ergibt, ist K.s Pech, und ich nehme an, dass sich die apostrophierte reifere Jugend schon ihrer Haut zu wehren wissen wird, zumal sie mit einiger Sicherheit ihren praeceptor überleben dürfte. Vielleicht wird der eine oder andere Angegriffene beanstanden, dass sein Kritiker als Wirtschafts- und Sozialhistoriker fachspezifisch für die „eigentliche" Geschichte nicht hinreichend ausgewiesen ist und in ihr dilettiert; möglicherweise auch nicht wisse, dass man in den Zeitschriften auch gewissen Sprachregelungen unterliege (Zurückhaltung im Urteil über Produkte der Bruderländer z.B.) und redaktionelle Eingriffe (Kürzungen, die nicht immer maximal gelingen) stattfinden. Zwar wäre es gentlemanlike, das (stillschweigend) zu berücksichtigen, jedoch noch lange kein Argument gegen die breitgestreuten interdisziplinären und literarischen Interessen K.s. Es wird doch gewünscht und erwartet, dass wir alle uns jenseits der stacheldrahtgeschützten geheiligten Forschungsbereiche auch auf publizistischen Walstätten kräftig einmischen. Wem das Florett dabei aus der Hand rutscht, bekommt dann eben sein Fett ab, doch traue ich K. hinlängliches Stehvermögen zu."

Ein gewichtiger Einwand kommt am Ende: Markov sieht einen gewissen Widerspruch zwischen dem angenehm zurückhaltenden, die Subjektivität hervorhebenden Titel und einer prononciert belehrenden Diktion, die den Eindruck erwecken kann, sie töne ex cathedra und nicht als ein Beitrag zum Meinungsstreit unter anderen: so, als wisse (nur) J. K. ganz genau, wo Marx geirrt habe und wo nicht. Dies aber sei nun das geeignete Stichwort für einen künftigen Rezensenten. Schade nur, dass Markov sich nicht selbst dieser Aufgabe angenommen hat, denn eine auf solchem Niveau stehende Besprechung ist dem Kritik-Büchlein in der Essay-Reihe des Verlages nicht zuteil geworden.

Simone Barck

Wirklichkeitsverlust

Wer heute durch Berlins schicke Mitte flaniert, kann nur noch an den wenigen nicht-renovierten Altbauten, den dunklen Durchgängen zu den Seiten- und Hinterhöfen erahnen, dass sich hier einst Wohnungen befanden, mit denen man nach Zille Menschen erschlagen konnte. Mit diesem vorwiegend proletarischen Milieu wollte der verkleinbürgerlichte Sozialismus der DDR nichts zu tun haben. Daher waren, regierungsamtlich verfügt, ganze Straßenzüge im Scheunenviertel in den 80er-Jahren zum Abriss vorgesehen; den Bewohnern winkte dafür die „Platte" mit Fernwärme und Bad.

Doch dem hochgepriesenen Wohnungsbauprogramm fehlte das Tempo, der Unmut der in den immer mehr verrottenden Altbauwohnungen wuchs. Günter de Bruyn lebte lange in dieser Gegend, war ihr Chronist und sensibler Beobachter. In „Buridans Esel" (1968) war die Liebe des verheirateten Bibliotheksleiters Erp zu dem viel jüngeren Fräulein Broder auch an deren rustikaler Hinterhofbehausung mit nachtaktiven Ratten und Mäusen sowie dem Klo auf der Treppe gescheitert.

Dieses Buch, ein gewichtiger Beitrag zum emanzipatorischem Diskurs der DDR-Literatur – dessen Story vom Autor als „zwei Frauen machen ihren Weg, ein Mann bleibt auf der Strecke" – beschrieben wurde, war erst nach „langwierigen Diskussionen mit dem Verlag und der Zensurbehörde" erschienen. Besonders die Negativ-Zeichnung des Protagonisten Erp, der als leitender Genosse feige und anpasserisch gezeigt wird, aber auch die durchgängig ironische Erzählweise provozierte den Mitteldeutschen Verlag, der dahinter etwas Parteifeindliches vermutete. Nachdem jedoch ein gewitzter Außen-Gutachter gerade in der Figuren-Konstellation „sozialistische Parteilichkeit" entdeckt und Erp als eine Art charakterloses Auslauf-Modell im Sozialismus gewertet hatte, konnte man das Buch als „in Neuland vorstoßenden Sitten- und Gegenwartsroman" doch der Zensurbehörde schmackhaft machen.

Viele „Stellen" mussten jedoch dem Autor noch „ausgeredet" werden – zum Beispiel könne er nicht von „Deutschland mit zwei Hauptstädten" schreiben, „weil dies nicht der Realität entspräche". Nach anderthalb Jahren ließ dieses Hin und Her den Autor in einen „geistigen Erschöpfungszustand" fallen. Das „lange Ringen um einzelne Wörter und Sätze" gab es jedoch auch bei de Bruyns folgenden Büchern: In der „Preisverleihung" (1972) erblickte der Verlag einen „bedenklichen Wirklichkeitsverlust", bei seiner „Bevorzugung des akademischen Milieus" gelinge es ihm nicht „die führende Klasse unseres Staates literarisch gültig zu gestalten". Aus den 70er-Jahren stammt die nur zehn Seiten umfassende kleine Erzählung „Freiheitsberaubung", die aus dem 1979 herausgekommenen „Querschnitts"-Band gestrichen wurde. Hier schweigen die Akten, dem Autor wurde nur lapidar das Verbot dieses Textes mitgeteilt. Dabei war im Verlagsgutachten noch dessen „besonderer erzählerische Zugriff" betont worden: Er habe das moralische Problem aus der sozialen Differenzie-

rung erwachsen lassen, auf realistisch-kritische Weise auf Wohn-
und Lebensbedingungen aufmerksam gemacht, wie sie heute
noch eine große Anzahl von Menschen erfahren müssten. Hinter
diesen Verklausulierungen verbarg sich die Geschichte von Anita
Paschke, 32-jährige ledige Mutter dreier Kinder und Nachtpfört-
nerin, die im verzweifelten Kampf um bessere Wohnverhältnisse
zu ungewöhnlichen Methoden greift. Sie schließt einen mit ihr
liierten Mann – Direktor eines großen VEB und über viele Beziehungen verfügend – über Nacht in ihrer Wohnung ein, weil
er sein Versprechen, ihr zu einer neuen Wohnung zu verhelfen,
nicht einhält.

Die heiter-ironisch daherkommende Geschichte, die mit viel
Lokalkolorit in der Linienstraße spielt, lebt vom solidarischen
Blick auf Anita Paschke. Sie erweckt mit ihrer selbsthelferischen
Aktion, in ihrem Kampf gegen die Ratten, in ihrem verzweifel-
ten Bemühen aus dem „Dreckloch" herauszukommen, sogar
ein mildes Verständnis bei dem herbeigerufenen zuständigen
Polizisten. Die drastischen Bilder der Wohnungs-Missstände und
Alltags-Realitäten standen in krassem Kontrast zu den lautstark
verkündeten sozialpolitischen Maßnahmen. Es war auch hier die
„Genauigkeit der Schilderung unter Vermeidung alles Überflüs-
sigen" (Günter de Bruyn über Fontane), die diesen kleinen Text
so wirkungsvoll macht.

255

Simone Barck

Neue Herrlichkeit

Wenn in der „gegnerischen Presse" ein Buch aus der DDR als
eines avisiert wurde, „nach dessen Lektüre man sich am besten
umbringen möchte", dann schrillten die Alarmglocken im Politbüro.

So geschehen im April 1984, als in der „Welt" der soeben
im Fischer Verlag erschienene, „bisher radikalste Roman des
Ostberliners Günter de Bruyn" empfohlen worden war. Das

hier entworfene düstere Bild dieses Buches, ironisch „Neue Herrlichkeit" betitelt (nach dem Namen des ministeriellen Ferienheims, in dem die Handlung spielt) und auf die resümierende Feststellung gebracht, dass nicht mal mehr das Sterben heute noch Spaß mache in der Mark Brandenburg, ließ die Genossen fragen, wie denn eine solche „zutiefst pessimistische Sicht auf den Sozialismus ausgerechnet im 35. Jubiläumsjahr" zum Druck hatte befördert werden können.

Im Mitteldeutschen Verlag, zu dessen renommierten und raren devisenbringenden Autoren Günter de Bruyn seit seinem Erstling „Der Hohlweg" (1963), von ihm später als „Holzweg"

abgelehnt, gehörte, hatte das Manuskript bei seiner Abgabe 1983 wenig Begeisterung ausgelöst. Es war als „kritisches" Buch eines „bürgerlich-humanistischen Moralisten" gerade noch durchgegangen. Einige entschärfende Änderungen bei der Darstellung des Staatsfunktionärs Kösling und der krass vorgeführten Altersheim-Problematik hatte man dem Autor „abringen" können. Dank geschickter Gutachten firmierte der Roman als „sehr realistisch" und als vielversprechendes „Kommunikationsangebot". Beides traf wohl zu, ließ aber das höchst kritische Potenzial des Buches, das gleich an mehrere Tabus rührte, kaum aufscheinen.

Wir haben es mit einer Art negativem Entwicklungsroman zu tun: Erzählt wird die Geschichte vom jungen Diplomaten Victor Kösling, der sich zwecks Anfertigung einer Dissertation für einige Wochen in die Einsamkeit eines abgeschiedenen Ferienheims zurückzieht. In einer Art Zauberberg-Situation gerät er hier infolge der durch Schnee und Eis bedingten Blockade in den mentalen Sog des von einem skurrilen Personenensemble bestimmten Ferienobjektes. Statt wissenschaftlich zu arbeiten, verliebt er sich in das Zimmermädchen Tilda, schlägt deren Liebhaber – einen bärtigen philosophischen Aussteiger, hier als Gärtner beschäftigt – aus dem Feld und befreundet sich mit der Großmutter Tildas, Tita genannt, einer sympathischen energischen Alten, die früher im Heim wirkte, nun aber wegen

Altersdemenz mancherlei Verwirrung stiftet. Aus egoistischen Gründen seiner Liebesbeziehung bringt Kösling die Enkelin dazu, Tita in ein Horror-Altersheim abzuschieben, wo diese alsbald verstirbt. Der Vater, ein hoher Staatsfunktionär, dem die Liebe seines Sohnes zu dem Zimmermädchen nicht passt, veranlasst den vorzeitigen Abzug des Sohnes ins Ausland. Der Sohn, „gewöhnt der zu sein, der gewünscht wird", verlässt seine Liebe und funktioniert wieder gewohnt in Anpassung und Opportunismus. Wie der Vater mit seinen Privilegien und seinem Zynismus ist auch er ein wenig sympathischer Zeitgenosse. Im Ferienheim bestimmt nicht zuletzt der Alkohol das Leben, die ländliche Lebensweise mit ihren traditionellen Verrichtungen erscheint als Alternative eines überzogenen Fortschrittsdenkens und dem Raubbau an der Natur.

Die von der „Welt"-Rezension ausgelösten hektischen Aktivitäten in der Zensurbehörde führten im Juni 1984 zu einer selbstkritischen „Stellungnahme" des Verlages, der einräumen musste, die „Gefahr der Ausnutzung des Romans für antikommunistische Hetze nicht hinreichend erkannt" zu haben. Das Buch enthalte „über weite Strecken ein einseitiges Bild unserer Wirklichkeit und nicht wenige subjektivistisch zugespitzte Wertungen". In der HV nahm man von einer DDR-Ausgabe Abstand, weil die DDR vorwiegend in einem pessimistischen Licht erscheine. Sowohl das „Schicksal alter Menschen" wie der jungen Generation, die aus „Schwächlingen, Opportunisten und Aussteigern" bestehe, sei negativ verzeichnet.

Der nun „Drohungen und Schikanen" befürchtende Autor erlebte erstaunt, dass ihm der MDV nicht nur sein Honorar für das verbotene Buch zahlte, sondern Nachauflagen anderer Bücher von ihm herausbrachte. Seine West-Lesereisen wurde genehmigt und 1985 erschien die „Neue Herrlichkeit" in 15 000 Exemplaren in seinem Hallenser Verlag, nun also auch für DDR-Leser greifbar. So zahnlos oder lernfähig war die Zensur Mitte der 80er-Jahre geworden.

Simone Barck

Havelobst

Protokoll-Literatur war ein gesamtdeutsches Phänomen der 70er-Jahre. Besonders in der DDR kam durch Reportagen, Interview- und Protokoll-Bücher, etwa von Maxie Wander und Sarah Kirsch, ein gehöriger Schub an Realismus und Kritik in das literarische Leben. Auch jüngere Autoren wie zum Beispiel die von der FDJ-Poeten-Bewegung geförderte Gabriele Eckart, Jahrgang 1954, versuchten sich in diesem Genre.

Nach einem Philosophie-Studium an der Humboldt-Universität war sie 1980 als „Kulturarbeiterin" für ein Jahr in das Havelländische Obstanbaugebiet um Werder gegangen und hatte dort Interviews mit alten und jungen Obstgärtnern geführt. Eine erste Fassung lehnte der Verlag Neues Leben 1982 ab. Ein Vorabdruck in der renommierten Literaturzeitschrift der Akademie der Künste „Sinn und Form" (Heft 2/1984) sollte den Weg für die Edition im Buchverlag Der Morgen ebnen, der bereits eine Satzgenehmigung erhalten hatte. Der Vorabdruck jedoch erwies sich als verhängnisvoll, denn die Zeitschrift wurde auch in oberen Parteirängen aufmerksam verfolgt. Das Buch bekam keine Druckgenehmigung.

Die abgedruckten zwei Protokolle von leitenden Staatsfunktionären (er Betriebsleiter im Havelobst, sie Vorsitzende einer Gärtnerischen PG, miteinander verheiratet) ließen Persönlichkeiten erkennen, die sich als Genossen in Leitungspositionen mit großer Energie für die sozialistische Planwirtschaft in Obstanbau und Ernte einsetzten, jedoch zugleich kritisch auf unsinnige Planauflagen und schädliche Tonnen-Ideologie hinwiesen. Die übertriebene Monokultur Äpfel brachte nicht nur Umweltprobleme mit sich, sondern die hochgeschraubten Planziffern führten zu einer Massenproduktion von Äpfeln, für die dann Lager-Kapazitäten fehlten. „Keiner weiß, was passiert mit dem restlichen Obst?" Kritisch fällt auch ihre Reflexion über die Arbeiter-Mentalität aus (das verflixte Scharwerken, Feierabendarbeit, Geldmachen um jeden Preis), ebenso ihre Ablehnung von Machtmissbrauch jeglicher Art und von Parteifunktionären, die ohne Kontakt zu den Menschen vom Schreibtisch aus anordneten. Die Frau meint, dass man sich generell in und von Seiten der SED zu wenig „um die Seele der Menschen" kümmere. Der Ton innerhalb der Partei sei so beschaffen, dass kaum noch jemand wage, Fragen zu stellen. Der Mann beklagt, nicht ins kapitalistische Ausland reisen zu können. „Ist das Misstrauen denn größer als das Vertrauen?"

Die Reise-Problematik zieht sich wie ein roter Faden auch durch die übrigen Protokolle, die insgesamt in kaum bearbeiteter Umgangssprache wiedergegeben werden. Die Protokolle der im Obstanbau Tätigen spiegeln den gewachsenen technischen Fortschritt ebenso wie die noch schwere körperliche, monotone Arbeit bei Baumschneiden. Passagen dokumentieren die Umweltschädigung durch das starke Gift-Versprühen und Spritzen. Die Lehrlinge, denen man ein Vorzeige-Internat gebaut hat, zeigen sich teils angepasst, teils kritisch gegenüber den FDJ-Funktionären. Ein „Referent für Obstsorten" benennt eine „begrenzte Dezentralisierung" als einzige Möglichkeit, das biologische Gleichgewicht wieder ins Lot zu bringen. „Die Zahlenideologie macht das Gebiet kaputt." Und er ist der Meinung, dass Politiker, wenn sie das Rentenalter erreicht haben, abtreten müssten.

Das „Werder-Buch" gab einen aufschlussreichen soziologischen Einblick in einen Bevölkerungsschlag, der von alters her höchst traditionsbewusst und von Stolz auf die erreichten Anbau- und Ernteerfolge geprägt ist. Die Zensurbehörde sah in dem Ganzen jedoch nur „eine verzerrte Darstellung der bedeutsamen Umwälzungen, die sich unter sozialistischen Bedingungen in der Entwicklung des Territoriums und im Denken und Handeln der Menschen vollzogen haben".

Nachdem verschiedene Zensur-Eingriffe am Manuskript (schon in der Text-Fassung von „Sinn und Form") nicht die gewünschten Erfolge zeitigten und kein Placet in der DDR in Sicht war, erschien das Buch 1984 im Kölner Verlag Kiepenheuer&Witsch. Die Autorin, in den Jahren 1972 bis 1976 als Stasi-IM tätig, danach selbst von der Stasi ausgeforscht, wurde dafür nicht belangt. Man wollte sie, die Stasi attestierte ihr 1984 eine „verfestigte negativ-feindliche Einstellung", nicht in eine Märtyrerrolle bringen. Nachdem sie einen Ausreiseantrag zurückgezogen hatte, kamen andere Bücher von ihr im Buchverlag Der Morgen heraus. 1987 verließ sie bei einer Reise zur Frankfurter Buchmesse die DDR.

Simone Barck

Hinter sieben Bergen

„Denn lieber gar kein Buch, meine ich, als eines, in dem alle Spitzen, Ecken und Kanten, die Glanzlichter, verschwunden oder im schlampigen Druck ersoffen sind." Das hatte Wolfgang Mattheuer (1927–2004) im November 1985 für das (nicht erschienene) „Vorwort" eines großen Tafelbandes mit seinen Bildern und Texten („Notate und Gedichte") formuliert. Das Projekt währte bereits zehn Jahre, und des „Bildermachers" Skepsis gegenüber dem ihm „fremden Wesen, dem Verlagswesen" war verständlich. Es sollten weitere drei Jahre vergehen, bis der allerdings dann sehr schöne Band mit einem Essay von Horst Schönemann im Seemann Verlag herauskam. Probleme bereiteten außer dem „Vorwort" zwei Gedichte und eine kleine Formulierung.

Die Gedichte „Allein" und „Hinter den sieben Bergen" schrieb Mattheuer Anfang September 1968, unter dem Schock des Einmarschs der Truppen des Warschauer Vertrags in die Tschechoslowakei. Sie thematisierten das Eingeschlossensein:

Er sieht links Mauern
Er sieht rechts Mauern
Er sieht hinten Mauern
Er sieht vorn Mauern
Er spürt unten kalten Stein
Er fühlt oben leeres Nichts.

Und sie fragten nach der Freiheit hinter den sieben Bergen: „Hinfahren sollte man. Sehen müßte man's mit eigenen Augen, das Schöne; die Freiheit spielt mit bunten Luftballons. Und andere fahren hin mit Panzern und Kanonen – um nachzuschaun. Und die Freiheit spielt nicht mehr am Himmel: dort schiebt der Wind die Wolken."

Wie so oft verarbeitet Mattheuer auch hier Themen und Motive in verschiedenen künstlerischen Techniken. So gibt es den Holzschnitt „Hinter den sieben Bergen" von 1970 und das gleichnamige Gemälde von 1973, das zu den in der DDR stark diskutierten Kunstwerken gehörte. Mattheuers spezifischer Realismus, seine Bilderwelten mit Provokationen und Utopien, stets auf den Dialog mit dem Betrachter aus, machten seinen Stil unverwechselbar.

Zum Gedicht „Allein" gibt es ebenfalls ein gleichnamiges Gemälde von 1970, das eine Figur mit erhobenen Armen an einer weißen Wand in einem geschlossenen, in Schwarz und Braun gehaltenen Raum zeigt. Auch hier ist der Bildtitel eine „Brücke" für den Betrachter, der ins Bild hineingehen kann – „über den trennenden Graben zwischen seiner Wirklichkeit und der des Bildes".

Wie wir aus den Druckgenehmigungs-Akten erfahren, wurden nach einem mehrstündigen Gespräch der Leipziger SED-Bezirksleitung mit dem Künstler die zwei Gedichte aus dem Tafelband „herausgenommen", das „Vorwort" sollte „umgearbeitet" werden. Von der Zensurbehörde wird zusätzlich in dem Text „Ruppertsgrün" von 1972 die Passage von „Stalins stillen Witwen", die vielleicht im Schnellzug Moskau-Paris durch diesen Ort rasen, zur Streichung angewiesen. Ein Blick in die Ausgabe von 1988 zeigt, dass die Passage drin war. Ermüdungserscheinungen der Zensur?

Andererseits war es noch im Sommer 1989 nicht möglich, für den Reclam-Band 1301 – „Die Übergangsgesellschaft" mit DDR-Stücken der 80er – Mattheuers Grafik „Prometheus verläßt das Theater" (1981) auf das Cover zu bringen. Der Künstler, der am 7. Oktober 1988 nach fast 30 Jahren aus der SED ausgetreten war, weil die Partei „das sich selbst bestimmen wollende

Individuum" nicht brauche, nahm es als Beleg für die Wirkung seiner Arbeit. Seine Austrittserklärung findet sich mit den beiden Gedichten von 1968 in „Äußerungen. Texte. Graphik", 1990 bei Reclam Leipzig erschienen. Dieser Band, dem 2002 „Aus meiner Zeit. Tagebuchnotizen und andere Aufzeichnungen" (Hohenheim Verlag Stuttgart) folgte, ist eine Fundgrube für Interessenten an Mattheuers Biografie und Werk, er vermittelt erhellende Einblicke in den „Kunstzirkus" DDR.

Simone Barck

Traummeister

„Ohne Zensur ist die Macht weg", hatte Leonid Breshnew Alexander Dubček vor dem „Prager Frühling" gewarnt. Und hatte er etwa nicht recht damit? Im Königreich Frankreich wurde die Zensur 1788 abgeschafft, im Deutschen Bund lockerte Metternich 1847 die Zügel, und in der DDR war es im Januar 1989 so weit. Die Folgen sind bekannt.

Die Abschaffung der Belletristikzensur war zunächst ein Verdienst Christoph Heins, der die staatliche Druckgenehmigungspraxis auf dem X. Schriftstellerkongreß 1987 angeprangert hatte – unterstützt vom Präsidenten des Schriftstellerverbandes, Hermann Kant, und dem Buchminister Klaus Höpcke, der die Rolle des „Oberzensors" gründlich satt hatte. Er ließ die Rede Christoph Heins in Ost und West verbreiten, um Kurt Hager im Politbüro zur Reform zu zwingen, zu einer „Vereinfachung des Druckgenehmigungsverfahrens". Fortan verzichtete Höpckes Hauptverwaltung in der Regel (eine Ausnahme blieben vor allem die Verlage der Kirchen) auf die Vorlage von Manuskript und Gutachten, und für die Druckerlaubnis genügte die Befürwortung des Verlages.

Volker Braun bezeichnete die Reform als „ein exemplarisches Modell für Umverteilung von Macht, als ein neues Modell von Machtausübung in dem Sinne, daß der Staat seine Gegenmacht organisiert" und als „sozialistische Demokratie in Aktion". Nach außen hin, über den Kreis der eingeweihten Verleger hinaus, wurde jedoch wenig davon publik, da Kurt Hager auf Diskretion bestand. Schließlich konnte man nicht gut eine Zensur abschaffen, die offiziell überhaupt nicht existierte.

Die Druckgenehmigungspraxis wurde ohnehin von Jahr zu Jahr liberaler gehandhabt, doch gab es immer noch eine ganze Reihe von Titeln, die auf dem Schreibtisch Hagers gestrandet und jahrelang blockiert waren, etwa Monika Marons „Flugasche", die umstrittensten Bücher Stefan Heyms („Der Tag X" und „Collin"), George Orwell, Ernst Jünger und Friedrich Nietzsche. All das wurde jetzt möglich, nur reichte die Zeit meist nicht mehr, um die errungene Freiheit auf dem Buchmarkt der DDR sichtbar zu machen.

Ein Buch, das von der Lockerung der Zensur zu profitieren schien, war auch „Der Traummeister", der, so ein Kritiker, „erste und letzte Fantasy-Roman der DDR", verfasst von Angela und Karlheinz Steinmüller. Er erzählt von einer Stadt auf einem vom Mangel geplagten Planeten, in der die Menschen das Träumen verlernt haben und, im Auftrag des Magistrats, einer für alle zu träumen beginnt – ein grandioses und unschwer zu entschlüsselndes Bild für die zentral gesteuerte Kulturpolitik der DDR und die Zensur: Im Magistrat, „eingesperrt in geistiger Versteinerung", erhofft man sich Träume zur Verbesserung der Produktivität und der Wehrmoral und oktroyiert dem „Traummeister" zu diesem Zweck eine „Richtschnur des lotrechten Träumens", einen „vom Rat zu bestätigenden Traumplan" – der Traummeister wird sogar auf den Bitterfelder Weg geschickt, um die Produktion kennenzulernen. „Die Wände haben Kakerlakenohren", die von einem ekligen Kakerlak geleitete Stasi der Planetenstadt arbeitet nach dem Motto: „Alles sehen, alles hören – und schweigen." Der Text enthält u. a. Zitate Wolf Biermanns („Wer sich nicht in Gefahr begibt, kommt darin um"), ja, die Erzählung gipfelt darin, dass die mit dem Traummeister liierte Heldin des Buches wie Biermann ausgebürgert wird, die Tore der Stadtmauer sind für sie verrammelt. Der Traummeister jedoch emanzipiert sich von den Vorgaben des Stadtrates und treibt die Bevölkerung mit seinen Träumen zur Revolution – eine später von der Kritik bestaunte Antizipation der realen Entwicklung: „Ihr müsst selbst träumen lernen, alle."

Das 1984 begonnene Manuskript wurde im August 1988 dem Verlag Das Neue Berlin übergeben und erhielt im August 1989 problemlos die Druckgenehmigung ausgestellt. Eine Zensur fand also tatsächlich nicht mehr statt. Als „Der Traummeister" Mitte 1990 erschien, interessierte sich niemand mehr für Bücher aus der DDR, und die Steinmüllers verwendeten ihre bis hoch an die Decke getürmten Romane als Wärmedämmung ihrer Altbauwohnung.

Siegfried Lokatis

Lang erwartet

Buchmarkt zur Buchmesse auf dem Leipziger Marktplatz.
Foto: © Helfried Strauß. Abbildung aus dem Band „Weltnest. Literarisches Leben in Leipzig 1970–1990. Fotografien von Helfried Strauß", hrsg. von Peter Gosse und Helfried Strauß, Mitteldeutscher Verlag Halle, 2008.

Der unbequeme Nachlass

Nur sieben Jahre war es Zenzl Mühsam vergönnt, in der DDR als „Verfolgte des Nationalsozialismus" ein materiell sorgenfreies Leben zu führen. Ganze 16 Jahre in stalinistischen Gefängnissen, Lagern und Verbannung lagen hinter ihr, als sie 1955 im Alter von 70 Jahren in Berlin eintraf.

Das Vermächtnis ihres von SS-Schergen im KZ Oranienburg im Juli 1934 bestialisch ermordeten Mannes Erich Mühsam bekannt zu machen, war der Lebensinhalt dieser aus Bayern stammenden armen Bauerntochter. Seit sie sich 1915 mit dem Revolutionär, Anarchisten und Dichter ehelich verbunden hatte, war sie aktiv beteiligt an dessen Kampf gegen Monarchie und Militarismus, für Revolution und internationale Solidarität. Wie er „jeglichen Partei- und Organisationsfanatikern" abhold, leistete sie praktische Unterstützung im Auftrag der Roten und Internationalen Arbeiterhilfe für die politischen Gefangenen der Weimarer Klassen-Justiz, zu denen ihr Mann wegen seiner prominenten Rolle in der Münchner Räterepublik mit fünf Jahren Festungshaft gehörte. Nach Mühsams brutaler Ermordung musste sie als letzte Augenzeugin seiner erlittenen Torturen emigrieren. Über Prag gelangte sie 1935 nach Moskau, wohin sie auch den mit Geschick geretteten literarischen Nachlass ihres Mannes bringen ließ. Die von ihr in Prag verfasste Broschüre „Der Leidensweg Erich Mühsams", 1935 im Verlag der Internationalen Arbeiterhilfe in Zürich und Paris in hoher Auflage erschienen, hatte als authentischer Bericht vom Nazi-Terror eine starke internationale Wirkung. Von den Nazis ausgebürgert stand sie 1941 auf der UdSSR-Sonderfahndungsliste der Gestapo. Da befand sie sich bereits seit fünf Jahren in den Fängen des NKWD, völlig unschuldig wegen „konterrevolutionärer, trotzkistischer Tätigkeit" verurteilt. 1959 rehabilitierte sie das Moskauer Militärtribunal in der üblichen lapidaren Weise „wegen Fehlens verbrecherischer Handlungen".

Der von ihr dem Moskauer Gorki-Institut übergebene Mühsam-Nachlass kam 1956 in Kopien in die DDR, an die Akademie der Künste, wo er wegen seiner Brisanz für die SED-Parteigeschichte bis in die 70er-Jahre gesperrt blieb. Dank Zenzls energischem Bemühen – „sie war der Schrecken der Kulturbürokratie" (Christlieb Hirte) – erschienen 1958 zwei Bände mit Mühsam-Texten im Berliner Verlag Volk & Welt („Gedichte", „Unpolitische Erinnerungen"). Seine Schriften sowie der umfangreiche Briefwechsel stellten wegen ihrer anarchistischen Grundhaltung und ihrer kritischen Sicht auf die kommunistische Parteigeschichte auch weiterhin eine bleibende editorische Herausforderung dar. Nach einer „schmalbrüstigen Auswahl" von 1961 wurde im April 1976 zum 100. Geburtstag Erich Mühsams (1978) im Verlag Volk & Welt der Beginn einer repräsentativen achtbändigen Ausgabe angekündigt. Einer verlagsinternen Konzeption waren erstmals genauere Angaben zum Umfang des Nachlasses zu entnehmen. Es handelte sich unter anderem um unveröffentlichte Dramen und Gedichte, umfangreiche Prosatexte sowie die Tagebücher mit 6 000 Blatt und 1 525 Briefen, davon allein 945 von Erich Mühsam aus den Jahren 1896–1934 sowie Briefe an ihn aus den Jahren 1908 bis 1934, darunter die von seiner Frau Zenzl.

Das Ergebnis der verlegerischen Bemühungen unter Roland Links konnte sich sehen lassen. 1978 erschienen zwei opulente Bände: „Gedichte, Prosa, Stücke" und „Publizistik, Unpolitische Erinnerungen", herausgegeben von Christlieb Hirte unter Mitarbeit von Roland Links und Dieter Schiller. Ein dritter Band „Streitschriften, Literarischer Nachlass" (ebenfalls herausgegeben von Christlieb Hirte) kam 1984 hinzu. Auf der Strecke blieben die Briefe und Tagebücher, deren Entzifferung aus der schwierigen Handschrift nur mühsam voranschritt und viel kostete. Eine Kooperation mit einem westdeutschen Verlag kam leider nicht zustande. 1994 brachte Christlieb Hirte bei dtv Mühsams „Tagebücher 1910–1924" heraus, allerdings ohne die in Moskau verschwundenen sieben Tagebuchhefte aus den Jahren 1917 bis 1918. Ob diese noch auftauchen werden aus den Archiven des NKWD, von dem es heißt, dass es Mühsams Studien über Funktionäre der Arbeiterbewegung in seiner stalinistischen Verfolgungsparanoia missbraucht haben soll? Eine Frage von vielen, die hinsichtlich des Nachlasses von Erich Mühsam auch weiterhin offen bleiben.

Simone Barck

Fluch des Schweigens

Als im hektischen politischen Jahr 1990 ein schmaler Band des russischen Schriftstellers Ilja Ehrenburg (1891–1967) erschien, blieb das weitgehend unbemerkt. In der sonstigen „Normalität" des Leselandes wäre der 4. Band von Ehrenburgs Memoiren „Menschen Jahre Leben" als sensationell registriert worden. Das Erscheinen dieses brisanten Fragment-Nachtragsbandes, im gleichen Jahr russisch in Moskau wie deutsch bei Volk & Welt, war möglich geworden, weil die Tochter Irina Ehrenburg bereits 1988 das Manuskript an den Slawisten und Herausgeber der Ehrenburg-Ausgabe Ralf Schröder übergeben hatte.

Von Ehrenburg im Jahr 1965 geschrieben, behandelt es die Zeit nach Stalins Tod, bietet aufschlussreiche Details über die widersprüchlichen Entstalinisierungsbemühungen Chruschtschows, enthält beeindruckende Porträts von literarischen Zeitgenossen wie dem Schöpfer des „Drachen", Jewgenij Schwarz, und vor allem das Kapitel über den seit Gymnasialzeiten befreundeten Nikolai Bucharin, der als „Liebling der Partei" zu den prominentesten Stalin-Opfern gehörte. Dies, wie auch seine intensiven Reflexionen über sein Schreiben unter dem „Fluch des Schweigens", über dessen Überwinden, über Zensur und Selbst-Zensur, ist auch heute noch genauso beklemmend zu lesen wie die überfälligen „Enthüllungen" über Stalin-Opfer wie Wsewolod Meyerhold und Isaak Babel.

Spätestens seit dem Entstalinisierungsroman „Tauwetter" (1957) war Ehrenburg ein in der DDR geschätzter Autor. Also hoffte man, dass die 1961–66 erschienenen Memoiren „Menschen Jahre Leben" bald auch in der DDR herauskommen würden. Der Lebensweg des polyglotten Verfassers, der an den internationalen Brennpunkten des Weltgeschehens vor Ort gewesen war, seine Freundschaften mit den Vertretern der russischen und internationalen Avantgardekunst, von Picasso bis Neruda, und nicht zuletzt seine journalistische Kriegsberichterstattung stellten ein Kompendium dar, wie es seinesgleichen suchte im 20. Jahrhundert zwischen Oktoberrevolution und XX. Parteitag der KPdSU. Der erste Anlauf erfolgte 1963, in der Übersetzung von Harry Burck und Fritz Mierau, herausgegeben von Nadeshda Ludwig. Das Verlagsgutachten von Volk & Welt resümierte, das ganze Werk sei durchdrungen „vom leidenschaftlichen Pathos eines großen Antifaschisten, eines Friedenskämpfers, der von dem ehrlichen Willen erfüllt ist, dem Sozialismus zu dienen".

Als Folge der sowjetischen Diskussionen um die Ehrenburg-Memoiren begann sich jedoch in der DDR das Zensur-Karussell zu drehen. Zunächst verteidigte der zuständige HV-Leiter Bruno Haid die Herausgabe. Es handele sich um die „überzeugende Darstellung der Schwierigkeiten, Niederlagen und Erfolge eines parteilosen Intellektuellen auf dem Wege zu revolutionärer Gesinnung". Auch angesichts der antikommunistischen Kampagne in Westdeutschland gegen Ehrenburg als „Deutschenhasser" und seinen westdeutschen Verleger Kindler scheine es nicht geboten, von der Veröffentlichung in der DDR Abstand zu nehmen. Am 13. März 1963 jedoch gestand die Zensurbehörde ein, der „Subjektivismus Ehrenburgs" sei weiter reichend, „als bisher von uns eingeschätzt". Der Verfasser gehe an der Entwicklung der Kunst des sozialistischen Realismus, der bestimmenden Kunstrichtung, vorbei; zugunsten subjektiver, missverständlicher und ungültiger Interpretation spätbürgerlicher Kunst- und Literaturerscheinungen. Das „Nein" fällt dann Kurt Hager in der Ideologischen Kommission. „Je mehr sich die Memoiren der Gegenwart nähern, umso mehr stoßen sie auf Widerspruch und Kritik in grundlegenden Fragen der Kulturpolitik und der Behandlung der Epoche des Stalinschen Personenkults."

Während ein zweiter Versuch im Jahre 1964 scheiterte, wurde das Buch indes weltweit übersetzt. Wie Ehrenburg intern kommentierte, sah er die DDR in diesem Fall geradezu China Konkurrenz machen.

Erst 1974 wurde im Rahmen der von Ralf Schröder konzipierten Werkausgabe erneut versucht, auch die Memoiren durchzubringen. Und diesmal gelang es dank seiner Beharrlichkeit und der seiner Lektorin Lola Debüser tatsächlich. In der DDR wirkten 1978 die drei Bände als willkommene Informationsmöglichkeit und beeindruckendes Erlebnisbuch über die Geschichte von Personen des geistigen und künstlerischen Kosmos des 20. Jahrhunderts, das Personen-Register wies 3 000 Eintragungen auf.

Simone Barck

Die O des Odysseus

*Wo, oh ihr Musen, wurde „Ulysses" geduldig gelesen und gierig
Gehortet wie in der festummauerten Hauptstadt des lesenden*
Landes?
Denn spät erst, am Anfang der schicksalsverhangenen achtziger
Jahre,
Gelangte das Werk des Titanen James Joyce in die Gefilde am
Alex.
Längst warn vom literarischen Dreiergestirn der Modernen
Schon Kafka und Proust dem Sumpf der Zersetzung entstiegen, in
den sie ein unerfindlicher Ratschluss der Götter um Gotsche
gebannt hielt,
Auch Musil. Ihre Werke behütete nicht mehr der Giftschrank,
Sondern sie schmückten endlich die Hütten der hurtigen Sammler.
Zwanzig der rollenden Jahre waren vergangen, vergessen
Der Bannstrahl Kurellas und seiner politbürokratischen Herren.
Was hinderte noch die Heimkehr des Dubliner Dulders
In die zugleich auch für Johnson und Kafka gelassene, gähnende
Lücke?

Eigentlich nichts. Es war eine Null. Nicht der Zensor diesmal,
Nein, im fernen Frankfurt am Main Siegfried Unseld
Hatte verlangt die zehnfache Summe zu lösen die Rechte.
Nicht 6 000 wie üblich, gleich 60 000 der härteren Westmark
Forderte er und wies auf die schimmernde Rüstung des neuen

Hephaistos –

Wollschlägers Übersetzung, die Suhrkamp unnennbare Kosten

bereitet.

Das war zu viel. Der reichste aller Verlage im Lande,
Wenn es daran ging, Devisentitel im Ausland zu kaufen,
Volk & Welt, verweigert die Lösung, bemessen um dreißig andere

Titel

Zu kaufen, Chandler vielleicht, Graham Greene, Roald Dahl und

Calvino.

Nichts da! So groß war das zugemutete Opfer,
Noch größer das Zürnen und Jammern der Leser von Messe zu

Messe.

Wahrlich, die Buße war schlimm für vergangene Sünden.
Denn nicht nur Suhrkamp war schuld, nein, genauer betrachtet
War es doch der Zensor im eigenen Lande gewesen.
Beinahe, so zeigen verborgene Akten, wäre „Ulysses"
Schon Mitte der sechziger Jahre erschienen. Wehe!
Hatte man doch, Volk & Welt, den Vertrag schon geschlossen,
Gar viertausend Franken bezahlt in die Schweiz, für „Ulysses" als

Vorschuss.

Doch zerbarst das Projekt in den Winterstürmen des Plenums,
Ward Opfer des Kahlschlags und verschwand, zu weiterer Irrfahrt

bestimmt,

Aus dem sichernden Hafen der Pläne. Fern am Main
Hatte inzwischen Suhrkamp die Rechte des Werkes erworben,
Ließ es, verdienstvoll, auch neu übersetzen. Ja, so gut, dass im

Grunde

Dem Zensor noch Dank gebührt, verhindert zu haben die ältere

Fassung.

Traun, das war nicht das Ziel der Zensur, sondern zu

Tarnen als sensibelsten Kunstsinn das stille Verbot.
Dieses ward bald vergessen, nur der neue „Ulysses"
Harrte noch stets der Vollendung, denn schwer war die Arbeit.
Dann war er zu teuer. Was half's? Man griff zu den kürzern

Geschichten,

Was billiger war, zu den „Dubliners", doch schließlich musste er

kommen,

„Ulysses". Man zahlte, es gab zu viele der lesehungrigen Mäuler,
Und druckte, und druckte und druckte weit mehr als erlaubt war.
Denn so war längst die traurige Sitte bei westlichen Werken –
Unrecht, doch allen zur Freude: den Machern der Bücher,
Erst recht ihren Lesern. Zuletzt lachte Suhrkamp.
Jetzo sind gefallen die Mauern, und wir wissen die Zahlen:
Der Schaden wurde beglichen. Nicht sechzig, nein einhundert

vierzig

Tausender Westmark waren schließlich zu zahlen, weit mehr
Als jemals vorher verlangt war, auch mehr als die Kosten der

Übersetzung.

Doch das Buch mag es wert sein.

Siegfried Lokatis

Frisch fragmentiert

Als DDR-Erstling Max Frischs war 1962 „Stiller" geplant. Warum ausgerechnet dieser bereits druckgenehmigte Roman in die Mühlen der Zensur geriet, hat den Forschern etliches Kopfzerbrechen bereitet. Ein Pfarrer, die Stasi und das ZK, kurz: alle möglichen Instanzen waren an der Diskussion beteiligt. Alexander Abusch schlug eine Kürzung auf 8 000 Exemplare vor, sein Nachfolger als Kulturminister Hans Bentzien unterbot ihn mit 5 000, und schließlich legte Kurt Hagers Ideologische Kommission ihr Veto ein.

Es war die Zeit, als noch „Bratolini", „Dörrenmatt" und „Mussil" durch die Akten geisterten. Die Argumente wirkten entsprechend ignorant. Zwei Kierkegaard-Zitate und der existenzialistische Auftakt („Ich bin nicht Stiller!"), überhaupt das dem „sozialistischen Realismus" fremde Spiel mit den Möglichkeiten störten einige Gutachter. Dann wiederum konzentrierte sich die Auseinandersetzung auf einzelne inkriminierte Stellen wie die Ermordung Münzenbergs. Letztlich war das Hauptärgernis nicht im Text, sondern in der Person des republikflüchtigen Nachwort-Verfassers Hans Mayer zu suchen.

Jedenfalls wirkte gerade die Tatsache, dass der Ablehnungsgrund nicht mitgeteilt wurde, als nachhaltiges Warnsignal, das im Umgang mit Frisch zu äußerster Vorsicht mahnte. Es bedurfte nicht weniger als zwölf Jahre zielstrebiger und verschlagener Editionspolitik, bis „Stiller" 1975 erscheinen konnte. Da war keiner der folgenden Titel Max Frischs, dessen Nachwort nicht auf den „Stiller" verwies und somit indirekt die Publikation dieses Hauptwerkes anmahnte.

Zunächst kamen 1965 die „vier für uns gültigsten und in der aktuellen Aussage nutzbarsten Stücke" heraus, ohne den Anarcho „Graf Öderland mit der Axt in der Hand" und das Tabustück „Als der Krieg zu Ende war", die erst 1981 erschienen. Die HV zerrupfte das Nachwort, und dem Verlag („Sie sehen, wir waren ziemlich artig und recht fleißig!", spottete Lektor Roland Links) gelang „eine wesentliche Verbesserung, auch wenn wir Herrn Frisch damit ein wenig ärgern sollten". 1966 wagte man sich mit „Mein Name sei Gantenbein" an die „Grenze des gerade noch Möglichen bei uns". Wie Gantenbein könnten im Westen Millionen guter Bürger der Wirklichkeit nicht mehr ins Auge sehen, lautete das Pro-Argument: „Max Frisch weiß, dass er einer dieser Gantenbeins ist."

Frisch verweigerte seine Zustimmung zum Nachwort des Spektrum-Bändchens „Biographie. Ein Spiel". Er empfand dessen Urfassung (die vierte Fassung Klaus Hartungs bietet eine sensible Interpretation) als „pfäffisch", und es entspann sich eine rege Diskussion, in deren Verlauf sich der Autor und seine Lektoren Links und Dietrich Simon anfreundeten. Frisch wurde in vieler

Hinsicht ihr Lehrer darin, sich infrage zu stellen, auch wenn sie sich noch lange im Besitz der richtigen Antworten glaubten.

Das verminte Gelände der „Tagebücher" wurde gemeinsam mit Zustimmung des Autors entschärft. Die unpublizierbaren Fragmente wurden ausgeklammert, was brauchbar war – etwa der Eintrag über das durch Günther Jauchs Millionenfrage berühmt gewordene von Frisch konstruierte Schwimmbad – an geeigneter Stelle platziert. „Aus einem Tagebuch und Reden" lautet der vielsagende Titel eines 1974 erschienenen Spektrum-Bandes, und das schöne, auch von Frisch geschätzte Buch „Erzählende Prosa" (1980) enthielt ausgesuchte Glanzstücke. Die „Erinnerungen an Brecht" zierten 1986 neben Texten von Woody Allen und Charles Bukowski den dritten Band der spritzigen ad-libitum-Reihe. Splitter finden sich in den Anthologien „Zart und zerbrechlich" sowie in dem Verlagslesebuch „Aus vierzig Jahren". Dass das „Tagebuch 1945–1949" im Jahr 1987 überhaupt erscheinen konnte, war ein so später wie unerwarteter Triumph des Verlages, aber das „Tagebuch 1967–1971" mit den unpublizierbaren Sowjetunion-Reisen und dem Besuch beim entmachteten Gärtner Chruschtschow war nicht mehr zu realisieren. Einem Auszug daraus, den „Fragebögen 1967–1971", wurde ein eigenes Lederbändchen gewidmet.

„Das Büchlein ist ja nicht nur ein Ausdruck unserer Verbundenheit mit Ihnen", schrieb der Verlag an Frisch im Februar 1988, „sondern schließt auch die Frage nach dem ganzen Tagebuch ein. Wir denken oft darüber nach und sind zuversichtlich, es in absehbarer Zeit vorzeigen zu können." Dazu ist es nicht mehr gekommen.

Siegfried Lokatis

Glasträne

Sechs oder sieben Jahre Kampf habe es gekostet, das Bändchen „Freud" bei Volk & Welt herauszubringen, resümierte Franz

Fühmann kurz vor seinem Tod 1984. Er erlebte noch, wie andere DDR-Verlage nachzogen, Kiepenheuer und Reclam. „Ja, da auf einmal schießt's, doch bevor man das Loch durch den Berg hat!"

Auch bei Volk & Welt waren die Freud-Ausgaben trotz hoher Auflagen von 20 000 Stück im Handumdrehen vergriffen, sodass es im Nachhinein kaum vorstellbar scheint, dass Texte von Sigmund Freud in der DDR bis Anfang der 80-Jahre von der Zensur verdrängt und tabuisiert waren. Hier und da konnte man vielleicht ein Zitat aufpicken, wenn wieder einmal die Psychoanalyse vom marxistisch-leninistischen Standpunkt aus widerlegt wurde. Wie der Leipziger Psychologe Professor Hans Böttcher 1982 in einem tapferen Verlagsgutachten bitter resümierte, war „seit 1933 auf dem Boden der heutigen DDR noch keine einzige Freud-Arbeit erschienen" und selbst nach dem Ethos vieler Kritiker gelte es inzwischen als unanständig, immer nur Kritik oder gar Verwerfungen anzuhäufen, ohne dem Leser Originales zur Verfügung zu stellen.

Andere sozialistische Länder seien an dieser Front weit weniger ängstlich. Es war dem zuständigen Verlagslektor Dietrich Simon nicht leicht gefallen, einen wissenschaftlichen Gutachter aufzutreiben, der bereit war, eine Freud-Ausgabe zu befürworten. Er rief reihum die großen Psychologen der DDR an, nur um zu hören: „Ist ja toll, dass Sie das machen, aber erwarten Sie von uns kein Gutachten!"

Dass es überhaupt gelang, Freud herauszubringen, war das Verdienst Franz Fühmanns, der das Projekt eines zum fiktionalen Autor sublimierten, gleichsam entwissenschaftlichten Freud im Verlags-Beirat von Volk & Welt vorschlug. Dem Vater der Psychoanalyse wurde zur Tarnung ein Sphärenwechsel verordnet, der Belletristikverlag würde sich entsprechend seinem Produktionsprofil auf eine Handvoll von „Schriften zur Literatur" beschränken. Im Rahmen des von Roland Links und Dietrich Simon seit Ende der 60er-Jahre aufgebauten, glänzenden „kakanischen" Programmsegments wirkte Sigmund Freud als eine logische Ergänzung zu österreichischen Autoren wie Peter Altenberg, Hermann Broch, Elias Canetti, Karl Kraus, Gustav Meyrinck und Robert Musil.

Aber erwartungsgemäß erwies sich das Konzept als zu eng, und aus den „Schriften zur Literatur" sprossen „Essays", die sich schließlich zur repräsentativen Werkauswahl verdichteten. Wie dringlich die Freud-Edition war, wird aus der Schwierigkeit deutlich, in Berlin die Textvorlagen zu beschaffen, zumal S. Fischer darauf bestand, die in der DDR kaum zugängliche Imago-Werkausgabe zu verwenden. Schließlich ließ sich Dietrich Simon Kopien und Bücher aus Frankfurt schicken. Sorgen bereitete die Gründlichkeit des Herausgebers, die von der Trakl-Ausgabe bei Reclam her bekannt war, aus deren Nachwort ein eigenes grandioses Buch herausgewachsen war. Fühmann war Volk & Welt schon seit langen Jahren verbunden, nicht als Autor, sondern als Nachdichter und Herausgeber der „Glasträne", tschechischer, auch ungarischer Lyrik, von Endre Ady, Frantisek Halas, Miklós Radnóti und Jaroslav Seifert. Seinen Freund Wieland Förster hatte er befür- und benachwortet. Bei Barbara Frischmuths „Klosterschule" war das Nachwort durch ein kommentierendes Gespräch ersetzt worden, und auch für den ersten Freud der DDR wurde diese dem knappen Umfang der Spektrum-Reihe angemessene Form gewählt.

Dietrich Simon machte sich mit dem Tonbandgerät auf nach Märkisch Buchholz. Etwas sporadisch, aber, so Fühmann, „Hauptsache, Meister Freud kommt raus." „Trauer und Melancholie" – der Titel passte zu dem Umschlag Lothar Rehers mit dem Totenkopf, der Franz Fühmann begeisterte. Er musste lange darauf warten, bis zum Sommer 1983. „Ist der S. F. denn wirklich da???" Seine Gedanken waren bereits auf den „richtigen, großen, dicken, zweibändigen Freud" gerichtet, auf die Ausgabe, die erst 1988 in drei Bänden erscheinen sollte. „Hoffentlich erleb ich sie", schrieb er am 19. Juli 1983 an seinen Lektor. „Wahrscheinlich muss ich in nächster Zeit ins Krankenhaus, da können wir ja dort über den S. F. sprechen, haben Sie's nicht so weit. Termin kann ich jetzt gar nicht vorschlagen, ich bin aus allen Gleisen. Sagen Sie bitte dem Herrn Chef einen schönen Gruß, und er soll ein bissele für mich beten ..."

Siegfried Lokatis

Grass bei VW

„Gegenwärtiger Stand: 84 kein Grass. K. Hö. wird gelegentlich weiter ventilieren. Bis dahin Titel auf Eis. Eines ist klar: wenn G. überhaupt, dann bei VW." Mit VW war im Leseland DDR der Verlag Volk & Welt gemeint. Eine unscheinbare, im Sommer 1983 verfasste Aktennotiz in den Druckgenehmigungsakten zu dem Spektrum-Band „Katz und Maus" dokumentiert die Schwierigkeiten bei der Veröffentlichung des „ersten Grass in der DDR" im Orwell-Jahr 1984. Über einen so brisanten Fall konnte auch ein Klaus Höpcke nicht frei entscheiden, nein, der „Buchminister" musste oben „ventilieren".

Ein Vierteljahrhundert nach dem Erscheinen der „Blechtrommel" war Günter Grass in der DDR immer noch ein ausgegrenzter Autor. Selbst in Polen war das Buch inzwischen erschienen, obwohl sich der Autor stets geweigert hatte, die dort Anstoß erweckenden „pornographischen" und „antikirchlichen" Stellen zu ändern. Der für westdeutsche Schriftsteller zuständige Aufbau-Verlag war gründlich an dieser Aufgabe gescheitert, die verschiedenen Hürden schienen einfach zu hoch: Schon 1960 hatte Grass auf dem V. Schriftstellerkongreß die Zensoren mit der Bemerkung schockiert, im Westen sei zwar die Freiheit des Wortes bedroht, in der DDR jedoch gar nicht vorhanden. „Die Plebejer proben den Aufstand", sein fulminantes Stück über Brecht und den 17. Juni, und der Ruf, dissidente Autoren zu einer konspirativen neuen „Petöfi-Plattform", zu einer „Gruppe 47 in der DDR" zu versammeln, waren nur die gravierendsten Vorwürfe, um Günter Grass zu einem absolut unpublizierbaren „militanten Antikommunisten" zu stempeln. Außerdem bekannte er sich zum Ärger aller Hüter der „sozialistischen National-literatur" zu einer einheitlichen deutschen Kultur.

Dass Grass nicht wie die meisten anderen westdeutschen Autoren beim Aufbau-Verlag, sondern beim Leitverlag für internationale Literatur erschien, wirkte wie eine gezielte Schikane, die betonte, dass die Bundesrepublik seit dem Grundvertrag als Ausland galt. In Wirklichkeit hatte Volk & Welt höchst geschickt die Gunst der Stunde genutzt und seine exklusiven Verbindungen nach Moskau ausgespielt. Als die „Innostrannaja literatura" im Mai 1983 mit dem Abdruck des „Treffens in Telgte" begann, startete VW eine Blitzaktion und fabrizierte innerhalb weniger Wochen die für den Druckantrag benötigten Gutachten. Geschickt konzentrierte man sich auf die „kritisch-realistischen Arbeiten" wie „Katz und Maus", „Das Treffen in Telgte" (das dann bei Reclam erschien) und „Die Blechtrommel". Die Romane „Örtlich betäubt", „Der Butt", die „Kopfgeburten" und das „Tagebuch einer Schnecke" schloss man von vornherein aus den „editorischen Überlegungen" aus. „Die Blechtrommel" hingegen strahle zwar keine „ideologische Klarheit aus", wirke aber auch „nicht feindselig", es gebe „keine direkten politischen oder ideologischen Bezüge, die uns veranlassen müssten, das Buch abzulehnen", keine „feindliche Bemerkung gegen uns, gegen die SU oder andere feindliche Länder". So konnte als wichtigstes Pro-Argument das Eintreten von Grass gegen Nato- Doppelbeschluss und Nachrüstung zur Geltung kommen und im Frühjahr 1984 „Katz und Maus", von Lothar Reher geschmückt mit dem Kater des Grafikers Horst Hussels und dem Eisernen Kreuz Thomas Reschkes erscheinen, der sich als Bulgakow-Übersetzer mit gefährlichen Katern auskannte. Glücklicherweise verreiste der „Westberliner Schriftsteller Günter Grass", so der Waschzettel, bald darauf nach Indien und enthielt sich zeitweise jeder öffentlichen innerdeutschen Polemik. Darauf führen es jedenfalls Insider zurück, dass mit 28 Jahren Verspätung, aber immerhin rechtzeitig zum 60. Geburtstag ungefährdet endlich doch noch 80 000 Exemplare der „Blechtrommel" in der DDR erscheinen konnten.

Dann kam er selbst und ließ sich auf einer spektakulären Lesereise zum Schrecken der Veranstalter nicht vorschreiben, welche Fragen des Publikums er beantwortete. Einer Moderatorin nahm er einfach die Zettel mit den Fragen aus der Hand. Im Dresdner Bärenzwinger war zwar die Frage nach seiner Meinung zur DDR-Literatur richtig, aber leider nicht die Antwort. Der einzige DDR-Autor, den er kenne, so Grass, sei Uwe Johnson.

Siegfried Lokatis

Worde uf Godot

„Dieses Hickhack um Bücher", so erinnert sich der Grafiker und Buchillustrator Horst Hussel, „war Sache der Lektoren, also ‚In diesem Jahr Beckett nicht', das ist vertagt auf übernächstes Jahr, dann ist es im Plan drin, aber man weiß immer noch nicht, ob er kommt – ein endloses Ringen um irgendeinen Beckett-Titel. Ich glaube, der ist nie gekommen, aber von dem Ringen habe ich mal gehört. Ich dachte, Mein Gott, womit bringen die ihre Zeit zu, diese armen Lektoren! Ein paar Meter weiter liegt er im Laden rum und keiner kauft ihn."

Kaum war 1977 mit „Dubliners" die James-Joyce-Premiere bei Volk & Welt unter Dach und Fach, sah sich der leitende Lektor für Anglistik, Dr. Hans Petersen, nach weiteren unbestiegenen literarischen Gipfeln um – und er verfiel auf die tapfere Idee, jetzt auch Samuel Beckett in der DDR zu präsentieren, der nicht nur wie Joyce als Großfürst der Dekadenz verpönt war, sondern strafverschärfend als Erznihilist galt.

Beckett sei „böser als alle unsere Feinde", applaudierte Peter Hacks den geltenden Einschätzungen, aber immerhin hatte sich ein neues „Lexikon fremdsprachiger Schriftsteller" zu einer etwas differenzierteren Einschätzung des Résistance-Kämpfers aufgeschwungen. Petersen wagte einen „Versuchsballon": Er bediente sich der bewährten „Salami-Taktik", einen umstrittenen Autor scheibchenweise zu präsentieren, und schmuggelte kurzerhand eine Erzählung Becketts in eine Anthologie hinein, in die irischen „Erkundungen" von 1979. Damit verschaffte er dem Nobelpreisträger ohne größeres Aufsehen die Eintrittskarte ins Leseland.

Im nächsten Schritt, für die Herausgabe der wichtigsten „Spiele" Becketts im schützenden Rahmen der Volk & Welt-Dramenreihe (die schon Dürrenmatt und Frisch, Mrożek und Różewicz vorgestellt hatte) wählte Petersen dann im gleichen Jahr mit glücklicher Hand einen geeigneten Herausgeber: Jochanaan Christoph Trilse, dessen Geschick, geduldigem Insistieren und „mühseliger Gartenarbeit" die geglückte Edition weitgehend zu verdanken ist. Bis zu ihrer Realisierung dauerte es allerdings noch ein volles Jahrzehnt.

Im April 1980 wurde der Vertrag mit dem Lizenzgeber Suhrkamp abgeschlossen und im Juli 1980 erstmals der Druckgenehmigungsantrag eingereicht. Die HV als Zensurbehörde machte das Erscheinen von der Qualität des Nachworts abhängig, das in der Tat vorzügliche Argumente lieferte. Die nihilistischen, ontologisierenden usw. Beckett-Interpretationen von „bürgerlichen Philosophen" wie Adorno und Herbert Marcuse beträfen nur die zum Untergang verurteilte kapitalistische Welt, während aus marxistischer Sicht die komischen und clownesken Züge überwögen – eine moderne Variante der himmlischen Freude an den Opfern der Höllenqualen.

Aus unerfindlichen Gründen wurde die für 1981 bereits erteilte Druckgenehmigung wieder zurückgezogen, der Text aber immerhin gesetzt und das Erscheinen für 1982 in Aussicht gestellt. Tatsächlich wurde im Sommer 1981 zum zweiten Mal die Druckgenehmigung ausgestellt, nur um im Februar 1982 aus noch weniger erfindlichen Gründen wieder kassiert zu werden. Offenbar waren die Widerstände im ZK noch zu stark – geheimnisvoll wie Godot.

Danach ruhte das Projekt. Im März 1983 monierte Suhrkamp die fehlenden Belegexemplare: „Könnte die Sendung verloren gegangen sein oder ist das Buch tatsächlich nicht erschienen?" Im September 1983, im Oktober 1984, im Februar 1985, zuletzt im Januar 1987 fragte Suhrkamp sowie bald auch Becketts Agentin nach, ob denn nun endlich der Publikationstermin feststehe, nur um darauf Durchhalteparolen wie „Wir arbeiten dran", „Wir haben Beckett nicht vergessen" oder „Aufgeschoben ist nicht aufgehoben" als Antwort zu erhalten. Im April 1986 erschien dann endlich ein Silberstreifen am Horizont: „Wir denken uns Beckett ins Jahr 1988 oder 1989", beschied die HV eine Eingabe Trilses.

„Nu, wir worde uf Godot", war im März 1987 bei der DDR-Premiere des Stückes in Dresden zu hören, dessen Erfolg schließlich doch noch die Drucklegung der „Spiele" ermöglichte. Suhrkamp hatte gerade den Vertrag gelöst, als Volk & Welt im Mai 1987 die Druckgenehmigung für 1988 erhielt. Im Februar 1989 hielt der Herausgeber die Belegexemplare in der Hand, in der DDR war die Zeit für das „Endspiel" gekommen. Trilses Nachwort war pikanterweise korrekt mit „März 1980" datiert und so die Wordezeit dem Buch eingeschrieben.

Siegfried Lokatis

Nachbemerkung

Dieses Buch ist der letzte „Barck/Lokatis". Die Texte wurden im Wesentlichen, also bis auf die dringendsten sachlich gebotenen Korrekturen, so gelassen, wie Simone und die Leser der „Berliner Zeitung" sie kannten. Die Einleitung „Marxistischer Muskel" erschien am 6.1.2003 in der von Carmen Böker betreuten Rubrik „Unterm Strich". Am 22.2.2007 schlossen unsere seitdem alle zwei Wochen zunächst als „Zensur-ABC" erscheinenden „Zensurspiele" mit dem „Mülltonnenadler".

Dass daraus ein Buch entstanden ist, verdanken wir Götz Aly, Sabine Franke, Johanna Marschall-Reiser, Claudia Panzner und Roman Pliske, wofür ich mich herzlich bedanke!

Siegfried Lokatis

Anhang

Register

Abusch, Alexander 64, 192, 273
Ackermann, Anton 79
Adorno, Theodor W. 281
Ady, Endre 277
Aitmatow, Tschingis 47, 208
Akademie-Verlag 147ff., 203f.
Alfred-Holz-Verlag s. Holz, Alfred
Allen, Woody 275
Altberliner Verlag 49, 56, 145
Altenberg, Peter 277
Anderson, Edith 136f.
Ardenne, Manfred von 193
Arendt, Erich 185ff., 188
ARTIA Prag 197
Askenazy, Ludvik 197
Auer, Annemarie 138
Aufbau-Verlag 29, 37, 52f., 114,
    116f., 136, 164, 169, 177,
    183, 185, 218, 226f., 230,
    250, 278f.
Atwater, Florence u. Richard 41
Axen, Hermann 182
Babel, Isaak 269
Bakunin, Michail A. 134
Ball, Hugo 186
Barth, Karl 113
Bartz, Gerda 14
Bauernverlag 45f.
Becher, Johannes R. 11, 16, 22,
    29, 117, 167, 186f., 192,
    226
Becher, Lilly 177
Becker, Jurek 218f.
Beckett, Samuel 280ff.
Behrendt, Gerhard 143
Bengsch, Gerhard 115
Benn, Gottfried 186, 189
Bentzien, Hans 273
Berg, Lene 88
Berger, Michael 190
Bertelsmann 175
Berlau, Ruth 31f.
Beyer, Frank 163

Bibliographisches Institut 87
Bieler, Manfred 163f.
Biermann, Wolf 182, 185, 187,
    189, 191, 219, 228, 263
Binder-Staßfurt, Eberhard 144
Blasche, Karlheinz 127f., 202
Bloch, Ernst 203, 227
Bobrowski, Johannes 49, 145,
    186
Boehme, Erich 36
Bofinger, Manfred 224
Böhmig, Franz 105f.
Böll, Heinrich 11
Borchers, Elisabeth 219
Böttcher, Hans 276
Brandt, Horst E. 115
Brasch, Thomas 188
Braun, Volker 73, 184, 188,
    232, 261f.
Bräunig, Werner 167ff., 173,
    177
Brecht, Bertolt 31ff., 116ff.,
    188, 273, 276
Bredel, Willi 89, 115
Breshnew, Leonid 262
Brockhaus Leipzig 98
Broch, Hermann 277
Broz, Josip (Tito) 44
Bruyn, Günter de 137, 227,
    253ff.
Bucharin, Nikolai 269
Buchverlag Der Morgen 174,
    222, 226, 258, 260
Büchner, Georg 227
Büchner, Robert 70
Buhr, Rosemarie 14
Bukowski, Charles 275
Bulganin, Nikolai A. 107
Bulgakow, Michail 47, 208, 279
Burck, Harry 270
Burckhardt, Jacob 119
Bürger, Gottfried August 227
Burkhardt, Hellmuth 125f.

Bussmann, Rudolf 167
Caldwell, Erskine 199
Calvino, Italo 199 f., 200, 272
Camus, Albert 199 f.
Canetti, Elias 199, 277
Capote, Truman 199
Carow, Heiner 229
Carpentier, Alejo 199
Chandler, Raymond 272
Charms, Daniil 208
Chruschtschow, Nikita 63, 74, 181, 207, 269, 275
Coler, Christfried 11
Cramer, Trude 88
Czollek, Walter 135
Czechowski, Heinz 184, 188
Dahn, Daniela 159f.
Dahne, Gerhard 215 f., 224
Dahl, Roald 272
Damm, Sigrid 216, 227
Das Neue Berlin 171, 235 f., 238 f., 244, 264
Dathe, Heinrich 51
Debüser, Lola 271
Defoe, Daniel 176
Demnig, Günter 221
Der Morgen siehe Buchverlag Der Morgen
Deutsche Verlagsanstalt 215
Dickel, Friedrich 99
Diderot, Denis 172
Dietz, Karl 129
Dietz Verlag 27, 72, 76 f., 80 ff., 89
Distelbarth, Paul 15 f.
Dos Passos, John Roderigo 121
Döblin, Alfred 230
Dönhoff, Marion Gräfin 177
Dörhöfer, Günther 101
Drobisch, Klaus 119
Drummer, Kurt 155
Dtv 268
Dubček, Alexander 262
Dürrenmatt, Friedrich 281
Ebert, Friedrich 32, 46
Eckart, Gabriele 258

Ehrenburg, Ilja 8, 181, 269 f.
Endler, Adolf 184, 188
Engelberg, Ernst 252
Engels, Friedrich 65, 73, 117, 134
Ensikat, Klaus 56, 174
Erb, Elke 185
Ernst Wähmann Verlag 89
Eulenspiegel Verlag 7, 14 f., 31 ff., 56, 107, 109, 164, 172 f., 224
Evangelische Verlagsanstalt 92
Ezeras, Regina 47
Fachbuchverlag 157
Fischer Verlag s. S. Fischer
Fischer, Ruth 74
Florin, Wilhelm 77
Fontane, Theodor 255
Förster, Wieland 277
fotokinoverlag 125
Fradkin, Ilja 186
Freitag, Jochen 163
Freud, Sigmund 23, 206, 275 ff.
Fried, Erich 189
Friedländer, Paul 11
Fries, Fritz Rudolf 169 ff., 225
Frisch, Max 8, 110, 273 ff., 281
Frischmuth, Barbara 277
Fühmann, Franz 19, 185, 276 f.
Gärtner-Scholle, Carola 7, 11 f., 14, 16, 50, 202
Gaus, Günter 115
Geschonneck, Erwin 80 ff.
Gille, Sighard 159 f.
Girnus, Wilhelm 81
Glander, Hermann 90
Gloger, Gotthold 137
Goethe, J. W. von 86, 111, 129, 188, 192 f., 226
Goll, Ivan 186
Gordon, Sydney 155
Gorki, Maxim 36 ff., 164
Gotsche, Otto 53, 67 ff., 70, 148, 271
Grass, Günter 189, 206, 278 ff.
Graves, Robert 11

Greene, Graham   270
Greifen-Verlag   220
Greßmann, Uwe   191
Groehler, Olaf   120
Groszer, Lucie   145 f.
Grotewohl, Otto   32, 73
Gruner, Jürgen   209
Grün, Max von der   114 f.
Gumpert, Joachim S.   225
Günderrode, Karoline von   226 f.
Günther, Eberhard   219 f.
Gysi, Irene   66
Gysi, Klaus   53, 117
Hacks, Peter   54 ff., 184, 280
Hagen, Friedrich   132
Hager, Kurt   43 f., 53, 63, 67,
   79, 85 f., 164, 174, 177,
   232, 250, 262 f., 270, 272
Halas, Frantisek   277
Harich, Wolfgang   226
Hauptmann, Elisabeth   116
Havemann, Robert   85
Haid, Bruno   13, 53, 108, 173,
   177, 270
Ham, Krokodil   8, 49 f.
Hartung, Klaus   274
Hausmann, Arno   11, 21 ff.
Heartfield, John   22
Hegel, G. W. Friedrich   88
Hegewald, Heidrun   56
Heiduczek, Werner   220
Hein, Christoph   8, 262
Heine, Heinrich   188
Hemingway, Ernest   150
Henschel Verlag   87
Herholz, Kurt   77
Hermann, Joachim   177
Hermlin, Stephan   8, 13, 70,
   122, 185, 188
Herzfeld, Johanna   203
Hesse, Peter   129
Heym, Stefan   174 ff., 243, 263
Hinckel, Erika   177
Hinstorff Verlag   109, 136,
   218 f., 228
Hirte, Christlieb   268

286

Hochhuth, Rolf   118 f.
Hoernle, Edwin   76 f.
Hoernle, Hedda   76 f.
Hofé, Günther   17 f.
Hoffmann, Oskar   64 ff.
Hollitscher, Walter   86
Holtz-Baumert, Gerhard   57
Holz, Alfred   41 ff., 44 f., 56 ff.
Honecker, Erich   75, 87, 174,
   189, 220, 229, 232, 251
Hölderlin, Friedrich   189, 227
Höpcke, Klaus   13, 174, 219 f.,
   250, 262, 278
Höpfner, Jürgen   244
Hörnigk, Frank   190
Horn, Christine   13
Huchel, Peter   8, 189
Hülsenbeck, Richard   186
Huppert, Hilde   35
Hussel, Horst   279 f.
Ibarra, J. M. Velasco   204
Ilf, Ilja   191
Imago   277
Insel Verlag Frankfurt   211
Insel Verlag Leipzig   185, 187
Institut für Buchgestaltung   74
Iovițǎs, Vlad   205 f.
Iredynski, Ireneusz   207
Irmscher, Johannes   148 f.
Iskander, Fasil   206 f.
Jakobs, Karl-Heinz   137, 190,
   225
Janke, Jutta   210 f.
Jauch, Günther   275
Jenichen, Straßburg, Zelfel
   (Kollektiv)   59
Jentzsch, Bernd   184, 187 ff.
Jessenin, Sergei A.   188
Jewtuschenko, Jewgenij   181 ff.
Johann, Gerhard   238
Johnson, Uwe   117, 271, 280
Jonas, Wolfgang   69 ff,
Joyce, James   8, 119, 121, 134,
   206, 271, 280
Jünger, Ernst   263
Kafka, Franz   110, 176, 201, 271

Kant, Immanuel 88
Kant, Hermann 31, 176f., 178, 201, 219f., 262
Kautsky, Karl 88
Kempe, Lothar 131
Kennedy, J. F. 201
Kienast, Wolfgang 240
Kiepenheuer Verlag Leipzig 201 f., 276
Kiepenheuer & Witsch Verlag 259
Kierkegaard, Søren A. 274
Kinderbuchverlag 28, 44, 47, 56, 144
Kirsch, Rainer 184, 188, 225
Kirsch, Sarah 137, 183ff., 188, 258
Kleiber, Hans 59
Klein, Heinrich 28
Klein, Lene 205
Kleist, Heinrich von 227
Klemperer, Victor 11
Klopstock, Friedrich Gottlieb 189
Knobloch, Heinz 155, 222f.
Knopf, Jan 33
Kocialek, Anneliese 13
Koeppen, Wolfgang 11, 120ff.
Koestler, Arthur 119
Kölling, Alfred 157
Königsdorf, Helga 191
Kongress-Verlag 78
Konsalik, Heinz G. 111
Kopka, Fritz-Jochen 190
Korn, Vilmos 19
Korsch, Karl 117
Koshewnikow, Wadim 208
Kossuth, Leonhard 209
Kraus, Karl 7, 14, 119, 277
Kraushaar, Luise 13
Krasnow, Pjotr 47
Kroboth, Rudolf 155
Kublanov, Boris 36
Kuczynski, Jürgen 13, 64, 69f., 201, 249ff., 251
Kultur und Fortschritt 87
Kunert, Günter 8, 32f., 184, 201

Kunze, Rainer 8, 184, 189, 201
Kurella, Alfred 55, 67, 79, 86, 96, 186, 271
Laabs, Jochen 190
Lange, I. M. 186f.
Langhoff, Wolfgang 54
Lasker-Schüler, Else 186
Leetz, Antje 47, 208
Lenz, Jakob M. R. 227
Leising, Richard 188
Lem, Stanislaw 210ff.
Lenin, Wladimir Iljitsch 13, 36ff., 63, 65, 70, 73, 117, 147, 252
Leschnitzer, Franz 181f.
Lessing, Gotthold Ephraim 222
Ley, Hermann 252
Licht, Wolfgang 225
Lindau, Rudolf 88
Lindgren, Astrid 58
Links, Roland 22f., 118f., 268, 274, 276
Lissagaray, Prosper 64ff.
Loerke, Oskar 57f.
Loest, Erich 67, 219ff., 237,
Lofting, Hugh 56, 58
Löffler, Anneliese („Messerle") 232
Lorca, Federico García 188
Luchterhand Verlag 167, 226, 228
Ludwig XV. 172
Ludwig, Nadeshda 270
Ludwig, Otto 94
Lukács, Georg 226f.
Luxemburg, Rosa 63
Lyssenko, Trofim D. 85, 88
Maetzig, Kurt 163
Mager, Hasso 244
Mann, Heinrich 197
Malik-Verlag 36
Malraux, André 125
Mao Tse-Tung 75, 201
Marcuse, Herbert 281
Marek, Jiri 41
Markov, Walter 203, 205, 251 ff.

Maron, Monika 263
Marquardt, Mara 14
Marx, Jenny 134
Marx, Karl 65, 73, 117, 134,
139, 252f.
Matern, Hermann 88
Mattheuer, Wolfgang 260ff.
Maurer, Georg 189
May, Karl 221
Mayer, Hans 203, 274
Mendelssohn, Moses 222f.
„Messerle" siehe Löffler, Anneliese
Metternich, K. W. Fürst von 262
Meyer, Julius 34
Meyerhold, Wsewolod 269
Meyrinck, Gustav 277
Michel, Rose 65f.
Mickel, Karl188
Mierau, Fritz 270
Mitschurin, Iwan W. 88
Mittag, Günter 67
Mittenzwei, Werner 118, 120
Mitteldeutscher Verlag 67, 72,
140, 160, 167, 188, 215,
219f., 242, 251, 254, 256
Mittmann, Wolfgang 238
Möchel (Redaktion) 87, 89
Möckel, Klaus 238
Morgner, Irmtraud 165f., 172,
225
Mrożek, Sławomir 281
Mucke, Dieter 189
Mühsam, Erich 267ff.
Mühsam, Zenzl 267
Müller, Heiner 54
Müller, Inge 188
Musil, Robert 8, 110, 119, 271,
277
Naumann, Manfred 172
Nelken, Dinah 17
Neues Leben s. Verlag Neues
Leben
Neuhaus, Barbara 244
Neumann Verlag 105
Neruda, Pablo 188, 270
Nestler, Manfred 163

Neutsch, Erik 67, 163
Niemöller, Martin 113
Nietzsche, Friedrich 263
Nikonow, Nikolai 47
Novalis 191
Nuschke, Otto 16
Oelfken, Tami 17
Oelssner, Fred 89
Oettingen, Hans von 17ff.
Orwell, George 57, 263, 278
Ovid 188
Palitzsch, Peter 32
Petermänken Verlag 89
Petersen, Hans 280f.
Petöfi, Sándor 278
Petronius 127f.
Petrow, Jewgeni 191
Pfeiffer, Hans 244
Pflug, Lucie 13
Picasso, Pablo 270
Pieck, Wilhelm 73ff., 77
Pietraß, Richard 190
Plenzdorf, Ulrich 136, 228ff.
Pli(e)vier, Theodor 29ff.
Plischke-Verlag 93
Ploog, Ilse 28
Pompadour, Madame de 172
Pratolini, Vasco 11
Prisma-Verlag 94
Prodöhl, Günter 238
Proskurin, Pjotr 208
Proust, Marcel 271
Pustkowski, Reginald 100, 102
Queißner, Erhard-Friedrich 102
Rackow, Lutz 132
Rackwitz, Ursula 13
Raddatz, Fritz J. 22f., 119
Radek, Karl 72f., 175
Radnóti, Miklós 277
Rasputin, Valentin 191
Reclam Verlag Leipzig 185,
261f., 276f., 279
Redlinski, Edward 191
Reher, Lothar 206, 277, 279
Reimann, Brigitte 243
Reissner, Larissa 71ff.

Reitnauer, P. G. 192 f.
Renn, Ludwig 50 f.
Reschke, Thomas 279
Richter, Kurt B. 97
Riefenstahl, Leni 126
Rjachowski, Boris 47
Rotbuch Verlag 241
Rowohlt Verlag 15, 23, 119 f.
Różewicz, Tadeusz 281
Rudolph, Johanna 177
Rütten & Loening 65 f., 87
Sachs, Heinz 168
Sachsenverlag 96
Saeger, Uwe 191
Schiller, Dieter 268
Schiller, Friedrich 194
Schiller, Martin 60
Schmid, Carlo 70
Schmidt, Walter A. 78 f.
Schneider, Gerhard 226
Schneider, Rolf 11, 137, 163, 201
Schnitzler, Sonja 224
Schnurre, Wolfdietrich 189
Scholochow, Michail A. 150
Schönemann, Horst 260
Schreier, Erich 11 f.
Schreyer, Wolfgang 241 f., 244
Schröder, Ralf 269, 271
Schroeder, Max 136
Schulz, Jo 225
Schwarz, Jewgenij 269
Schwitters, Kurt 186
Seemann Verlag 260
Seghers, Anna 227
Seifert, Jaroslav 277
Seipel, Anni 65 f.
Selbmann, Fritz 223
Selle, Karlheinz 14
Seton, Ernest Thompson 43
Seven Seas 175
Seyppel, Joachim 224
S. Fischer Verlag 255, 277
Siebenstädt, Ingeburg 237, 244
Simon, Dietrich 120, 274, 276 f.
Simon Günther 115

Sindermann, Horst 80
Seydel, Heinz 32
Skalon, Andrej 47
Solschenizyn, Alexander 181 f.
Sostschenko, Michail M. 12
Sportverlag 97, 149
Stanislawski 117
Steinmüller, Angela u. Karl-
heinz 263 f.
Stöcker, Friedrich W. 92 f., 105 f.
Strahl, Rudi 144
Strittmatter, Erwin 115, 230 f.
Stumpf, Hans Gerhard 145 f.
Struzyk, Brigitte 227
Suhrkamp Verlag 116, 170,
211 f., 218 f., 272 f., 281 f.
Tagore, Rabindranath 11
Die Tat 34, 36
Telgarsky, Joszef 50
Tenzler, Wolfgang 174
Teubner Verlag 87
Thälmann, Ernst 72, 77
(„Teddy"), 91, 93
Thein, Ulrich 163
Thiel, Heinz 115
Thun, Nyota 182
Thüringer Volksverlag 45
Thürk, Harry 244
Tolstoj, Leo 201
Tragelehn, B. K. 54
Trakl, Georg 277
Tralow, Johannes 17
Traven, B. 12, 23
Traxler, Hans („Trix") 46
Tribüne Verlag s. Verlag Tribüne
Trilse, Jochanaan Christoph 281 f.
Trotzki, Leo 23, 37, 49, 72 f.,
117
Tschammer, Kurt 100 f.
Tucholsky, Kurt 11, 21 ff., 119
Tucholsky, Mary 23
Tuulik, Jüri 47
Tzschoppe, Werner 208
Ulbricht, Walter 53 ff., 64, 66 f.,
74, 77 ff., 85 ff., 88, 90, 114,
143, 174, 178, 181

Union-Verlag 15f.,
Unseld, Siegfried 121, 272
Valentin, Thomas 52f.
Vallentin, Maxim 81f.
VEB Deutscher Landwirtschafts-
verlag 59
VEB Mord & Totschlag 245
VEB Landkartenverlag Berlin 98,
100f.
VEB Tourist Verlag 100, 102,
133
VEB Volkskunstverlag Reichen-
bach 93, 96
Verlag der Internationalen Arbeiter-
hilfe 267
Verlag der Nation 15, 17ff.,
19f., 46, 87
Verlag des Ministeriums des Inne-
ren 237
Verlag für die Frau 154
Verlag Neues Leben 27f., 86,
188ff., 242, 258
Verlag Tribüne 71, 146
Victor, Walther 85
Vieweg, Kurt 64
Vogel, Frank 163
Vogt, Oskar 147
Volk & Welt 8, 15, 22f., 27,
32, 46f., 116, 118ff., 122,
134ff., 175, 182f., 199f.,
206, 208, 210ff., 268ff.,
272, 275ff., 278ff., 280ff.
Voltaire 11
Vries, Theun de 133ff.
Walldorf, Hans 237
Walther, Joachim 190, 225
Wandel, Paul 85f.

Wander, Maxie 258
Wangenheim, Inge von 138f.
Warnke, Herbert 204
Wedding, Alex 50f.
Wehling, Willi 78
Weigel, Helene 116, 118
Weinert, Erich 12
Weinstock, Rolf 35
Wekwerth, Manfred 82
Welk, Ehm 107f.
Wendt, Erich 108, 126
Whitman, Walt 188
Winkler, Konrad 21
Winnington, Ursula 155
Wirth, Günter 15f.
Wiss. Buchgesellschaft Darm-
stadt 226
Wittgen, Tom 237
Wolf, Christa 13, 68, 115, 137,
226f.
Wolf, Gerhard 227
Wolf, Hanna 63f.
Wolf, Konrad 250
Wollschläger, Hans 272
Wolter, Christine 225
Wolter, Manfred 224
Wu Djing-Dsi 201
Wu Tschön-On 203
Wullstein, Renate 191
Xenophon 201
Yä Scheng-Tau 202
Zadek, Peter 52
Zech, Paul 186
Zeiske, Wolfgang 150
Zimmering, Max 27f.
Zúniga, Neptali 204f.
Zweig, Arnold 35

Die Autoren

Günter Agde, Filmhistoriker, langjähriger wiss. Mitarbeiter an der Akademie der Künste der DDR, 1984 Promotion an der Humboldt-Universität Berlin, seit 1990 freischaffend, lebt in Berlin. Zahlreiche Publikationen zu filmhistorischen Themen mit den Schwerpunkten Filmexil und deutsche Filmgeschichte, u. a. „Flimmernde Versprechen, Geschichte des deutschen Werbefilms im Kino" (1998), „Kahlschlag, Das 11. Plenum des ZK der SED 1965, Studien und Dokumente" 2. Aufl. 2000), „Kämpfer – Biographie eines Films und seiner Macher" (2001).

Simone Barck, (1944–2007) Studium der Germanistik und Slawistik, Dr. sc., 1970 bis 1991 wiss. Mitarbeiterin am Zentralinstitut für Literaturgeschichte der Akademie der Wissenschaften der DDR. Mitarbeiterin am Zentrum für Zeithistorische Forschung (ZZF) Potsdam; Veröffentlichungen zur Literatur der Weimarer Republik und des Exils und, gemeinsam mit Siegfried Lokatis, „Jedes Buch ein Abenteuer – Zensur-System und literarische Öffentlichkeiten in der DDR" (1997); „Zwischen ‚Mosaik' und ‚Einheit'. Zeitschriften in der DDR" (1999); „Fenster zur Welt. Die Geschichte des DDR-Verlages Volk & Welt" (2003).

Siegfried Lokatis, Jg. 1956, Studium der Geschichte, Archäologie und Philosophie in Bochum und Pisa; wiss. Mitarbeiter am Zentrum für Zeithistorische Forschung (ZZF) Potsdam, seit 2007 Professor am Institut für Kommunikations- und Medienwissenschaft der Universität Leipzig (Buchwissenschaft). Veröffentlichungen zur Verlagsgeschichte im ‚Dritten Reich' und in der DDR, zum Teil gemeinsam mit Simone Barck (siehe oben).

JOSIE MCLELLAN, Jg. 1975, Studium der Zeitgeschichte in Sussex, Berlin und Oxford, Promotion zum Thema „Antifascism and Memory in East Germany: Remembering the International Brigades" (Oxford, 2004); Senior Lecturer in Modern European History an der Universität Bristol. Sie arbeitet an einer Sozialgeschichte der ostdeutschen Sexualität. Publikationen zur DDR-Geschichte, zuletzt „State Socialist Bodies: East German Nudism from Ban to Boom" (Journal of Modern History, März 2007).

GERALD NOACK, geb. 1963 in Berlin-Köpenick, 1983 bis 1988 Studium an der Technischen Universität Dresden mit Abschluss als Dipl.-Ing. für Kartographie, Zusatzstudium Verlagswesen und Buchhandel an der Universität Leipzig, 1988 bis 1992 Kartenredakteur im Fachgebiet Stadtpläne im Tourist Verlag, 1992/93 wissenschaftlicher Mitarbeiter der Brandenburgischen Botanischen Gesellschaft, seit 1993 stellvertretender Leiter der Kartenstelle für den Bereich der WSD Ost bei der Wasser- und Schifffahrtsverwaltung des Bundes. Veröffentlichungen zur Kartographie- und Verlagsgeschichte.

IGOR J. POLIANSKI, geb. 1969, Studium der Kunst- und Wissenschaftsgeschichte, Slawistik und Biologie in St. Petersburg, Berlin und Jena. Promotion in der Philosophischen Fakultät der Friedrich-Schiller-Universität Jena 2003. Er ist wissenschaftlicher Mitarbeiter am Zentrum für Zeithistorische Forschung Potsdam mit dem Forschungsschwerpunkt deutsche und osteuropäische Kulturgeschichte, dabei speziell Wissens- und Bildungsgeschichte, Weltanschauungs- und Atheismuspolitik, Kulturgeschichte der Natur sowie Geschichtspolitik und Erinnerungskultur.

HEDWIG RICHTER, Jg. 1973, studierte Geschichte, Germanistik und Philosophie in Heidelberg, Belfast und Berlin und arbeitet an einer Dissertation über die Herrnhuter Brüdergemeine in der DDR. Als freie Journalistin schrieb sie u. a. für die taz, die Frankfurter Rundschau und die Freie Presse Chemnitz.

Michael Westdickenberg, geb. 1959 in Dortmund, Studium der Soziologie, Politikwissenschaft, Sozial- und Wirtschaftsgeschichte und Neuen Deutschen Literatur in Marburg; Promotion an der Technischen Universität Berlin mit der Arbeit „Die ‚Diktatur des anständigen Buches'. Das Zensursystem der DDR für belletristische Prosaliteratur in den sechziger Jahren"; Tätigkeiten als Dozent und im Kulturmanagement.

Abkürzungen

DSF	Gesellschaft für Deutsch-Sowjetische Freundschaft
FDGB	Freier Deutscher Gewerkschaftsbund
GST	Gesellschaft für Sport und Technik
HV	Hauptverwaltung Verlage und Buchhandel
IML	Institut für Marxismus-Leninismus (davor: Marx-Engels-Lenin-Stalin-Institut)
KPF	Kommunistische Partei Frankreichs
NDPD	Nationaldemokratische Partei Deutschlands
NKWD	Narodny Komissariat Wnutrennich Del (Volkskommissariat für Innere Angelegenheiten)
SMAD	Sowjetische Militäradministration in Deutschland
VVN	Vereinigung der Verfolgten des Naziregimes

Inhalt

Einleitung
Marxistischer Muskel 7

Volkserzieher
Literarisches Quintett 11
Die Zensorin 13
Pfui 15
Bücherwürmer 17
Gedämpfter Tenor 19
Dialektik 21

Nach dem Krieg
Rahmenhandlungen 27
Kriegs-Realismus 29
Düstere Bilder 31
Der Mülltonnenadler 33
Gorkis Fluch 36

Tierisches
Verzuckertes Gift 41
Tito, die Präriewölfin 43
Wau! 45
Ulle Bam auf großer Fahrt 47
Ham und Hubert 49
Schbitsbard 52
Gamsbart am Kinn 54
Stoßmich-Ziehdich 56
Zuchtprobleme 58

Linienfest
Richtige Fragen 63
Der Fall Lissagaray 64

Die Gotsche-Kassette 67
Im Mansfelder Hexen-
kessel 69
Zum Schutze der
Republik 71
Pieck in Saffian 73
Klare Zitate 76
Purzelbäume 78
Geschonnecks
Memoiren 80

Orientierungsfragen
Buch der Wahrheit 85
Bermuda-Dreieck 87
Land am Meer 89
Kalenderreform 91
Wanderbücher und
Wassermühlen 94
Der sächsische Berg-
steiger 96
Maßstabsfolgen 98
Zellstoffhügel in der
Stadt 100

Innerdeutsche
Beziehungen
Unkraut vergeht nicht 105
Anstößige Gabe 107
Eingesackt 109
Kraft des Wortes 111
Keine Alternative 114
Stress mit Brecht 116

Mit Tesafilm   118
Ein Buch ist nie fertig   120

Liebe im Sozialismus
Akt am Traktor   125
Erfüllung letzter Wünsche   127
Rüstzeug   129
Baden ohne   131
Mitdrehen im Tanz   133
Blitz aus heiterem Himmel   136
Entgleist   138

Ankunft im Alltag
Der Sandmann   143
Hexenmeister ohne
    Geheimschrift   145
Kunstdruckpapier   147
Meister Blasius   149
Losungen   151
Orangenalarm   154
Frischfisch   156
Eine Brigadefeier   158

Nach dem Plenum
Sauberer Staat   163
Kahlschlag   165
Rummelplatz   167
Oobliadooh   169
Kleinode   171
Lex Heym   174
Impressum   176

Lyrisches
Beste Leserin   181
Schwarze Bohnen   183

Anthologie gestrichen   185
Subjektivität   187
Absolute Provokation   189
Private Gefühlsaus-
    brüche   192

Grenzwacht
Abenteuer eines Zwerges   197
Bestien in Blue Jeans   199
Aktenzeichen XY   201
Das kommt mir spanisch
    vor   203
Satire hilft uns   205
Mittags auf der Sonnen-
    ·seite   208
Lala   210

Ohne Tabus?
Bunter Vogel   215
Zahngeschichten   217
Gefühl für „Stellen"   219
Menschenfreunde   221
Die Tarnkappe   223
Schatten eines Traumes   226
Na los! Gang rein   228
Der Wundertäter   230

Blaulicht
Neu-Berliner Krimis   235
Im Blaulicht-Milieu   237
Symptomkritik   239
Nicht unbedingt einer von
    uns   241
Frau Änderung und Herr
    Streicher   243

Endspiele

Dialog mit Hindernis-
    sen   249
Schelme unter sich   251
Wirklichkeitsverlust   253
Neue Herrlichkeit   255
Havelobst   258
Hinter sieben Bergen   260
Traummeister   262

Lang erwartet

Der unbequeme
    Nachlass   267

Fluch des Schweigens
    269
Die 0 des Odysseus   271
Frisch fragmentiert
    273
Glasträne   275
Grass bei VW   278
Worde uf Godot   280

Nachbemerkung   282
Register   284
Die Autoren   291
Abkürzungsverzeichnis   293